汽车先进技术译丛　智能网联汽车系列

汽车人因工程学

［英］盖伊.H. 沃克（Guy H. Walker）
［英］内维尔.A. 斯坦顿（Neville A. Stanton）　著
［澳］保罗.M. 萨蒙（Paul M. Salmon）

王驷通　译

机械工业出版社

在本书中，作者试图分析出人类在驾驶时的心理和行为，从而让自动驾驶系统像人脑一样"思考"。只有将驾驶人的行为按照严格的逻辑推理进行细分，才可能将主观感性的人为因素转化为精确客观的机器语言。

首先，作者从自动驾驶和传统驾驶的共性入手，详细地、层级化地定义了车辆的驾驶行为，即：何种操纵可以让车辆产生何种运动。其次，针对上述提到的每种车辆运动，对可能出现哪些带来危险的操纵错误，造成这些错误的原因是什么，人类的大脑是如何思维和周围环境如何交互等问题进行分析，从而来避免这些危险的发生。

这是一本将汽车工程（具体技术开发者）与汽车设计（汽车功能需求提出者）和汽车制造相结合的书，它也为车辆工程和心理学等文科专业的连接建立了桥梁。本书适合汽车研发技术人员及汽车专业师生阅读使用。

译者的话

本书是一本全面、深入阐述"人类驾驶行为及驾驶体验"的著作。

车辆智能化、电气化和网联化的蔚然成风给我们带来了两个在未来很长一段时间内都无法回避的话题：我们该如何设计一个交通系统，能够让完全自动驾驶和手动驾驶车辆安全共处？我们又该如何设计一辆汽车，让驾驶人在自动驾驶和手动驾驶之间能够安全、舒适地切换？我想，对人类驾驶行为的深入理解将有助于回答这些问题。

然而，对驾驶行为的研究并不简单。回顾历史，我们几乎很难再找到一个像驾驶车辆这样的行为，可以将"人类"与"机器"如此紧密地形成一个闭环。这一行为首先必须适用于普通大众，他们具备几乎难以被完全形式化描述的复杂的独立意识，以及随之形成的差异化的信息加工能力，同时还会从车内和车外两个环境得到反馈，偶尔还会"迁就"车辆技术。然而无论驾驶人的决策多么复杂，都始终可以通过功能明确的、数量有限的操作组合来传达给汽车，后者则需要通过高达上亿行、且仍在日趋复杂的控制代码予以执行。要想深入理解驾驶行为这一人机闭环系统，并进一步理解无数这样的系统如何在更庞大的交通系统下安全共处，我们需要车辆动力学、电子控制技术、认知心理学、人因工程学、统计科学、交通科学、系统科学等众多交叉学科的知识。

本书的价值在于，它给出了一套研究人类驾驶车辆行为的系统化思路。它也启发我们：驾驶行为作为一种高度重复的、可依靠标准化训练习得的技能行为，其背后的心理学制约因素也许是有迹可循的。

本书共有13章。第一章作者由设计心理学奠基人 Donald Norman 教授的专访实录展开，通过双方对当前自动驾驶的安全隐患等问题的探讨，引出写作本书的目的和本书的结构框架。第2章，作者回顾了汽车电控技术的发展历史，并在交通系统的视角下，从认知心理学和人机交互等方面分析了当下流行的各项自动驾驶技术存在的潜在问题。在第3章，作者将目光转向了自动驾驶技术高度发达的航空领域。从历史空难中总结出四项汽车人机交互设计可以借鉴的原则，并提出了驾驶行为的人机功能分配规范。利用这些规范，作者在第4章中提出了详细的驾驶定义方法，并将基于该方法定义的详细驾驶行为在附录中展开。进一步，在第5章和第6章中，作者基于数据统计，分析了驾驶过程中常见的错误以及这些错误背后的心理学原因。在第7章中，作者基于前6章的分析，推演出了一个系统化的驾驶行为的心理学模型。该心理模型涉及若干心理学的概念，其中最为重要的一组概念是车辆对驾驶人的反馈以及驾驶人的情境意识,作者在第 8 章对它们进行了详细的阐述;在第 9 章和第 10 章中,作者以自适应巡航为例,研究了驾驶人心理负荷变化以及车辆显示对自动驾驶向手动驾驶切换过程的安全问题。在第 11 章,作者谈到了驾驶人对自动驾驶技术的信任问题。在第 12 章,作者利用前文结论设计了一项系统化的道路实验,通过统计方法分析了各种心理因素对驾驶行为的影响。第 13 章,作者进行了全书总结。本书是具有启发性的,作者在有限篇幅内着重展示了系统的研究方法和结论。读者若想深入理解其背后的因果关系,建议按照该书的参考文献进一步研究。

  为了将该书更好地呈现给读者,作为译者,我在工作之余,事先查阅和学习了心理学及统计学知识,先后经过了五遍完整的翻译和校对,过程甚为艰辛。原书写作风格严谨,且全书没有章节号。为顾及大众阅读,尤其是欠缺心理学知识的汽车行业从业者,我与原作者进行了大量沟通探讨,在不影响专业性的前提下,为全书加入章节编号,译文尽可能做到了文笔流畅、通俗易懂。另外,按照中文出版物的规范,我对原书通篇采用的 APA 文中引用格式进行了调整。最后,鉴于本书跨越了诸多学科领域,我对其中重要的车辆学、心理学、统计学术语进行了简要补充说明,以译者注的形式体现。

  译者翻译本书的目的是希望能为自动驾驶技术的发展上带来一些新的启发。作为身处研发一线的工程师,我深知,要想将本书中的心理学研究成果最终在车辆控制中付诸实践,还任重道远。正可谓"栽来无别用,只要引清风"。

  最后,本人要感谢原书作者 Guy H. Walker、Neville A. Stanton,以及 Paul M. Salmon 三位教授的鼎力支持;感谢机械工业出版社孙鹏编辑的帮助和付出,正是他所做的大量细致的工作,才使本书得以顺利问世;感谢杜克大学生物统计学硕士张帅琦、3M 数据科学家陆阳对第 8 章的细致修改;感谢上海交通大学林孟祺对驾驶行为表的整理;感谢同济大学王滨教授对部分书稿的校对。因水平有限,译文难免有疏漏之处,敬请同行专家和读者通过我的邮箱 sitong.wang@mail.utoronto.ca 向我提出建议。

王驷通

2018 年 3 月 20 日于上海

作译者简介

Guy H. Walker 副教授，供职于英国爱丁堡赫瑞瓦特大学（Heriot – Watt University）基础设施与环境研究所，主讲交通工程学和人因工程学课程，发表同行评议期刊论文 90 篇，专著/合著共 12 本。他与合作者曾被授予人机工效和人因工程研究所（IEHF）主席奖章，以表彰其在人机工效理论的实践性贡献；他还被授予 Peter Vulcan 最佳研究论文奖（Peter Vulcan Prize for Best Research Paper）；以及赫瑞瓦特研究生启发教学奖（Heriot – Watt's Graduate's Prize for Inspirational Teaching）。Walker 拥有南安普敦大学心理学荣誉学士学位、布鲁内尔大学人因工程博士学位，他是国家高等教育委员会成员，苏格兰爱丁堡青年皇家学会的成员。他的研究兴趣广泛，包括：驾驶人行为和车辆反馈，人因工程的方法在黑箱测试数据分析中的应用，社会技术系统理论在交通系统的设计和评价中的应用，以及驾驶人在特定道路中的行为研究。很多报纸、电视和广播等媒体都曾报导过其研究成果。他的成果也曾在探索频道（Discovery Channel）中出现。

Neville A. Stanton 教授，注册心理师，注册工程师，英国南安普敦大学（University of Southampton）工程与环境学院人因工程学科带头人。他发表了 200 多篇同行评议期刊论文，并撰写了 25 本关于人因工程和人机工程学的书籍。1998 年，他凭借在工程心理学和系统安全领域的合著论文，获得了电气工程师协会优质奖。人机工程和人因工程协会于 2012 年授予其 Sir Frederic Bartlett 奖；在 2008 年授予其主席奖；并在 2001 年授予奥托埃德霍尔姆奖，以表彰他在人机工程学的基础研究和应用领域的原创性贡献。2007 年，皇家航空学会授予他和他的同事 Hodgson 奖和青铜奖以表彰他在航母甲板安全方面的研究。他也是南安普敦大学工程与环境学院最佳研究生导师副校长奖的获得者。Stanton 还是《人机工程学》（Ergonomics）杂志的编辑，《人机工程科学理论问题》（Theoretical Issues in Ergonomics Science）的编委成员，英国心理学协会注册职业心理师和会士，人机工程和人因工程协会会士，以及工程技术协会的注册工程师。Stanton 先后获得赫尔大学职业心理学荣誉学士，应用心理学硕士，伯明翰阿斯顿大学人因工程哲学博士以及南安普顿大学的理学博士。

Paul M. Salmon 是人因工程专业的教授，是澳大利亚阳光海岸大学（University of the Sunshine Coast）事故研究团队（USCAR）的领导。他对道路安全领域的研究获得了澳大利亚研究委员会的未来基金。他在应用人因工程领域有 13 年的工作经验,他的研究还涉及军事、航空、公路和铁路运输等领域。他与人合著著作10部,撰写了超过90篇同行评议期刊论文、大量的会议论文以及著作章节。至今,他所获得的荣誉包括:2007年皇家航空学会霍奇森奖最佳论文奖,2008年人机工程协会主席奖章。他还是Scopus年度最佳澳大利亚年度研究员奖的三个最终入围者之一。

译者:王驷通,1990年生,2012年本科毕业于华中科技大学,2014年硕士毕业于多伦多大学。曾就职于麦格纳动力总成,负责智能四驱系统的功能定义。现就职于一家合资汽车零部件企业,任系统开发工程师。曾负责荣威RX5和荣威950混合动力版发动机控制器的软件开发工作;也曾先后为大众、通用等品牌的十余款混合动力车型完成了百余项功能的开发与测试工作。长期担任发动机起停大功能包负责人,参与了二十余款国产车的起停系统开发,其中也负责了GM Global及全球首款量产48V车型的完整起停系统开发。同时还负责维护公司的软件管理平台,该平台可供数个千万行代码级别的软件并行完成全架构层级的在线配置和管理。此外,还负责快速原型工具的研究及推广。

译者目前担任公司新一代发动机控制器平台Pilot项目经理,统筹软硬件开发、产品验证及生产交样等工作,这款完全自主研发的产品将首先应用于某全球顶级车企在国内推出的首款混合动力车型。

致　谢

　　这本书描述了作者在过去20年来在各种机构和各种资助项目下开展的工作。我们要感谢赫里瓦特大学、南安普敦大学、阳光海岸大学、布鲁内尔大学和莫纳什大学的支持。我们还要感谢赞助商为此研究作出的重要贡献，包括捷豹汽车、福特汽车、英国工程和物理科学研究委员会（EPSRC）、澳大利亚研究委员会（ARC）和卡内基信托基金。书中涉及的研究课题得到了来自 ARC Discovery 的经常补助金；还有来自澳大利亚国家卫生和医学研究委员会的经费；以及名为"可持续道路运输中心"的基金项目资金，该项目由 EPSRC 和工业界联合资助。在过去20年里，我们与许多朋友和同事合作，使用相同的设施和设备实现了更超前的研究成果。这些同样引人入胜的研究故事留给研究者们自己讲述吧。在此还要特别感谢：Dan Jenkins 博士、Mark Young 博士、Tara Kazi 博士、Mike Lenne 教授、Kristie Young 博士、Ashleigh Filtness 博士、Catherine Harvey 博士、Alain Dunoyer、Adam Leatherland、Melanie Ashleigh、Ben McCaulder、Philip Marsden 博士、Amy Williamson、Natalie Taylor、Melissa Bedinger。当然还要感谢众多的实验参与者，他们在驾驶模拟舱中被"折磨"到反胃，这并不是我们强迫的。

专业术语表

ABS	Anti-Lock Braking System 制动防抱死系统
ACC	Adaptive Cruise Control 自适应巡航
ANOVA	Analysis of Variance 方差分析
AS	Active Steering 主动转向
CC	(Conventional) Cruise Control （传统的）巡航控制
DSA	Distributed Situational Awareness 分布式情境意识
DSQ	Driving Style Questionnaire 驾驶风格调查问卷
GIDS	Generic Intelligent Driver Support 普通智能驾驶人支持系统
HTAoD	Hierarchical Task Analysis of Driving 驾驶层次任务分析
HUD	Head-Up Display 抬头显示设备
I-E Scale	Internality-Externality Scale 内外控量表
KR	Knowledge of Results 结果反馈
LoC	Locus of Control 控制点
MDIE	Driving Internality and Externality Scale 驾驶行为内外控量表
NASA-TLX	NASA Task Load Index 美国宇航局任务主观负荷量表
ns	not significant 无统计学显著性
RHT	Risk Homeostasis Theory 风险平衡理论
SA	Situational Awareness 情境意识、态势感知
SAGAT	Situation Awareness Global Assessment Technique 情境意识全球评估法
SART	Situation Awareness Rating Technique 情境意识评定技术
SD	Standard Deviation 标准差
S&G-ACC	Stop & Go Adaptive Cruise Control 允许车辆停稳的自适应巡航

目 录

译者的话
作译者简介
致谢
专业术语表

第1章 未来汽车，未来已来 ········· 1
  1.1 这不是一个常规的介绍 ········· 1
  1.2 为什么要自动驾驶 ········· 4
  1.3 问题和讽刺 ········· 5
  1.4 本意良好的技术 ········· 7
  1.5 汽车人因工程学 ········· 11

第2章 技术时间轴 ········· 13
  2.1 影响深远的技术 ········· 13
  2.2 序幕 ········· 14
  2.3 发展趋势调查 ········· 17
  2.4 技术时间表 ········· 17
  2.5 总结 ········· 25

第3章 航空领域的启示 ········· 26
  3.1 引言 ········· 26
  3.2 自动驾驶赞成方的观点 ········· 26
  3.3 反对方的观点：来自航空领域自动化的经验 ········· 29
  3.4 系统功能分配 ········· 33
  3.5 总结 ········· 36

第4章 定义驾驶行为 ········· 38
  4.1 引言 ········· 38
  4.2 汽车动力性能 ········· 38
  4.3 驾驶任务分析 ········· 40
  4.4 层次任务分析法 ········· 41
  4.5 驾驶层次任务分析 ········· 43

  4.6 任务分析的有效性 ········· 46
  4.7 总结 ········· 47

第5章 驾驶错误描述 ········· 48
  5.1 引言 ········· 48
  5.2 人为错误简述 ········· 48
  5.3 人为错误分类 ········· 50
  5.4 驾驶错误及其影响条件 ········· 57
  5.5 对错误分类法的建议 ········· 65
  5.6 技术解决方案 ········· 68
  5.7 总结 ········· 70

第6章 检查驾驶人错误及其成因 ········· 71
  6.1 引言 ········· 71
  6.2 研究现状与方法论 ········· 71
  6.3 我们做了什么？ ········· 72
  6.4 我们发现了什么？ ········· 76
  6.5 这些发现意味着什么？ ········· 84
  6.6 总结 ········· 86

第7章 驾驶行为的心理学模型 ········· 87
  7.1 引言 ········· 87
  7.2 心理学建模 ········· 87
  7.3 心理学因素 ········· 89
  7.4 研究框架的制定和一种对驾驶人心理学模型的假设 ········· 99
  7.5 总结 ········· 100

第8章 车辆反馈与驾驶人情境意识 ········· 102
  8.1 引言 ········· 102
  8.2 车辆反馈 ········· 102

8.3 驾驶人情境意识 ………………… 103
8.4 驾驶人情境意识的测量 ……… 104
8.5 研究一：自然驾驶环境中的
    情境意识 …………………… 105
8.6 研究二：模拟道路环境中的
    情境意识 …………………… 112
8.7 研究三：自然与模拟驾驶环境中的
    情境意识 …………………… 117
8.8 总结 ……………………………… 118

第9章 车辆自动化和驾驶人
工作负荷 ……………………… 120
9.1 引言 …………………………… 120
9.2 从线控到自适应巡航 ………… 120
9.3 驾驶模拟舱实验 ……………… 123
9.4 实验发现 ……………………… 124
9.5 这些发现意味着什么？ ……… 125
9.6 总结 …………………………… 127

第10章 自动化的显示 ………… 128
10.1 引言 …………………………… 128
10.2 带起停的自适应巡航控制
     系统（S&G-ACC） ……… 128
10.3 车载显示对分布式情境意识的
     作用 ………………………… 131
10.4 车载显示对驾驶人工作负荷的
     作用 ………………………… 132
10.5 研究内容 …………………… 132

10.6 实验结果 …………………… 135
10.7 这些结论意味着什么？ …… 138
10.8 总结 ………………………… 140

第11章 对车辆技术的信任 …… 142
11.1 引言 ………………………… 142
11.2 建立驾驶人的信任 ………… 144
11.3 汽车技术与驾驶人信任的小型
     案例研究 …………………… 148
11.4 超越信任 …………………… 151
11.5 信任的测量 ………………… 155
11.6 总结 ………………………… 158

第12章 车辆自动化的系统观 … 161
12.1 引言 ………………………… 161
12.2 驾驶人行为 ………………… 161
12.3 实验内容 …………………… 163
12.4 实验结果 …………………… 165
12.5 总结 ………………………… 170

第13章 总结性讨论 …………… 173
13.1 昨天的明天 ………………… 173
13.2 这不是一个常规的总结 …… 174
13.3 未来可期 …………………… 180

附录 ……………………………………… 182
进一步阅读 ……………………………… 253
参考文献 ………………………………… 254
其他文献 ………………………………… 274

第1章 未来汽车，未来已来

每一个行业都有一批先驱者和引领者。他们或撰写了关键性文本，或完成了一个领域的"定义工作"，他们提出的观点和概念会让其他学者感叹："为什么我想不到这些！"。在人因工程领域，Donald Norman 教授就是这样一位杰出代表，他在汽车设计领域声名显赫。其著作《设计心理学》（The Design of Everyday Things，1990）被奉为业内经典，此后他还撰写了《自动化的问题》（Problems of Automation，1990）、《看不见的计算机》（The Invisible Computer，1999）、《情感化设计》（Emotional Design，2003）、《未来产品的设计》（The Design of Future Things，2007）、《在复杂中生存》（Living with Complexity，2010）等专著。我们曾与 Donald Norman 教授有过一段非常愉快的观点交流。最初，教授希望可以拷贝一些我们在汽车自动化领域的论文，双方由此展开了一段富有启发性的长谈。作为本书开篇，我们不希望写一章教科书式的整体概述，而是借此契机向读者呈现我们与 Donald Norman 教授对话的笔录，同时穿插一些过去的相关研究成果，以揭示这本书所关注的是什么，它又涉及哪些内容。

1.1 这不是一个常规的介绍

故事开始于 1995 年，主角是这辆只有前半截的福特猎户座（Ford Orion）轿车（图 1.1）。遗憾的是，车的后半部分由于太宽，无法穿过南安普顿大学 Murray 教学楼的大门，不得不被切除。出于同样的原因，车顶也是被切割后再被重新焊接起来的。我们的第一个驾驶模拟舱就由这个被部分改造的福特猎户座轿车，一个第一代爱普生液晶投影仪，以及一个阿基米德精简指令系统计算机组成。我们为驾驶舱配备了一位满怀激情的编程人员，他从零开始编写了驾驶舱的软件代码，使我们可以通过查看源代码来对故障进行诊断。从试验设备的角度审视，

注：本章内容来自如下文献：Stanton N. A.，Young M. S.，Walk G. H.（2007）. The psychology of driving automation: a discussion with Professor Donald Norman. *International Journal of Vehicle Design*，45，289–306；Norman，D. A.（1990）. The 'problem' with automation: inappropriate feedback and interaction, not 'over–automation'. *Philosophical Transactions of the Royal Society of London*，B327，585–93.

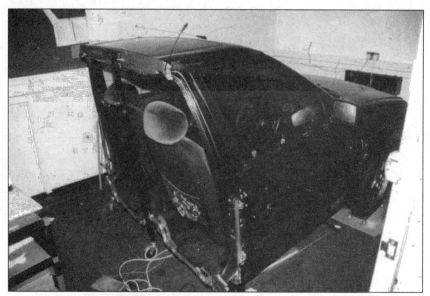

图1.1 驾驶模拟实验室在20年的历史中几经更迭。图中是第一代的驾驶模拟舱,基于一辆福特猎户座的前半部分组建

这个驾驶舱尽管简陋,却无比实用。请记住,这是1995年,那时的驾驶模拟舱和今天的完全不可同日而语。

从"身世卑微"起步,实验室环境经历了不断改善,驾驶模拟舱也换成了高端的捷豹XK8预批产原型车。这一次,驾驶模拟舱被安放在了一个门足够宽的车库中,避免了再一次将车辆"肢解"的尴尬。1999年,它和另一辆福特蒙迪欧(Ford Mondeo)被移到了伦敦布鲁内尔大学(Brunel University)的一个特设的驾驶实验室中(图1.2)。

这辆蒙迪欧轿车由福特集团捐赠,车上安装了试验车特有的紧急制动按钮,它的制动系统也经历了专门的修改。实验显示屏由欧洲最大的电影院线之一Odeon的幕布供应商提供。除此之外,我们还安装了一个升级版的汽车游戏。这些装备使得这款基于福特蒙迪欧构建的驾驶模拟舱,具备了一个虚拟的道奇蝰蛇(Dodge Viper)跑车的效果。我们有时不得不提醒自己,驾驶舱是用来试验的,而非用来娱乐。

现在,实验室回到了南安普敦大学。以这辆捷豹驾驶舱(图1.3)为中心,实验室安装了一个135°环绕屏和最新的车辆远程信息处理和驱动——设备的现代化程度已经远远领先于先前的半截福特猎户座轿车以及技术陈旧的阿基米德A4000精简指令系统计算机。

在过去的20年中,我们在实验室内进行模拟实验的同时,也进行了广泛的道路试验。如果把我们的工作时间累加起来,已经超过了50年。这些试验为我

图 1.2　布鲁内尔大学驾驶模拟舱（BUDS）（2000 年）

图 1.3　如今的南安普顿大学驾驶模拟舱（SUDS）（2013 年）

们理解自动驾驶对驾驶行为的影响指明了方向。我们与 Donald Norman 教授的对话也由此展开。

1.2 为什么要自动驾驶

Donald Norman：我和一些汽车行业从业者聊过，他们无一例外都不看好自动驾驶技术的推广，因为自动驾驶会使驾驶人放松警惕。

我们：我们也常听到同样的观点。总结起来，那些支持在驾驶角色中加入自动化元素的人，其理由可以归为三类：第一类理由假设驾驶是一个高压力下的行动，因此，如果将某些特定的驾驶行为自动化，可以改善驾驶人的身心健康；第二类观点与之类似，它基于一个客观的事实：人为错误是道路交通事故的主要原因，因此，如果从驾驶控制闭环中移除更危险的人为因素，最终可能在统计学上降低交通事故率；最后一类观点是从经济学的角度出发考虑的：自动驾驶技术将使产品更具有吸引力，从而刺激汽车销量。我们会在第 2 章、第 3 章中更深入地检验这些观点，但在这里我们可以达成基本共识：无论我们看好还是看衰，自动驾驶已是大势所趋。

摘自 Stanton 和 Young（2000，第 315 页 -16）

曾有人预测，到 2030 年，全自动驾驶汽车将在英国上路。尽管一些驾驶人仍然希望手动驾驶车辆，但更多的人乐于将驾驶权交给自动化系统。很多自动驾驶的科技已经在航空系统中被广泛应用（Stanton 和 Marsden，1996）；而在汽车领域，不少新技术也已经开始部分取代了驾驶人。自适应巡航控制（ACC）就是其中的典型代表，它的出现预示着汽车发展进入了新纪元（Stanton 等人，1997）。ACC 可以控制车辆行驶速度以及与前车之间的车距。在前车车速较慢的情况下，它被赋予了自主制动的权力；在前车消失后，它又可以使车辆恢复到设定车速继续前进。这与传统的定速巡航控制（Cruise Control，CC）有本质区别。传统的定速巡航只能做到取代驾驶人对加速踏板的控制，即，仅仅缓解驾驶人的体力负荷（physical workload），而 ACC 可以减少驾驶人在驾驶任务中的决策作用，如决定制动或变换车道等，即，还可以减少驾驶人的脑力负荷（metal workload）。从长远来看，ACC 可能成为一个受欢迎的附加车辆系统，它可以提升车辆的驾驶舒适性和便利性。然而，任何的自动驾驶技术都可能引发某些心理问题。人们需要深入挖掘这些问题，才能提升自动化系统的整体性能。

可以设想一下，尽管 ACC 系统以设计者和开发者所规定的方式决策，但是仍然可能存在驾驶人对情境的感知与系统自主的决策不一致的情况（Stanton 和 Young，1998）。实际上，甚至连开发者都意识到，"ACC 有时可能不符合驾驶人对制动和车距控制的期望"。

1.3 问题和讽刺

Donald Norman：我刚刚从朋友那儿听到一起交通事故。一辆车在 ACC 巡航模式下在高速公路上行驶。由于道路拥堵，ACC 自动系统将车速控制得很低。当车开到高速公路一个出口时，驾驶人把车转到了匝道。但他忘了自己还开着 ACC 巡航模式。这时 ACC 系统发现前方没有车辆，马上加速到高速公路行驶时的预设车速，从而以极快的速度驶出高速公路出口，这是非常危险的。因此，驾驶人又不得不紧急制动降低车速，然后退出 ACC 巡航。这是模式错误（mode error）的一个典型例子。你们对此有何看法？

我们：让我们吃惊的是，这些事故（包括你朋友提到的）和其他交通工具的模式错误十分相似。在火车驾驶室里装有两个路况警报装置，用来提醒司机前方状况（如遇到信号灯或者限速牌）。结果警报发出时，司机"忘了"它在警报什么——好几起重大车祸都是这样造成的。再比如飞机，经常发生自动巡航被不小心设置错的情况。"忘了"这个说法很有意思。用你的话说，汽车已经提供了某种"非正式对话"，也就是通过反馈提高驾驶人的注意力，让其始终处于驾驶控制闭环中，可我们的驾驶人拒绝了对话。我们会在第 8 章进一步讨论这个问题。

摘自 Walker，Stanton 和 Young（2006，第 162 页 - 4）

情境意识（Situational Awareness，SA）所关注的是"将要发生什么"（Endsley，1995）。驾驶行为的一个关键组成是：了解车辆相对于其目的地的当前位置，了解其他车辆相对自己的位置及其行为产生的危险隐患，同时还要预估这些关键变量在短时间内可能发生的变化（Gugerty，1997；Sukthankar，1997）。这些瞬态信息将保证驾驶人进行及时有效的决策，并使驾驶人与周边动态变化的行驶环境时刻保持紧密结合（Moray，2004）。为什么这些很关键呢？因为驾驶人糟糕的情境意识往往比车速异常或驾驶技术不娴熟更容易引发交通事故（Gugerty，1997）。讽刺的是，现在汽车设计的趋势恰恰是降低给驾驶人的信息反馈的水平和种类。

驾驶人对车辆的控制在某种环境中转化成结果（方向、速度的改变），车辆则充当这种控制和环境之间的中间变量。在转化过程中，驾驶人能够通过操纵装置感知到车辆承载的多种应力的变化。这种反馈很多以非视觉形式呈现。比如听觉反馈，主要包括发动机、变速器、轮胎和空气动力发出的噪声等（Wu 等人，2003）。有研究表明，驾驶人对显性视觉辅助设备的依赖正在降低（例如，Mourant 和 Rockwell，1972），他们更倾向于依赖一些隐性的听觉线索。事实上，听觉反馈的缺乏也可能导致驾驶行为发生意外。Horswill 和 McKenna（1999，第 x 页）曾指出"和车内噪声大时相比，车内噪声比较小时驾驶人会把车开得更快"。不仅如此，更安静的汽车往往会使驾驶人不知不觉地减小与前车的间距，驾驶人对车距的接受度也更加激进（Horswill 和 Coster，2012）。

再来看看一种更复杂的触觉反馈的例子，我们称之为"转向感（steering feel）"实例。车的转向盘连接着由车辆悬架和轮胎组成的系统，该系统在驾驶人控制车辆改变行驶轨迹时承载压力，从而产生了转向感。压力部分产生于路面的颠簸、轮胎的储能以及一种与回位力矩相关的特性（Jacobson，1974）。回位力矩（aligning torque）是驾驶人将转向盘固定在某个位置所需的力。根据汽车动力学原理，回位力矩越大，轮胎产生的转向力也越大（比如，以 70mile/h（1mile/h≈1.6km/h）的速度转向时，驾驶人稳定转向盘所需的力比 20mile/h 的情况下更大）（Jacobson，1974；Becker 等，1995）。在一篇原创性论文中，Joy 和 Hartley 认为回位力矩让驾驶人能够"测量出让汽车转向所需要的力，即，提供了驾驶人握住转向盘时的'感受'的度量"（1953 – 1954，第 x 页）。有趣的是，配置在大部分现代车辆上的驾驶系统大幅度减少了或至少改变了回位力矩的效果，于是本来可以传递给驾驶人的反馈也随之被削弱了（Jacobson，1974）。转向感、听觉反馈以及其他可能被车辆排除在外的来自周围环境的输入，都是汽车这种笨重机械装置的副产品。它们并非汽车本身的必需品。在车辆设计和工程领域，还有很多诸如此类的非视觉反馈例子，它们实际已经被设计"出局"，无法再被驾驶人获取。这种趋势也引起了一些关注，就像一位汽车工业评论家在"安全驾驶的艺术"中所说：

"现代汽车的问题之一是向着越来越封闭的方向发展……其代价就是驾驶人对周围情况的感知几乎被剥夺了。"（Loasby，1995，第 2 页）

这种现象与航空技术的发展如出一辙，但与其他领域对该问题的关注不同（例如，Field 和 Harris，1998），汽车系统似乎很少得到审视（MacGregor 和 Slovic，1989）。当然，如果相关设计对驾驶人没什么影响的话，这些问题也无关紧要。但事实并非如此。Hoffman 和 Jouber（1968）采集了大量的有关汽车操作的相关变量，他发现驾驶人"对于车辆响应时间的变化高度敏感，并且能够敏锐地觉察传动比和稳定系数的变化"。Joy 和 Hartley（1953-1954）将这种级别的敏感度比喻为"能感觉到后排是否坐了一个肥胖乘客"。在一项关于车辆振动的研究中，Mansfield 和 Griffin（2000）也报告了驾驶人的高敏感度，其他研究亦如此（Segel，1964；Horswill 和 Coster，2002）。讽刺的是，这些需要普通驾驶人通过汽车给出的不同反馈才能察觉到并会影响到他们情境意识的微小变化，与那些汽车工程的巨大技术变革形成了鲜明对比，比如线控技术（Walker 等，2001）。线控技术（Drive-by-wire）早已成为航空领域的技术趋势。在线控系统中，控制接收器以"电子方式"与系统相连，而不是"机械方式"。Ward 和 Woodgate（2004）举了个例子：在大部分现代汽车中，"加速踏板只是发动机管理系统的一个输入，驾驶人的指令也许会被发动机管理系统取代或者修改，以达成车辆的其他目标"。相同的设计理念会被应用在制动甚至转向系统中（参见第 2 章）。显然，这种对驾驶人感知车辆能力的"削弱"，远超后座坐了一个大块头乘客带来的差知感觉（Joy 和 Hartley，1953-1954）。而至此我们还没有进入到高级自动驾驶系统中的"普通"人因工程领域。

Donald Norman："嗯，你的分析是说，让驾驶人放松不是明智之举。"

我们：相比松懈的驾驶人，我们更喜欢专注的。然而无论对于哪种，我们都担心驾驶人会意识到自己要和系统进行抗争。这种情况让人想起你在论文中描述的自动驾驶带来的"问题"。这正是第 9 章的主题，我们将在此章节中讨论驾驶人从自适应巡航系统夺回控制权的能力；而在第 11 章，我们会看到自动驾驶系统如何依赖技术进行互动。

1.4 本意良好的技术

汽车自动驾驶技术的出发点无疑是好的，设计者通过自动化系统来增强驾驶的安全性、提高效率、使驾驶更有乐趣。我们认为横亘在"潜在的"和"发生的"事件之间的"偶然因素"就是人为因素。换句话说，我们需要使新的车辆自动控制系统与驾驶人能力的局限性相匹配。这已不再是一个纯粹的车辆工程学或一个纯粹的驾驶心理学问题，而应该是两者的融合。人因工程学正是作用于这种跨学科的接口上。

在第 2 章里我们将近距离观察不同的汽车技术，我们发现人因工程的洞察对这些技术的潜在影响正在持续加深。在技术的复杂化、自控化发展趋势下，如果不考虑人因工程，则设计面临的风险可能会持续加剧。这个问题的本质可以表述如下：

问题不在于自动化系统是否存在，而在于系统设计是否恰当。在常规操作环境下的操作往往不会发生问题，但是当人类需要整体控制任务时，系统无法提供给人类足够的反馈和交流。进而如果自动化装置超过了的能力极限，那么反馈的不足会给人类控制者带来困难（Norman，1990，第585页）。

虽然 Donald Norman 这篇著名的论文以航空领域作为案例，但是把"人类"和"任务"替换成"驾驶人"和"驾驶"也没有问题。这正是我们在第3章要做的研究。航空系统常常被其他交通工具领域视为对照模板并非没有原因。自动驾驶系统的力量和主控权在航空领域早已得到体现（如飞行管理系统和自动着陆系统）。如果航空领域真的可以作为模板，那么它不仅可以促进其他行业沿着现有的技术轨道发展，还能为我们揭示一些根本的、亟待解决的人因工程问题。令人特别感兴趣的是同样的问题还在重复不断地出现。在这里，有必要大段引用 Donald Norman 的论文"自动化的讽刺"：

摘自 Donald Norman（1990，第12–15页）：

我们对于人类之间的互动认识不足，所以无法（在自动化系统上）模仿……我们需要的是关于系统状况的连续反馈，所用的方式类似于人类讨论一个待共同解决的问题的方式。也就是说，所设计的系统应该是信息丰富的，但又不会互相干扰，这样互动就能顺其自然地持续下去，反馈的数量和形式会根据参与者的互动类型和问题本质进行调整。我们还不知道如何让自动装置做到这一点：目前尝试做出的系统虽然能提供信息：但要么就是提供的信息不够多，要么就是信息太多了令人反感，就像一个唠叨的后排乘客没完没了地对驾驶人的所有行为进行提醒。

进一步的认知是必需的……为了给出恰到好处的反馈，自动化系统必须要达到比现在更高的水平。总的来说，想要解决这一问题，得有一套智能系统……这就要求自动化更加高级，通过向控制系统加入某些形式的智能，使之能够和人类进行适当的交流，进而允许驾驶人及时了解周围情况，且更重要的是，不至于因此烦躁。

过度自动化的讽刺……过多的自动化会把人类排斥在控制闭环外，让人们丧失能力，精神不振。一个关于自动化的著名讽刺是：在我们最需要它的时候，它却失效了。对于诸如此类问题的分析我完全认同，但基于同样的分析，我得出了相反的结论。不同于上述的讽刺，我们目前遇到的似乎可归咎于"过度自动化"的问题，其症结很可能本质上与上述分析结论相反——不在于自动化过于强大，而在于自动化还不够强大。

为什么目前的系统不提供反馈？……部分原因是设计者对所需反馈的信息缺乏敏感，但还有部分再正常不过的原因：自动化本身不需要反馈！提供信息和向人类操作者显示信息只是次要的，因为似乎并没必要。当下，在缺少一个完美的自动化系统的情况下，一个恰当的设计应该事先假定会有错误发生，一个恰当的设计应该不断提供反馈，一个恰当的设计应该不断用合适的方法与操作者进行互动，一个恰当的设计还应该有一套可以应对最糟糕情况的方案。我们需要一种柔和、兼容的技术，而不是死板的、固化的技术。

上面说的是什么意思？让我们想象一次2030的试驾来寻找答案：

喂，福特/通用/丰田/大众们，我的飞天小轿车在哪里？
Computer Car 2030（再次）使驾驶人败兴而归

大家真的受够了这些所谓的新一代汽车——它们那些乏味的线控系统、无聊的驾驶体验和太过复杂的驾驶室。所以，再来试试这款最新产品吧！乍一看，它给人留下了上佳印象。它集所有科技于一身。最先进的混合动力系统？有。车载信息娱乐系统？太有了。性能？嗯，看看说明书，不错。**但是现代汽车设计的问题到底出在哪里？**为什么这些本该大有作为的技术始终没有和谐地融为一体？Computer Car 2030还是让我们失望。仪表板在展示中是那么出色，可经过5min的实际应用，这些复杂的软件显示界面就把缺点暴露无遗——严重信息过载。它提供的信息我一点儿都不想知道。驾驶室（在理论上）是可以完全重构的，但是控制界面却壁垒森严，只有玩了10年PlayStation的骨灰级玩家才能搞定。这仅仅是汽车静止时的情况，那开起来怎么样呢？

上路后，我们的失望之情愈发强烈。这么糟糕的驾驶体验和我的剪草机有得一拼。所谓的"智能驱动系统"根本搞不清状况，也不知道自己该干什么。繁琐的技术已经将其原本相当出众的性能掩盖了，这让人感到无语。同样，动力也没有问题，但感觉就是哪里不对。我本人还在适应混合动力汽车，但就是喜欢不上它们，抱歉。我完全不知道眼下是什么情况，虽然眼前有一个巨大的液晶仪表板在闪着红光，但车跑起来不是太快就是太慢。**汽车设计好像一夜间回到了150年前，所有应该使车做得更好（更容易）的元素都不见了。**Computer Car 2030能带我们去的唯一地方就是过去。

售价：5 000 000 比特币　　　　　　　　　　　　　　　　　　　　　　　在售

Donald Norman：我非常喜欢你们的文章。你们出色地整合了所有问题。不过真的有汽车制造商关注这些问题吗？

我们：我们曾和汽车制造商共事，他们大部分都在"追赶"科技潮流，而不是"前瞻"。20世纪90年代初我们参与过一个ACC项目，通过努力争取让我们的一些建议变成了现实。从那以后我们和很多车企进行了合作。老实说，车辆设计依然侧重于工程学视角，并且成本压力相当大。因此，我们不得不用人因工程的案例告诉他们，为何一些巧妙的以人为本的小改进只需要微不足道的额外成本，却有可能获得巨大收益。我们认为有两个关键点，一是采用一套内在关联的方法来解决目前存在的人因工程问题（参见第12章），二是趁着设计初期成本较低，实施和检验新想法比较简便，应尽早把人因工程的思想整合进车辆设计中，如图1.4和图1.5所示。

这本书就是我们为把如上想法付诸实践所做的努力之一。尽管只是万里长征第一步，但毫无疑问，书中这些工作已经具有相当可观的潜在增益。

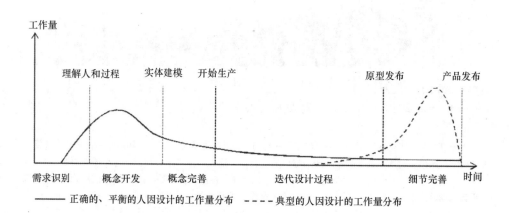

图1.4　遗憾的是，当设计者发现需要进行人为因素方面的思考时，已经太晚了，这种现象极其普遍；它导致设计无法用低成本完成人因分析，也错过了可以使人因分析最大化发挥作用的时期

图片来自：Jenkins, D. P., Stanton, N. A., Salmon, P. M., Walker, G. H, (2009) Cognitive Work Analysis: Coping With Complexity. Farnham Ashgate.

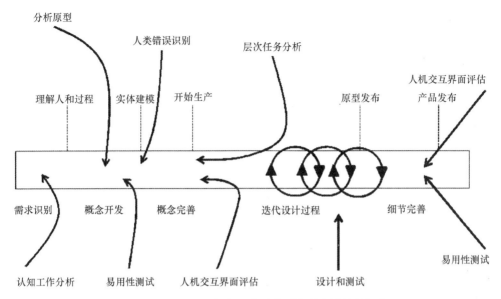

图 1.5　人因工程思想介入的最佳时期是在设计的初期

图片来自：Jenkins, D. P., Stanton, N. A., Salmon, P. M., Walker, G. H, (2009) *Cognitive Work Analysis*: *Coping With Complexity*. Farnham Ashgate.

1.5　汽车人因工程学

我们很容易忘记汽车设计中，为了适应驾驶人的需求和能力所做的妥协。在人类的历史长河中，像汽车这样，机械结构如此精妙复杂、所处环境如此多变和危机四伏、与庞大且缺乏专业训练的使用人群有如此高效的互动，很难再想到另一种类似的装置了。汽车设计发展到今天，用了100多年，接下来的科技变革不会再给我们这么充裕的时间。我们不能再耗费100年才设计出紧跟使用者需求的新型汽车，也不可能把终端用户当做碰撞试验的牺牲品。汽车人因工程学的研究，从根本上来说就是要提供一条捷径——科学地理解并且预测驾驶人的行为会怎样适应新科技，乃至被新科技改善。更重要的是，现在我们确实有机会把人因工程的思想尽早、尽可能全面地应用在汽车设计中，以此获得能够增强安全性、提高效能、优化舒适度的革新技术。人因工程学真正的潜在作用是让车辆设计者和工程师发现这些简易的、低成本却回报巨大的捷径。本书中所介绍的30年来的重要研究成果、实用工具和资源，将成为人因工程和车辆设计融合的有力武器。

致谢

本章内容来自如下文献:

Stanton N. A. , Young M. S. , Walk G. H. (2007). The psychology of driving automation: a discussion with Professor Don Norman. International Journal of Vehicle Design, 45, 289 – 306.

Norman, D. A. (1990). The 'problem' with automation: inappropriate feedback and interaction, not 'over – automation'. Philosophical Transactions of the Royal Society of London, B327, 585 – 93.

第 2 章 技术时间轴

2.1 影响深远的技术

汽车作为一种具有深远影响的技术形式已完全融入人们的日常生活中（Weiser，1991）。汽车无处不在，正是因为这种普遍存在，人们往往容易忽视汽车和驾驶的根本意义。对于驾驶人来说，"驾驶"意味着在一个高度复杂的道路和交通环境中成功地完成1600多项个人任务。试问，还有什么拥有类似复杂技术的其他设备能如此广泛地被这么多技能水平各不相同，而且只能说接受了相对适量的培训的人使用呢？这样的设备实不多见。

我们不仅常常忘记汽车和驾驶对驾驶人的意义，也忘记了汽车所涉及的技术数量之庞大。如今，即使最廉价的汽车也可能装有至少30个电子控制单元，从用于发动机管理系统的32位Motorola芯片，到嵌入车窗控制器的TLE7810 LIN驱动芯片，无所不包。这些技术对驾驶人来说都是普遍存在的。控制系统遍布全车，但在许多情况下，它们的运行逻辑对驾驶人而言又是几乎透明的。比如你在打转向灯时听到的"咔哒咔哒"声，不再是由熔丝盒附近的继电器发出的，而是通过一个负责监控所有仪表功能的电子控制单元发出的。当它通过车内局域网检测到转向灯被激活时，就会通过一个压电式转换器主动制造出"咔哒"声。事实上，它完全可以不发出"咔哒"声，甚至可以被设计成类似于鸭叫或狗吠的声音。之所以发出"咔哒"声，是因为驾驶人已经习惯于这种"自然"的声音了，这就导致了电控系统对驾驶人的透明性。是这样的吗？驾驶人是否比我们想象的更敏感呢？当我们不断推动技术变革时，是否忽视了一些人类效能对技术的影响？我们能否从具有类似技术发展趋势的领域有所借鉴？只有搞清楚这些问题，我们才能深入探究那些"正常"地应用于车辆自动化或"明显"的自动化系统（如自适应巡航或自动泊车）的人因工程学。为了向前走，有时需要先向后看。

注：本章内容基于笔者如下论文小幅修改和完善：Walker, G. H.; Stanton, N. A. and Young, M. S. (2001). Where is computing driving cars? *International Journal of Human – Computer Interaction*, 13 (2), 203–29.

2.2 序幕

20世纪70年代，工程师将固态电子学应用在汽车上，发明了电子点火技术，汽车中电子计算系统的发展由此拉开了序幕（Weathers和Hunter，1984）。在此之前，汽车内燃机的点火需要依赖一种名为"断电器"的器件（图2.1），这是一种简单的凸轮装置。发动机带动凸轮旋转，断电器将旋转的机械能转化为电能，电能作用于高压点火线圈，驱动火花塞完成点火。电子点火技术取代了断电器，极大改善了点火性能。它采用晶体管代替机械断电器触点。晶体管以固态方式（非机械）进行开关转换，因此不易受潮。同时，这种晶体管可以在完全可靠的前提下，完成数十亿次高速开关循环。对于20世纪70年代的驾驶人来说，这仅仅意味着他们的车可以减少在清晨起动车辆时的常规维护工作，且运行状态更平稳。

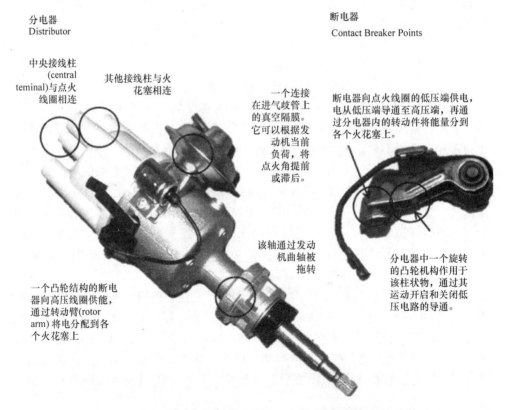

图2.1 电子点火系统是固态电子学在汽车上的首例应用，它取代了原先的机械式分电器及其包含的并不稳定的断电器

在点火技术革新后，人们将目光投向了喷油装置。20 世纪 80 年代，前缀"i"并不是 iPod、iPhone 或 iPad 的标志，而代表"喷射（injection）"。其中公认的精确喷油系统的代表，是德国罗伯特·博世公司出品的"K Jetronic"，该系统于 1973 年在欧洲的量产车中首次应用，到了 1978 年，又出现了与之齐名的大众高尔夫 GTI 和其他产品（Robson，1997）。燃油喷射系统最早被应用于航空发动机，旨在克服化油器的局限性。相比之下，化油器是一个相当呆板的机械式燃油计量装置，它安装在发动机附近，通过文丘里管孔吸入空气，从中吸取汽油，并将汽油在沿管流动的气体中分解成液滴，然后在发动机燃烧室中燃烧。这种简单装置面临的最大挑战是要在发动机转速和负荷变化很大的情况下依然保持严格的空气/燃料当量比（值为 14.7）。化油器的稳定性不高，且当其不稳定时，会对燃油经济性、排放、输出功率、驾驶性、冷起动、热起动以及燃油提纯有极大影响。而博世公司开发的 K Jetronic 的原理是，首先对燃料进行加压，利用机械喷油嘴，将经过精确标定的雾状燃料喷入发动机的进气系统。尽管这些改进对驾驶人可能没有直接益处，但重要的是驾驶人踩加速踏板时发动机的响应大大改善了。虽然缺少扼流圈，但冷起动毫不困难；在燃油经济性得到改善的同时，汽车机动性也得以优化；更不用说通过车尾标上高贵的"i"标识而带来的附加价值了。

技术变革还在继续，接下来电控喷油系统出现了。该系统最初由整车制造商克莱斯勒、福特，以及零部件供应商博世和 LUCAS 所开发，这几个公司分别为各自的系统都注册了商标，如 EFI 和 Motronic 等（Weathers 和 Hunter，1984）。"i"仍然标在车的尾部，但事实上，系统已经完成了升级，具备了发动机管理系统的雏形。机械喷油系统依赖于燃料计量装置，将加速踏板输入转化为发动机精确标定的燃料量。而发动机管理系统则包含大量传感器，从霍尔相位传感器（测量发动机转速和每个活塞的位置），到空气流量计（测量发动机消耗的空气量）。车载网络将这些设备连接为一体，发动机控制单元（Engine Control Unit，ECU）采集这些信号，通过闭环反馈和查表（look - up table）相结合的方式，算出准确的燃料喷射量，同时精确判断发动机的点火角，也可以通过位于排气管中的氧传感器来分析产生的排放物。随着发动机管理系统使控制燃烧状态成为了可能，加上 1986 年无铅汽油的出现，丰田汽车在 1987 年率先在英国和欧洲市场推出了催化转换器（Robson，1997）。这对驾驶人来说意味着什么呢？明显改善的方面包括：燃油经济性（尽管车辆尺寸和重量有所增加）、驾驶性、动力性和可靠性，但在对汽车的感觉方面几乎没有可察觉的差异。

发动机管理系统的出现，打破了加速踏板与发动机进气、喷射间直接的机械连接，驾驶人们开始注意到发动机对其操作的响应方式发生了变化。"输出功率曲线"经过了滤波，波峰和波谷都更显平滑。然而，尽管在客观上看，发动机管理系统的应用使发动机更强大了，但有时也并非如此。比如一些新的动力系统可能在上一秒运行还非常平顺，下一秒当发动机管理系统检测到超速后，立刻终止向缸内喷油以限制动力继续增加，这种突发的动力丢失感是驾驶人不曾经历的。也没有人告诉过驾驶人，当车辆滑行时，如果时速超过 12mile/h，发动机管理系统会自动断油。在某些应用中，这将导致驾驶人加速时出现轻微但明显的顿挫感；或者断油后，当车速降到一定阈值，发动机管理系统恢复供油，导致极其轻微的"颠簸"感。在寒冷的早晨，驾驶人如果想挪一下车，会发现他们不能重新起动汽车。原因何在？当发动机通过混合气加浓完成了一次冷起动后，为了防止催化器损坏，系统会禁止立刻进行第二次冷起动，直到预设的时间过去后。驾驶人能察觉的另一变化是发动机的怠速控制。怠速有时似乎不太稳定，即使驾驶人没有给任何输入，也会忽上忽下。这是因为发动机管理系统通过怠速控制阀来控制发动机转速，它将决定何时需要更多的混合气来维持运转，驾驶人将不具有决定权。当然，也正因为如此，驾驶人也发现汽车更难熄火了，而且即使不踩加速踏板，也可以靠怠速成功通过多层停车场。

到 20 世纪 80 年代末期，计算机控制的原理已被牢固确立，并开始朝着新的、更强大的目标发展。博世和奔驰集团首创了霍尔轮速传感器及微处理控制器。依赖这一技术发明，制动防抱死系统（Antilock Braking Systems，ABS）得以成功地在量产车型上大规模应用（Nunney，1998）。1987 年，福特公司出品的 Ford Granada 是英国最早使用 ABS 作为标配的汽车之一。与燃油喷射系统一样，这种技术也是航空领域的舶来品，被用以改进飞机在湿跑道上着陆的可控性和安全性。当轮胎抱死在地上拖动或轮胎原地打滑时，所产生的地面附着力远小于稳定状态。ABS 通过接收轮速传感器发来的信号，在打滑发生时快速调节制动效果。正常情况下，驾驶人可能永远不会遇到 ABS 的激活，但当他们遇到时，一些人对制动踏板传来的快速脉冲感到惊慌，以至于完全松了制动踏板。ABS 以一种安全系统作为卖点，但实验表明，一旦驾驶人习惯了这种安全系统带来的好处，有可能采用更激进的方式驾驶，以从系统中提取更多的效用，比如他们会倾向于更晚踩制动踏板，或距离前车很近时再制动（Wilde，1994）。我们称这一过程为适应风险平衡（Adaption Risk Homeostasis）。

1985 年，宝马公司尝试性地引入了牵引力控制系统（Traction Control，TC），并将该系统和发动机管理系统、ABS 相连。这使原本分散的各个电子控制单元首次在车内实现信号交互（Robson，1997）。轮胎打滑不仅会降低制动效率，也会降低牵引效率。因此，与 ABS 类似，牵引力控制系统也会监测主动轮和从动轮之间的相对速度，通过发送指令让发动机管理系统降矩、让 ABS 选择性地制动，以确保车辆在最大牵引力点上向主动轮提供动力。

总之，从 20 世纪 90 年代至今，汽车自动化技术发展的脉络是这样的：车载控制器间的集成度大幅提升，控制器间的通信大幅增强，辅以更先进的传感器和执行器技术，汽车的能力有了戏剧性的提升。其中，一个重要的里程碑出现在20世纪90年代中期，ACC自适应巡航开始了商业化应用。经过多年将原本分散的控制器进行聚合的努力，加上传感器技术的发展，人类终于创造出了可以自动驾驶的汽车。或者更确切地说，这是一种可以与前车自动保持预设的车距、在必要时自动进行有限制动干预、在无风险情况下又自动加速恢复到设定车速的技术。迄今为止这种技术进展是振奋人心的，同时它也对驾驶行为产生了深远影响，我们将在第9章和第10章中详细讨论。需要指出的是，除了ACC外，车辆自动化技术还有很多，它们或已经被应用，或在不久的将来实现量产，本章将对其进行简要描述。

2.3 发展趋势调查

ACC对面向未来的汽车技术具有强大的启示作用。汽车技术不会就此止步，相反，它已经来到了技术革命的边缘。汽车技术不能再立足于自身，然后机械地向驾驶人普及，而应该从驾驶任务中的诸多元素出发，反过来更全面地进行技术释放。人因工程领域需要迎头赶上这些由工程师主导的技术实施。然而，这些技术到底是什么？方法之一就是直接去寻找源头，问问汽车制造商。这正是我们在研究中所做的，我们进行了一项行业技术趋势调查，要求各个主机厂的受访者推测未来哪些技术可能量产应用。我们的目的不是提供详尽的新技术概要，而是提出一些覆盖面广的、可以用来作为后续章节人因工程问题讨论的典型案例。

2.4 技术时间表

从短期来看，无论是42V车载电气系统，还是OSEK等新的通信协议的建立，很明显的趋势是：一个可以容纳更多嵌入式计算和干预系统的"地基"正在建立。从中期来看，线控技术和先进驾驶技术的应用，使车辆更加系统化，所有系统保持交互，在绝大多数情况下，车辆可以精确地适应当前驾驶环境。也许可以放心的是，许多此类新趋势和技术都以提升驾驶体验、使驾驶更有活力和"乐趣"为目标。听起来，这一目标可能不是特别有价值的，但它却是深入探究其他目标（如安全和排放）的重要途径：被人们喜爱的车辆和车辆系统也同样会被人们所接受。从长远来看，我们感兴趣的是汽车还有哪些技术没有被预测到。磁悬浮车和完全无人驾驶汽车并非迫在眉睫。一个更切实际的话题是，驾驶人在什么程度上可以通过成熟先进的自动驾驶系统逐步摆脱部分驾驶任务。正如Norman（1990）所说，我们实际上进入了技术发展最艰巨的阶段，即"中级智能"阶段，系统可以执行部分驾驶任务，但还没有达到完全自动化。在这个中级阶段，驾驶人和汽车必须以最佳的方式进行互动，反过来这又将人因工程学提升到一个关键的战略高度来认识。

虽然并不详尽，但上述广泛的趋势背后，似乎有一些典型的技术，它们被预计将在不久的未来应用于汽车领域。我们将这些技术分为三类：透明技术（Transparent Technology）、非透明技术（Opaque Technology）以及使能技术（Enabling Technology）。透明技术与普适计算（Ubiquitous Computing）的概念非常接近（Weiser，1991）：通过无声的、透明的操作来取得最大化效能。非透明技术符合更传统的计算概念。这种技术的运行计算更容易被驾驶人察觉，因为它承担了驾驶任务中更为明显的部分，它们往往本身具有可识别的用户界面。使能技术是一种可以同时促进引入透明技术和非透明技术的技术或趋势。

2.4.1 透明技术

2.4.1.1 线控驾驶（Drive - by - Wire）

这项技术在做什么？ 线控驾驶系统利用电子方式取代了原本车辆控制终端（转向盘、踏板等）与受控装置（车轮、制动装置、发动机等）之间的机械连接。这一系统最初应用于航空领域。机械连接，诸如电缆或液压系统等，其实施成本高、生产周期长，同时还会产生用于维护和确保可靠性的间接成本。用电子连接取代这些机械连接，上述问题将不复存在，或至少可以将这些问题"转化"到更容易处理的问题上，同时也为计算机化的传感器、执行器领域、汽车制造业和包装业带来机遇。举例而言，变速杆之所以被放置在底座上，完全是早年的后轮驱动汽车设计的遗留产物——那时的后驱车将变速器直接放在了前排两座之间的底盘上。而现代量产汽车多采用前轮驱动，变速器放置在其他位置。事实上，如今许多车辆采用电子驱动变速杆，这意味着换档装置几乎可以放置在任何地方。另外，大多数柴油发动机汽车与汽油发动机汽车都采用了电子节气门，这种技术的应用使诸如巡航控制等功能更易实现（通常只需要在转向盘后的拨杆上加装一个巡航按钮即可，软件、显示器、电子节气门都是现成的）。稍后我们将更详细地了解线控技术的一些具体应用情况。

2.4.1.2 线控转向（Steer - by - Wire）

这项技术在做什么？ 该技术取消了转向盘和车轮之间的机械连接。转向盘作为转换器，将驾驶人操作的输入转换成控制伺服电动机的电信号。因此，电子装置成为了真正驱动轮胎转向的动力源。其优点是，车辆的转向信息可以更全面地集成进整车电子电气架构中，以利于防滑控制、操控管理、提高操纵性；车辆可以在各种路况下对驾驶人的输入信息进行精确响应。这种技术带来的另一个有益的附加效用是增加了四轮转向的可行性（应用成本将非常低）。它还可以使转向盘的位置脱离机械限制，工程师可以从人机工程学和安全性的角度对转向盘进行最佳定位。它还使左侧驾驶和右侧驾驶间的设计转化更容易，甚至可以找到替代转向盘的转向装置。线控转向与电子助力转向（Electric Power Steering，EPS）不同，电子助力转向本质上仍是机械系统，电动机（通常安装在转向柱上）只是提供了转向的辅助力，因而仅被视为液压动力转向系统的升级版（通过一个由发动机驱动的传动泵直接提供转向力）。

2.4.1.3 湿式线控制动（Wet Brake – by – Wire）

这项技术在做什么？ 制动踏板与液压制动主缸伺服单元将不再采用机械连接。在传统的制动系统中，伺服单元利用发动机产生的局部真空来放大驾驶人的制动踏板输入。而线控制动系统中，制动主缸通过电驱动产生制动压力，制动踏板仅仅是充当了电子转化器，将驾驶人制动意图以电信号的形式发给控制系统。从工程学的角度来看，其优点是，无论制动片的温度有多高或车辆是否满载，嵌入线控系统的微处理器都可以要求制动系统持续产生某一制动力。这个技术更深层的益处是可以避免在 ABS 激活时，让驾驶人通过制动踏板感受到制动装置的抖动，这对防止碰撞有绝对的益处。从生产行为的人机工程学角度来看，线控制动系统也可以减少或改变加工制造制动踏板的工作量。

2.4.1.4 干式线控制动（Dry Brake – by – Wire）

这项技术在做什么？ 它是湿式制动器的升级版，采用全电子制动系统代替（湿式）液压系统。制动踏板仍然作为转换器，但驾驶人输入的制动意图的放大不再依赖于任何形式的由制动主缸、液压介质、管路、制动盘/卡钳组成的（湿式）液压系统。相反，实际的制动卡钳/执行器是由电动机驱动的，制动踏板通过控制系统直接向其发送电信号。干式线控制动为包括 ABS、牵引力控制系统、车身稳定系统在内的一系列嵌入式控制系统提供了更多的发展机遇。它还可与混合动力汽车中的制动能量回收技术相结合。

2.4.1.5 线控技术对驾驶人意味着什么？

上述提到的线控驾驶对驾驶人来说意味着什么呢？尽管控制算法对驾驶人"应该"是完全透明的，但驾驶人反馈又成为一个突出问题。在普通的车辆转向系统中，驾驶人可以通过转向盘接收大量的反馈信息，比如在转向时握住转向盘所需的力（回正力矩）、车辆转弯时回正转矩的增强（转矩梯度）以及通过颠簸路面和曲折路面时从前轮反馈回来的小转矩反作用力。此外，有研究显示，即使是普通驾驶人，其对车辆变量的变化也具有极高的敏感性（Hoffman 与 Joubert，1968），比如转向感。另一方面，控制的动力（或感觉）及其与系统（车辆）动力的关系会对关于某环境下车辆状态以及驾驶人情境意识的心理学模型的构建产生影响，尽管这种影响程度不大，但却会延伸至线控制动技术上。在上述的线控转向及线控制动两个示例中，一个非常重要的问题是，该技术是否会消除一些在驾驶人操作汽车时所必需的信息线索，例如，如果在不考虑制动系统状态或车身重量的情况下一味地保持制动力的一致性，可能会导致关于当前环境下车辆状态的心理学模型出现错误。

该问题又和风险感知紧密结合。如果驾驶人对制动踏板的操作感不再取决于车辆的状况/速度/重量，那么驾驶人所承担的内在风险可能会改变。风险平衡理论预测，内在风险的变化将导致行为趋向于适应更大的风险。试想，如果没有线控制动，驾驶人开着制动片过热且满载的车辆驶下陡峭山坡时是否会感受到制动系统可能失效的风险呢？很有可能。又例如，当ABS激活时驾驶人的感受（即：剧烈的制动踏板调节），往往可以进一步作为反馈线索，提醒驾驶人车辆已经逼近驾驶极限。这些传统的系统是否可以帮助驾驶人，又或者线控技术是否可以把更优化的信息反馈给驾驶人，目前尚无充分调查。尽管我们的论述存在潜在的缺陷，但可为改善车辆对驾驶人的反馈提供一些重要的新建议。人因工程学的研究有助于定义驾驶人的"实际"需求。

2.4.1.6 碰撞传感（Collision Sensing）与智能气囊（Smart Airbag）

这项技术在做什么？有数据表明，安全气囊在正面碰撞事故中可以将成年乘客的死亡率降低18%，在所有类型的碰撞中降低11%。但同样的数据也表明，它们增加了10岁以下儿童死亡的风险（Braver等，2010）。智能气囊是解决这一问题的技术方案。它们通过座椅内的重量传感器得到车内乘客的特征信息，从而调整安全气囊的弹出方式，以最大限度地提高乘客的安全利益：例如，儿童乘客经历轻微碰撞时气囊仅部分弹出，而成年乘客经历重度碰撞时则完全弹出。碰撞发生前最关键的几毫秒内，碰撞传感器将会确保所有安全设备（包括气囊）能够根据碰撞类型智能地被激活。

2.4.1.7 防碰撞预警与避让（Collision Warning and Avoidance）

这项技术在做什么？该系统使用雷达传感器的输入（例如ACC中使用的传感器）来检测和监视其他车辆的行驶情况。控制系统将采集这些传感器信息，评估可能发生碰撞的交通场景，并通过听觉警告将信号发送给驾驶人。该系统还可通过干预车辆制动来主动预防碰撞的发生，如图2.2所示。

2.4.1.8 横摆稳定性控制（Yaw Stability Control）

这项技术在做什么？横摆稳定性控制在紧急情况下，通过对车轮选择性地制动来维持车辆稳定性（Nunney，1998）。该系统的目的是，在车辆操纵性受限的情况下，尽最大的可能让车辆按照驾驶人的意图路径行驶。博世集团的专利产品车身稳定系统（Electronic Stability Program，ESP）是目前这一技术的实例，目前已经成为越来越多汽车的标配（图2.3）。

2.4.1.9 碰撞传感、预警和主动横摆控制对驾驶人意味着什么？

碰撞传感和警告通过报告危险场景，为驾驶人提供了一种决策支持的形式，

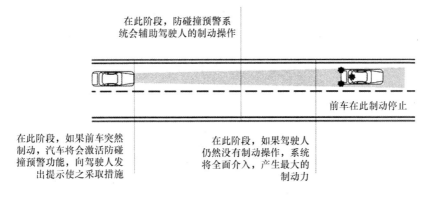

图 2.2　具备制动辅助功能的碰撞警告系统

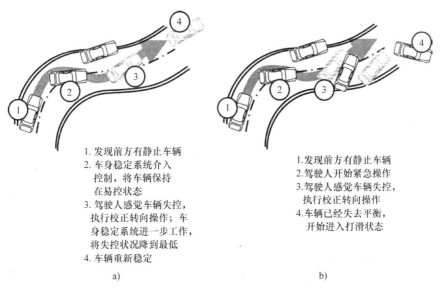

图 2.3　车身稳定系统
a）有车身稳定系统　b）无车身稳定系统

提醒驾驶人做出响应；而碰撞避让和横摆稳定性控制则提供了主动干预。这两者区别巨大：决策支持向驾驶人提供必要的信息，以便他们做出有效决策；主动干预的情况则需要寻求驾驶人与控制自动化之间的有效转换方法。这些系统对驾驶安全均存在风险平衡方面的潜在负面影响。碰撞传感和主动偏航控制有可能改变驾驶人的内在风险。反过来，在风险平衡的范例下，滥用自动化装置的趋势会加重，当驾驶人发现自动化系统可以检测即将发生的碰撞、调节失控的车辆时，将会以更高车速驾驶，同时他们会更大程度地依赖自动化系统使车辆发挥更大的性能。这虽然是一种极端情况，但当这一小概率事件乘以庞大的驾驶人口基数时，无疑将会增加群体性风险。

2.4.2 非透明技术

2.4.2.1 自适应巡航控制系统（Adaptive Cruise Control，ACC）

这项技术在做什么？ ACC表面上看是巡航控制的一种形式，它允许驾驶人设定车速和与前车的距离，而车辆会努力将状态维持在设定的参数上。ACC的核心是雷达传感器以及嵌入式控制系统。控制系统根据各种算法对传感器输入的数据进行处理，使系统能够感知其他车辆，并控制制动和加速来保持恒定（安全）的与前车的距离（图2.4）。ACC固有的限制意味着它只是一个提升驾驶舒适性的系统，驾驶人必须随时准备接管控制（Richardson等，1997）。ACC是先进的驾驶技术中最早商业应用的产品之一，因此一直作为车辆人因工程学研究的课题。

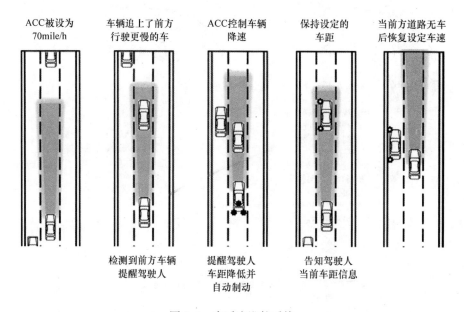

图2.4 自适应巡航系统

2.4.2.2 驾驶人监测（Driver Monitoring）

这项技术在做什么？ 车辆监控驾驶人的驾驶行为，当它检测到驾驶人存在嗜睡或注意力不集中等任何状况时，会提醒驾驶人。该系统通过接入整车电子架构来测量驾驶人的控制输入；不仅如此，它还通过跟踪驾驶人的眼球运动敏锐地感知驾驶人的视觉表现。有研究表明，眼球运动是评估驾驶人注意力情况的良好度量（Victor，2000）。

2.4.2.3 玻璃仪表板/仪表板（Glass Dashboard/Instrument Cluster）

这项技术在做什么？有部分汽车仍在使用机械式的速度计——通过连接到变速器上的电缆直接采集车速信息并显示。而绝大多数的汽车已经使用了电子车速传感器，但采集到的车速信息仍然通过机械式转盘内的指针显示。数字科技的发展使玻璃驾驶舱/仪表板在汽车上的应用成为可能，车辆信息将通过软件控制来显示。传感器采集到包括车速、发动机转速、发动机温度等在内的所有相关车辆参数，并将这些信息传送给软件，软件驱动显示器完成显示，供驾驶人参考。这些显示器可让驾驶人自定义仪表板的布局和外观，或者使车辆本身根据当前驾驶环境改变显示器的外观。该产品具有明显的营销效益，但它也可以非常灵活地、以符合人机工程学的方式呈现信息。另据预测，触觉座椅显示（Tactile Seat Displays）和动觉制动脉冲（Kinesthetic Brake Pulses）技术将为车辆与驾驶人交互提供新的附加反馈模式。

2.4.2.4 信息管理（Information Management）

这项技术在做什么？导航系统、交通信息设备、移动通信、车载信息娱乐（IVI）将越来越广泛地应用于车辆。这些系统不仅提供大量的车载娱乐，还能提供实时交通和车辆数据，包括当前车辆状况、服务需求、"现场地图"以及电子邮件，甚至在车辆到达目的地后向驾驶人提供停车或酒店预订建议（Burns 与 Lansdown，2000）。为了寻求管理这种额外信息的办法，汽车产品注定要有更大的融合。这里所述的"管理"包括对环境响应的信息延迟和/或优先处理，例如，如果检测到突然制动，系统将延迟次要信息。随着不同装置的集成化，触摸屏、语音识别等新型界面方式将陆续出现。

2.4.2.5 语音激活（Voice Activation）

这项技术在做什么？语音激活技术可以让驾驶人与车载设备进行语音沟通，以控制车辆的运行。它为驾驶人提供了一种控制次要任务的潜在的更安全的方法，因为驾驶人的手不必离开转向盘去操作某些开关或杠杆。语音识别软件在嵌入式控制器内运行，并将与各种车载设备（如导航和音频系统）交互。最近的另一个发展趋势是手势或动作识别，比如驾驶人通过摆动后保险杠下方的脚来控制行李箱的开启。

2.4.2.6 非透明技术对驾驶人意味着什么？

非透明技术是显性的，并且拥有一个全新的清晰的人机交互界面。信息管理需要通过合理的界面设计来优化并管理驾驶人与车内系统间的信息流，并防止"认知分散（cognitive distraction）"（Burns 和 Lansdown，2000；Regan，Lee 与 Young，2008）或模式认识（mode awareness）问题。在众多的主要的驾驶任务中，有证据表明驾驶人甚至会在相对简单级别的自动驾驶系统上出现模式认识问题，如操纵自动变速器（Schmidt，1993），更不要说被赋予了更大自主权的新型自动驾驶技术了。

更广泛地说，工程师们所说的"舒适性"和人因工程学所谓的"脑力负荷不足"（mental underload）间存在明显的差异。工程学界认为，减轻驾驶人的驾驶任务可以使驾驶更容易，从定义上来说，也更令人感到舒适。然而，减少驾驶人的任务可能会带来负面效果。为了适应减少后的驾驶任务，驾驶人的注意力资源也会收缩（Stanton 等，1997；Young 和 Stanton，1997）。这会带来一些独特的、意想不到的问题。试想一个驾驶任务被减少后的状况：当一个恶性场景引起驾驶任务的激增时，将迫使驾驶人不得不接管一些驾驶任务的控制。这就要求驾驶人必须从低工作负荷（即 mental underload）马上过渡到高工作负荷（即 mental overload）。这种过渡是艰难的，可能与该驾驶人的先天能力并不匹配（Stanton，Young 和 McCaulder，1997）。工作负荷的两个极端都不可取（Bainbridge，1982；Norman，1990），因此可以设计某种形式的功能动态分配，确保驾驶人的任务需求无论如何变化，都可以始终将注意力资源保持在某个最佳水平上。但如果设计不当，非透明技术可能会使情况变得更糟。所幸对于同一控制系统，人因工程学的知识可最大化地激发其技术潜力。

2.4.3 使能技术

属于这一范畴的技术是应用新型车辆技术的根基。它们对驾驶人或驾驶任务没有直接或明显的影响，但却会产生间接影响，从机械和电气的角度提高车辆效率。

2.4.3.1 42V 汽车电气系统⊖

这项技术在做什么？目前的乘用车、轻型货车多以 12V 蓄电池作为电气系统的电源；大型商用车则多采用 24V 的电源。额外增加 42V 电气系统在工程方面具有很大的优势。从根本上说，它为未来汽车中应用更多的电子驱动提供了保障。

2.4.3.2 开放式系统及其相应的汽车电界面（OSEK）⊖

这项技术在做什么？不同技术子系统在车上的交互是一个被反复提及的话题。OSEK（Open Systems and the Corresponding Interfaces for Automotive Electronic）是欧洲汽车制造商联合开发的一种通用的汽车架构的实例（OSEK，2000）。

⊖ 译者注：42V 系统提出于 20 世纪 90 年代，通过串联蓄电池的方式，将车内电压从 12V 提高到 42V。因为 42V 系统将导致大批车载电气装置的重新开发，所以难以推广。目前流行的是 48V 系统，它在保留原 12V 蓄电池（仍用于控制大多数电气设备）基础上，仅利用 48V 系统驱动空调和起停等高功率设备，大大提升了方案可行性。

⊖ 译者注：另一个常提及的架构标准是 AUTOSAR。它偏向整车电子架构，是基于包括 OSEK 在内的若干标准提出的。

与 PC 平台类似的是，该方案规范了汽车的电子架构，使所有电子和微处理器系统/组件（在当前和未来）能够被集成并顺利交互。比如，任何供应商开发的防撞系统、发动机管理系统、安全气囊、ABS 都可以无缝连接，在对安全性苛求的情况下，提供最佳的车辆性能。

2.5 总结

车辆技术不仅对车辆与道路、车辆与其他车辆的相互作用产生影响，也会对汽车和驾驶人之间的相互作用产生影响。应该澄清的是，思考整体问题远比仅仅将更多的个别技术加入到汽车中要复杂得多，尽管多数设计者倾向于后者。

尽管汽车目前还是一个技术如此复杂的机器，但似乎已经无法阻止人类将其推向一个更高的标准——在任何情况下都不能复制的标准。在很多方面，汽车都是一个如何合理设计的人机交互的实体案例。汽车用百年时间发展到了今天的样子，但人类技术变革的步伐如此之快，我们不再负担得起如此奢侈的光阴了，而人因工程学正为车辆设计提供捷径。下面的章节，我们将对这一捷径深入阐述，并指出应用时需要避免的误区。

第 3 章 航空领域的启示

3.1 引言

汽车自动化技术究竟从何而来？首先进入我们脑海的答案可能是航空技术，因为它常被其他交通模式看作可借鉴的基本模型。当然，将航空作为汽车自动化技术的鼻祖也并非空穴来风。自动驾驶系统很早以前就在飞机上开始了广泛应用，从飞行管理系统到自动着陆系统，无所不包且经久不衰。如果我们真的将航空技术视为自动化技术的基本模型，那么它不仅可以引领技术的发展方向，更可以作为研究其显露出的潜在人因工程问题的切入口。在本章中，我们将探讨已在航空领域推广的自动驾驶技术的利弊，并将其映射到汽车的自动驾驶技术中。调查结果很有趣：显然，有些自动驾驶技术可以为驾驶人带来好处，但另一些自动驾驶技术未必使驾驶行为增益。这是因为，自动驾驶技术本身并不成熟，还不足以保证驾驶的成功；其次，驾驶人的人为因素是驾驶行为中重要的随机变量，自动驾驶技术往往在这方面考虑不足。

3.2 自动驾驶赞成方的观点

目前赞成推广自动驾驶技术的主流论点主要有三种。第一种观点认为"驾驶"是一个高度紧张的行为，如果可以在某些特定的驾驶工况下采用自动驾驶，将缓解驾驶人的疲劳，对驾驶人的身心健康有显著的改善。第二种观点与第一种类似，考虑到大多数交通事故是驾驶人的人为错误导致的（世界卫生组织，2004），而自动驾驶技术恰恰将人为因素从驾驶控制闭环中剥离，所以可以合理地推断，自动驾驶有助于减少交通事故，增加道路安全性。第三种观点从经济学角度考量。首先，自动驾驶技术的应用必将丰富车辆零部件的多样性，增加整车

注：本章节是在下文的基础上小幅修改完成的：Stanton, N. A. and Marsden, P. (1996). From fly-by-wire to drive-by-wire Safety implications of vehicle automation. *Safety Science*, 24 (1), 35-49.

的销售收入;其次,由于自动驾驶的介入,驾驶人的驾驶效率提升,以至于他们可以在开车期间腾出手来从事一些经济生产工作。下面我们来进行详细分析。

3.2.1 改善驾驶人身心健康

在某些情况下,驾驶可以成为非常紧张的活动。根据"挫折-侵犯理论(Frustration-aggression Hypothesis)",当驾驶人遇到压力时,可能会产生挫败感。反过来,挫败感可能导致以伤害他人为目的的侵犯行为(Dollard等,1939;Hewstone等,1996;Shinar,1998)。具体到驾驶行为上,这种侵犯行为几乎包罗万象,轻如故意阻止别人加塞(Walters和Cooner,2001),重则会出现所谓的"路怒症(road rage)"等极端情况(例如,Joint,1995)。事实上,驾驶中的愤怒和侵略十分常见。在针对某一地区的调查中,80%~90%的驾驶人都遇到过某些侵略行为,从按喇叭到与其他驾驶人飙车(例如,Parker,Lajunen和Stradling,1998)。如果自动驾驶真的可以提高驾驶人的身心健康,那么确实可以降低上述负面因素的出现概率。但另一方面,自动驾驶技术也可能导致更多的挫败感,尤其是当自动驾驶有设计缺陷而驾驶人又无能为力的时候。所以再次说明,自动驾驶并不能保证完美的成功。

3.2.2 增加道路安全性

"自动驾驶有助于提升道路安全"这种推论的有效性主要取决于自动驾驶是否真的可以在总体上减少人为错误。相关机构已经在广泛的道路运输背景下对人为错误进行了调查。例如对驾驶人人为错误的性质和频率的研究(例如,Reason等人,1990);道路交通事故中涉及的人为错误和成因占比(例如Treat等,1979);通过对驾驶人的特征细分来分析人为错误(例如,针对高龄驾驶人的人为错误,可参见Di Stefano和Macdonald,2003)等。一项被引用最广泛的驾驶错误的研究是Reason等人在1990年进行的,研究者设计了驾驶人行为问卷调查表(Driver Behaviour Questionnaire,DBQ)。调查表中列出了50项异常驾驶行为,被归至如下几类:轮胎打滑,走神,操作失误,意外违规和故意违规。研究者随机抽取了520位驾驶人作为样本,要求其说明出现上述各类驾驶错误的频率。事实上,出现的绝大多数驾驶错误都能找到技术上的避免方案,或至少在理论上可以降低其发生的可能性,见表3.1。

表3.1 驾驶错误及其(潜在)的技术解决方案

驾驶错误	技术解决方案
进入错误车道	导航系统
忘记当前档位	自动换档
眼睛边看路边看别的东西	全自动驾驶

(续)

驾驶错误	技术解决方案
注意力不集中,需要突然制动	制动防抱死系统
忘记刚刚走过的路	导航系统
转盘环岛处从错误出口驶出	导航系统
忘记关车灯	自动灯光
本打算开车灯,结果开了刮水器	阳光传感器和自动灯光
想去新目的地,但错误地走到了习惯路线	导航系统
对迎面而来车辆的速度判断错误	防碰撞系统（TCAS）
跟车时与前车太近,几乎追尾	防碰撞系统（TCAS）
开近光灯行驶过快,突发状况反应时间不足	视觉增强系统（VES）
左转进入反向车道	防碰撞系统（TCAS）
错过高速公路出口	导航系统
行车不看后视镜	防碰撞系统（TCAS）
没有看到斑马线	防碰撞系统（TCAS）
制动太快	制动防抱死系统
倒车时车尾发生碰撞	防碰撞系统（TCAS）
超车不看后视镜	防碰撞系统（TCAS）

  针对人类脑力和体力负荷研究得出的明确证据表明,人在超负荷状态下工作时,工作绩效会下降（Wickens,1992）。然而,除了少数特例外,几乎没有证据表明,驾驶人会在超负荷点附近进行驾驶行为。据调查,在绝大多数情况下,驾驶人都会将车辆控制在安全性能范围内。这种情况下,车辆其实只释放了30%的动力性能,甚至更少（Lechner和Perrin,1993）。所以表3.1中所列的驾驶错误多数是在低负荷情况下发生的。那难道说,自动驾驶只在"少数特例"的情况下才有意义吗？如果是这样,那么自动驾驶将无法借鉴航空控制的模式。在航空领域,自动驾驶是一个必不可少的部分,而非一个可有可无、锦上添花的附加技术。这点差异对接下来的论述尤为重要。

3.2.3 "惊喜和乐趣"

  尽管我们将这一因素写在了最后,但经济因素可能是汽车应用自动驾驶技术的关键所在。自动驾驶技术一旦成熟,就可帮助汽车制造商在拥有大量对标车型的市场竞争中脱颖而出。对汽车销售人员而言,自动驾驶技术可以成为相较于竞争对手产品的优势所在。这些让消费者有"惊喜感"的功能可能是最终能否达成交易的突破口。我们承认,购车成交的决定因素有很多。在车辆交易中,人因工程方面的提升并不是一个具有说服力的显性特征。但"驾驶乐趣"就不一样了。"驾驶乐趣"作为一种客户体验,是提升汽车销量的一个主要因素,它如此重要，但仍然只是一个缺乏系统性理论框架的模糊概念。事实上，目前可考证的涉及"驾驶乐趣"的理论主要包括"可用性"（Jordan，1998年，1999年），"用户认可度"（Kantowitz，Hanowski 和 Kantowitz，1997；Michon，1993），以及驾驶人的"身心健康"（Stanton 和 Marsden，1996年），但是几乎没有理论将"驾驶乐趣"作为一个单独的概念来提出。尽管概念模糊，车企还是通过反复试错 – 改进的方式，努力提升着驾驶乐趣。如果回顾百年汽车进化史，只有极少数的车是完全无法被驾驶人所接受的（Crolla 等，1998）。Jordan 在 1998 年和 1999 年的著作中对工业产品中的"乐趣"进行了更广义的讨论，并认为人因工程学可以潜在地对产品和乐趣之间的关系给出更科学的定义。

3.3 反对方的观点：来自航空领域自动化的经验

车辆自动化领域的许多概念都借鉴自航空领域那些被公认已取得成功的技术，从中我们可以得到很多启发性经验。"航空电子设备"让我们意识到自动驾驶存在四种潜在的技术风险：功能没有带来预期效益；设备可靠性问题；培训和技能维护问题；以及设计会诱导使用者犯错。

3.3.1 功能没有带来预期效益

自动驾驶辅助技术的一个主要问题是，在某些情况下它有可能无法兑现给驾驶人的预期效益。这些问题可能出现于大量的场景。自动化技术在介入操作系统时通常不如预期的可靠。同时，它们的实际成本有可能比设计者最初设想的更高。在其他情况下，自动化技术的应用可能会增加（或减少）用户所需要监控和处理的信息量，这可能会对驾驶人的操作造成不利影响（Bainbridge，1983）。

针对上述最后一点，我们还可作进一步说明。有许多证据表明，在飞行员工作负荷已经相当低的情况下，例如在常规的高空巡航飞行时，自动驾驶功能往往会迅速介入控制。这会让原本工作负荷已经很低的机组人员变得更加无所事事，开始分心。对于一些长距离飞行，飞机可能在数百英里的飞行距离中都处于自动驾驶状态，机组人员甚至会进入睡眠状态。与之相反，在一些本身已需要飞行员高度参与的情境中，例如飞机起飞或着陆时，自动化技术的介入又会增加飞行员的认知紧张和整个机组的应激，因为机组成员不得不分散部分精力去监视和处理越来越庞大的自动化信息（Billings，1991；Weiner，1989）。事实上，历史上存在着多起有据可查的严重航空事故，都是由于监控自动化信息增加了机组的认知应激（cognitive stress）所引发的。在 1972 年 12 月 29 日的东部航空 L – 1011 迈阿密空难中，调查公布的造成空难的可能原因是"没有注意飞行设备"，调查人员认为，空难发生前，自动驾驶装置曾意外失灵，然而在相当长的一段时间内，失灵现象并没有被仪器检测出。同时，机组人员也没有察觉飞机正在执行着预设中不存在的下降任务，待察觉时已经没有足够的时间挽回，飞机最终在佛罗里达大沼泽地坠毁。事故报告进一步指出，事故发生时，三名机组人员和一名坐在临时折叠椅上的工作人员正在专心解决飞机控制系统报出的一个无关紧要的小故障，而没有精力去察觉真实环境下的危险已经来临。在1973年波士顿洛根国际机场发生的另一起事故中，"认知紧张（cognitive strain）"被定性为造成事故的原因之一。这起事件中，达美航空公司DC-31号航班撞上了跑道周围的防海堤，机上89人全部遇难。驾驶舱黑匣子显示，当时由于天气情况快速变化，飞行员采取了非常规的飞行方式，而此时飞行指示仪又恰好出现了故障。事故报告指出，在相对高风险操作时，由于缺乏正确的飞行管理，使飞行操作的偏差积小成大，飞行状况不断恶化；换言之，正是由于机组成员全神贯注于（其实已经失效的）飞行指示仪显示的信息，从而忽视了飞机的海拔、航向和机速控制。

相比于空难，自动化功能没有达到预期也会导致一些不那么严重的问题。比如地面接近警告系统（Ground Proximity Warning Systems，GPWS），当它第一次被安装在真实机舱环境中时，总会错误地发出警报。飞机中还有很多自动化技术，如交通防碰撞系统（Traffic Collision Avoidance Systems，TCAS-Ⅱ），都经历过与GPWS类似的阶段（Billings，1991）。这些原型设计时的遗留问题在第一次正式应用时未及时解决，对机组人员造成了伤害。

3.3.2 设备可靠性问题

设备可靠性的问题一直是汽车自动化关注的焦点之一。在许多情况下，设备可靠性将对驾驶人造成显著的影响。试想一种最极端、最明显的情况：自动驾驶系统一直出现各种各样的失效。长此以往，用户对设备逐渐失去信心——今后无论在何种场景，客户都不敢再使用自动驾驶。比这种情况更复杂、更糟糕的是，某项自动驾驶的功能会间歇性地出现故障。这种间歇性故障对人类认知造成的潜在打击更致命，因为用户可能永远无法发现该功能是失效的，直到出现紧急情况期望该功能被激活时才发现问题。我们不妨看看达美航空1141号航班事故：在1988年，该航班在从达拉斯沃斯堡国际机场起飞后不久坠毁。造成该事故的原因之一是起飞警报系统发生了间歇性故障。该系统本该在监测到飞行员操作出现误差时发出警报提醒飞行员（国家运输安全委员会，1989年）。

然而，上述的系统设计缺陷还不是最可怕的。对于那些经过了多年实战检验被证明完全可靠的设备，可能反而会造成更令人震惊的结果。由于设备的可靠性被充分验证，机组往往会过度依赖该设备提供的驾驶辅助功能，殊不知这种依赖可能已经超过了系统设计的功能极限。Billings在1991的论文中详细讨论了这个问题，并提供了许多例子：

最初，自动化系统只是作为辅助装置被安装，这些装置最初被定义为"第二道防线"，它们只是在飞行员错过流程和检查清单规定的动作时发出警报。但是在其可靠地运行了一段时间后，它们就会被飞行员视为首要的报警装置。海拔警告装置和配置警告装置就是典型的例子。

1989年2月，在距离旧金山西北方向300多公里处，一架波音747-SP客机遭遇空难。调查显示，对自动化系统的过度依赖可能是造成事故的主要原因。在平飞阶段进入尾声时，飞机在41000ft（1ft = 0.3048m）的上空遭遇了气流干扰，随后4号发动机失去动力。此时飞机正处于自动驾驶阶段，飞行员尝试将失去动力的发动机重新起动，而自动驾驶系统却驱动飞机向右侧翻滚，然后开始失控骤降。直到飞机下降到海拔9500ft，飞行员才稳定住飞机，但飞机已经超过了最高限速，无法脱离危险。在调查中，国家运输安全委员会得出结论：事故的一个主要原因是机组人员在试图重新起动失火发动机的过程中过度依赖自动驾驶设备，然而自动驾驶装置"成功"地掩盖了飞机实际上已经失控的事实。

在另一起北欧航空的麦道DC-10-30客机事故中，调查人员也得出了类似的结论。在这起事件中，飞机冲出了纽约肯尼迪国际机场的跑道长达4700ft。所幸，飞行员将飞机停在了超过跑道末端600ft的水域中。只有几名乘客在撤离飞机时受轻伤。调查报告再次指出，机组人员在试图降落时，对自动油门速度控制系统（Auto Throttle Speed Control System）过分依赖。同时调查还指出，使用自动油门系统不是执行这类着陆操作时的强制性要求。

3.3.3 训练和技术的维护

人类操作机器的第三种潜在威胁体现在人类操作训练和技术维护方面。研究者发现，自动驾驶辅助技术会对操作者的知识和技术产生"连锁反应"。有一种有据可依的心理学现象，即在某个部分自动化的环境下，人类用来完成任务的知识和技能倾向于迅速地丢失。在航空领域，一个非常贴切的案例是发生在特内里费岛的两架波音747飞机的碰撞事故。在这起事故中，一位经验丰富，具有相当多飞行经验的荷兰皇家空军培训官（KLM Training Officer），没有在准备起飞之前判断出跑道长度能够满足起飞距离。为调查这一事件而设立的西班牙委员会（Spanish Commission）的调查结果显示，该事故归因于飞行员对于最新型号的波音747缺乏飞行经验。

技术升级会导致操作人员技术落伍是人尽皆知的问题。话虽如此，但很少有人会理解，其实通过不断提高和保持个体的知识和技能，就可以使飞行员在系统失效的情况下重新获得系统的控制权。Barley（1990）曾提到，机组人员经常会周期性地将飞机退出自动驾驶模式，从而来保持自己的飞行技术，同时也可以避免长时间飞行的枯燥。当然，我们也可以尝试施行更有效的技能维护训练方法，确保驾驶人可以时刻保持驾驶所需的知识和技术。比如，在自动驾驶的任务设计中，有必要适当地将自动驾驶出现故障后的人为接管环节考虑在内。

我们时常认为技术可以通过标准化的熟练度训练来保持和改进。但是，我们通过对很多事故和未遂事故报告中的案例研究，却得到了相反的结论：通常，飞行员在一个自动化的环境中没有机会接触到足够的手动操作训练。1980年7月10日，在美国亚特兰大哈茨菲尔德机场发生了两起空难。调查发现，事故的主要原因是对机组人员进行的飞行控制器培训质量太低。调查人员得出结论认为，这些碰撞发生的原因有一部分是由于培训不足、流程缺陷以及控制室布置设计糟糕所导致的。

与之相似的，也有不少业内人士对机组成员的初期培训和定期训练标准提出了质疑。有多起事故可以部分地归咎于受训人员驾驶了不熟悉的机型，从而进行了错误的操作。印度航空公司的空客A320事故就是典型案例。由于空客公司引入了自动驾驶技术，印度航空将该机型的机组人员从三人减为了两人。1990年2月2日，一架印度航空A320航班，在班加罗尔机场的跑道附近坠毁，造成机上146人中94人死亡。事发时，飞行指示仪出现了异常，仍处于受训期的飞行员未能成功地解除指示仪对飞机的错误控制。同时，报警系统未能及时提醒飞行员仪器存在故障，导致飞行员没有足够的时间预防事故的发生。所有机组成员都在事故中遇难，但检讨一下，如果他们更有效地接受了线控飞行技术的培训，也许可以避免空难的发生。最近在旧金山机场发生的214号航班事故可能也有类似的原因。

3.3.4 设备诱导使用者犯错

业内人士曾提到，许多自动化系统的原型机在被应用初期，会存在一些固有的"以客户为导向"的设计缺陷。这些缺陷会降低系统的效能。在多数情况下，这些设计遗留的缺陷会在运行过程中被快速发现，然后在第二代产品中完成工程变更。但是，设计人员往往不会为了某一缺陷将设计"推倒重建"，而是通过对系统打"补丁"的方式，完成工程范畴内的功能修复即可。这种补丁可能会在修复一个问题时带来更多的问题。

曾有一份针对驾驶舱内自动化装置的提案建议：为解决机组和地勤人员通过机舱数据连接器进行语音通话过程中的固有问题，可以采用显示屏来代替语音通话。然而Boehm Davies等人（1983）不认同这份提案的建议。因为相比于听错了通话内容，屏幕文字被读错的概率更大。同时Boehm认为，如果采取这种通信方式，飞行员可能会错失获取附近飞机的位置信息的时机，从而增加潜在的航空事故发生的风险。

上述事例说明了有些自动化技术具有一种诱导飞行员犯错、或者将错误扩大的倾向性。另一个更加具体的例子是惯性导航系统（Inertial Navigation System，INS）。INS 是飞行管理系统中的一种，它要求飞行员在起飞前，在控制台上输入路点坐标。如果数据输入不正确，可能产生灾难性的后果。1983 年，一架大韩航空的波音 747 客机在偏离航线误入苏联领空后，被苏联的空对空导弹击毁。现在业界普遍认为，在起飞前，飞行员向惯性导航系统中输错了 1~2 个路点坐标。曾经还有一个不那么惨痛的案例：在大西洋上空，达美航空的一架洛克希德马丁三星客机和大陆航空的一架波音 747 差一点发生了碰撞。该起未遂事故也是由于达美客机输入的路点坐标错误引起的。事发时，达美航空的客机相较于原定的大洋飞行路线偏离多达 60mile。

3.3.5 总结

在主流的观点中，自动化技术确实会给复杂和动态的实时系统带来益处，且增益远多于损害。汽车设计也是如此。尽管这种观点具有合理性，但我们也必须意识到，自动化技术会给位于高度自动化系统中的人为因素带来特殊的新问题。在航空领域的经验有助于我们冷静地思考那些看似合理的结论，让我们不要盲目自信，同时这也给汽车设计师提供了可以借鉴的、不可多得的解决问题的经验。

3.4 系统功能分配

那我们可以做什么呢？在过去 40 年中，人因工程学的一个研究热点是人类与机器在控制任务中的角色分配。在 20 世纪 80 年代末期，学者 Singleton 曾经提出，最优的人机任务分配取决于科技的能力以及人类完成任务的可行性。对于自动驾驶技术而言，哪些功能应该分配给驾驶人完成？又有哪些应该分配给自动驾驶系统完成呢？图 3.1 总结了驾驶任务分配的一般过程中的主要步骤。

有许多具体的、可靠的、"可审计"的方法可被用来进行驾驶任务分配，包括：相对优势表（Tables of Relative Merit，TRM），心理测量学方法（psychometric approaches），计算辅助（computational aids），假设演绎模型（Hypothetical-Deductive Model，HDM），以及一些更具体的方法，例如功能分析分配（Allocation of Function Analysis）（Marsden 和 Kirby，2005）、社会组织与合作分析（Social Organization and Cooperation Analysis）（Vicente，1999；Jenkins 等，2009）。其中，TRM 可能是 1951 年问世的"菲茨表（Fitts List）"最为人熟知的形式。该列表不断演变（如 1980 年衍生的 Swain List），它采用任务二分法，将任务分为"机器擅长、人类不擅长"以及"人类擅长、机器不擅长"等几种类型。这些任务基本上表征了人与机器之间的能力差异。当这些差异被确定后，就可以通过决

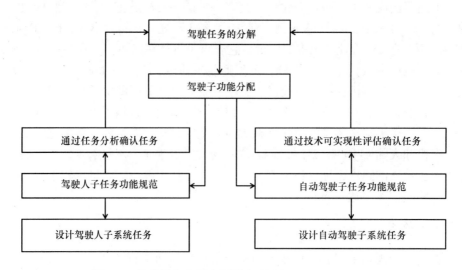

图 3.1　驾驶任务分配流程图（引用自 Singleton, 1989）

策设计整个系统的方案。作为 TRM 的延伸，后续又出现了一些更为正式且平衡的功能分配方法，以 Price 在 1985 年提出的假设演绎模型（HDM）为代表。HDM 将设计任务分配方案的过程分为了 5 个主要阶段：

1）规范：明确系统级需求。

2）识别：根据系统中各种需求的输入和输出，来识别和具体定义系统功能。

3）设定解决方案：由各领域专家制定各子任务的具体概念。

4）测试和评估：通过实验和数据采集，检查整体设计中功能配置的实用性。

5）优化：根据暴露出来的问题重复设计过程，不断迭代完善。

该方法最具挑战性也最核心的是第三阶段——设定解决方案。因为工程技术团队和人因工程学团队将在该阶段展开广泛的合作。首先，两个团队将分头开展工作，针对某一任务，技术团队将从技术角度评估，得出一套基于自动化技术的解决方案，而人因工程学团队同步设计一套完全由人类完成任务的方案。之后，两个团队将进行互动讨论，通过仲裁、协调，制定出一个人机结合的解决方案。如果有个别任务无法被合理分配，那么将会退回到第二阶段（任务识别），对功能反复重新划分，直到可以制定出合理的人机合作方案为止。通过反复迭代设计，最终的输出将会汇总为：哪些任务应该由人来执行、哪些由机器执行、哪些将由人和机器一起执行、又有哪些是人和机器都无法解决的。分析结果将以某种特定的格式呈现，图 3.2 的任务分配矩阵图给出了一个很好的范例。

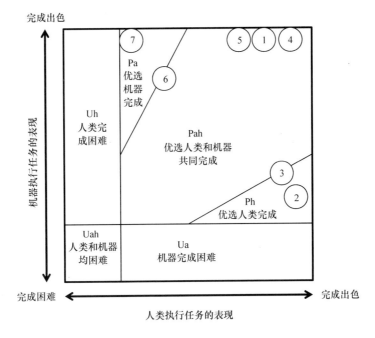

图 3.2 任务分配矩阵图

如图 3.2 所示,矩阵图被划分为六个区域,分别标注为 Uh、Ua、Uah、Ph、Pa 和 Pha,其中,U 代表不可接受方案(Unacceptable);P 代表优选方案(Preferable);a 代表自动化系统(Automatic System),h 代表人类(Human)。首先,我们必须要了解驾驶人正在尝试执行哪项驾驶任务,然后在此基础上确定自动驾驶系统将参与哪项驾驶任务,并确定该项任务中自动驾驶的参与程度。根据驾驶行为的层次任务分析法(HTAoD,第 4 章将详细展开),我们可以将驾驶行为分为 7 个子任务,分别是:信号收发、转向、加速、等待、让路⊖、停车和计算。这些子任务中的绝大多数都被视为自动驾驶技术的潜在研究对象。在图 3.2 的任务分配矩阵上,我们根据设计团队的经验绘制了 7 个坐标点,其中①=发信号,②=转向,③=加速,④=等待,⑤=让路,⑥=停车,⑦=计算。需要说明的是,这里的 7 个坐标点的定位仅作为示例,并不是经过验证的最佳功能分配方案。但是通过该例,我们可以了解,任何子驾驶任务都可以确定"人类""机器"两个坐标轴维度的实现难易,并且可以通过图示对比任意两种子驾驶功能间的相互特点。我们认为,对于大多数驾驶子任务而言,最佳的分配方案应该是动态的(即图 3.2 中人机合作式区域所表征的自动驾驶方案)。除了图 3.2 所示

⊖ 译者注:在西方国家一些无红绿灯路口,可能设有专门的让路指示牌(giving way),示意路口会车时快车先行。

的方案外，我们还可以提供另一种二分法任务分配的结果表现形式，如表 3.2 所示。自动驾驶技术可以按照自动控制的介入程度划分，从没有自动控制、部分自动控制，再到完全自动控制（Meister, 1989）。它还可以分为至少两个类别：自动驾驶替代驾驶人以及自动驾驶辅助驾驶人，在表 3.2 中分别显示为"全面自动驾驶"和"合作自动驾驶"。用系统化的方法进行功能分配有助于避免操作受限问题。因此，我们并不提倡完全驾驶的实现，相反，我们应该考虑如何让驾驶人更优地参与到自动驾驶任务中。

表 3.2　自动驾驶按参与程度分类

子功能	手动驾驶方案	人机合作式自动驾驶方案	完全自动驾驶方案
换档	驾驶人换档	在驾驶人不换档时执行自动换档，驾驶人可以干涉	全自动换档
转向	驾驶人转向	在驾驶人不转向时执行自动换档，驾驶人可以干涉	全自动转向
制动	驾驶人制动	在驾驶人不制动时执行自动换档，驾驶人可以干涉	全自动制动

3.5　总结

如果分析航空自动化领域的经验教训，我们可以预测到汽车自动化在未来的发展过程中，至少有 4 个潜在问题：

1）功能没有带来预期效益。
2）设备可靠性问题。
3）训练和技能维护问题。
4）设备诱导使用者犯错。

汽车自动驾驶系统同样可能会出现失效现象（例如，防撞预警系统无法检测到正在接近的物体）；可能会增加成本（例如，自动驾驶系统增加了汽车售价），或对人类驾驶的表现造成负面影响（例如，自动化使简单的任务变得无聊，从而放松警惕；又因为需要监控的信息增多而使困难的任务更加困难）。汽车作为一个已经成熟的平台，当额外引入自动驾驶时，也可能给原先的成熟平台带来设备可靠性的问题，这意味着：驾驶人有可能对自动驾驶系统失去信心（最终，驾驶人还是会坚持使用手动驾驶方案），或者一些间歇性故障可能无法被及时检测到，直到遇到危险情形再爆发（例如，在车辆失控的前一瞬间自动驾驶系统的故障才被显示），或者驾驶人过度依赖自动驾驶技术，而使原本仅用于辅助驾驶的功能被使用过度（例如，在非公路行驶情况下激活 ACC）。自动系统也可能导致培训和技能维护有关的问题，由于驾驶人长期使用自动驾驶，其驾驶技术可能会不断退化。一旦自动驾驶出现故障时，驾驶人很可能发现自己已经无法胜任手动驾驶工作。最后，自动系统可能会诱导驾驶人犯错。以用户为中心的设计存在着固有的缺陷，这些缺陷可能会导致新的意外事故，例如，使用 ACC 设定了错误的目标速度。在引入驾驶模式后尤其容易诱发事故（即，当车辆实际处于手动驾驶模式时，驾驶人以为是在自动驾驶模式）。这种事故在车辆具有多个不同的自动驾驶模式，或驾驶模式显示不明显时尤其容易发生。

我们在航空自动化语境下审视了汽车自动驾驶技术。我们意识到，在汽车追求自动驾驶技术的道路上，我们需要格外小心。我们想起一位采访过的匿名飞行员，他指着驾驶舱高科技的控制面板说道：

我爱这架飞机，爱它的发动机和机翼，我也爱这个面板，但是在我的一生中，我从来没有（像是在操控控制台时）这么手忙脚乱，并且很可能有一天，这个系统会突然"咬"我一口。

第 4 章 定义驾驶行为

4.1 引言

我们在前几章讨论了当前或不久的将来在汽车上应用的各种新技术。以航空领域作为范例，我们可以看到这些自动化技术如何使人类受益，同时也可以看到这些技术存在的潜在问题。这些应用到汽车领域的新技术对人类的影响是正面还是负面的呢？这在很大程度上取决于人因工程学知识和方法在汽车设计过程中的应用程度。为了证明这一点，本章将围绕"驾驶"这一概念展开：我们了解"驾驶"吗？利用人因工程学方法，我们该如何描述"驾驶"？面对重重困难，我们如何推动自动驾驶技术向前发展，而不是阻碍它？

如果回顾迄今为止所有关于驾驶任务固有属性的讨论，诸如复杂性、危险性、挫折感、驾驶人体力负荷以及潜在驾驶失误等，我们会发现，人类的驾驶行为并没有受到太多外界压力的干扰。当我们将驾驶行为和其他交通系统相比时，会发现一个有趣的结论：排除少数特殊场景，人类在驾驶任务中仍扮演着非常重要的角色——人们会在一个自主选择的时间、驾驶自主选择的车辆、选择自主规划的道路开始一段行程，而车辆驾驶任务本质上也是可以自我调节的（Godthelp 等人，1993；Fuller，1984）。作为对比，铁路运输或航空运输所允许的机动范围往往受到基础设置（如铁轨）或外部监督（如空中管制）的限制（Michon，1993）。总而言之，车辆驾驶是一种具有非常高自主权的交通方式，驾驶人通过与道路和车辆的互动，获得前所未有的控制体验。那么，驾驶人究竟需要做什么呢？

4.2 汽车动力性能

如何研究驾驶行为？汽车和驾驶人的行为显然是两个主要因素。我们可以从"车辆"入手，首先分析：车辆自身性能的限制是否会对驾驶行为产生阻碍。针对这一问题，一个可行的线索是探究"车辆的动力性能"与"动力性能被使用程度"之间的关系。一辆汽车的动力性能可以根据其在变化路况和变化的驾驶输入情况下所能产生的纵向和横向力来衡量。纵向性能参数与加速和制动产生的力有关，横向性能参数与转向产生的力相关。发动机和制动系统会对车辆纵向动力性能产生影响；而转向系统、悬架系统，乃至整个底盘设计都会对横向动力性能产生影响。所有的这些动力性能都始于车辆的静止状态，一直到车辆产生最大加速度、最大制动力和最大转向力。进一步类比航空领域，汽车其实也有"安全性能范围（performance envelope）"的概念，只是飞机在巡航时的速度及海拔都会接近能力极限，而汽车在正常使用情况下很少会发挥到最大的动力性能。这也从一方面说明了现代汽车的安全性能范围非常高。

汽车工程的进步显著提升了车辆的动力性能。以通用旗下子公司沃克斯豪尔的 Insignia 为例，这是一个建立在通用汽车新的 Epsilon Ⅱ 平台上的中型家庭轿车，因此以其为原型的各种变体车型在全球各地生产和销售，如雪佛兰迈锐宝、庞蒂亚克 G6、凯迪拉克 BLS、霍顿 Vectra、中国产别克君威等。当该车型配备 GM HFV6 2.8L 涡轮增压发动机时，车速最高可达 260km/h，并在 6s 内完成 0 至 96km/h 的加速。这一速度超过了 1985 年的法拉利 308，是大多数国家规定最高限速的两倍甚至更多。显然，汽车工程的发展已经可以使普通家用轿车具备相当高的动力性能了。表 4.1 中展示了一个更详细的对比结果，表中罗列了自 1966 年来的几款典型的家用小轿车的动力性能数据。显而易见的是，随着年代的变化，这些车的动力性能正在全面而显著地提升。

表 4.1 不同年代 2.0L 排量家用小轿车的动力性能对比

年代	车型①	发动机	功率	最高时速
1966~1971	福特 Zodiac	2L V4	64.7kW	153km/h
1970~1976	福特 Cortina	2L Pinto	72.1kW	170km/h
1982~1992	福特 Sierra	2L DOHC	91.9kW	192km/h
1993~2000	福特 Mondeo	2L Zetec	98.6kW	203km/h
2000~2007	福特 Mondeo	2L Duratec	105.2kW	216km/h
2007~2013	福特 Mondeo	2L Ecoboost	149.3kW	232km/h

① 数据来自这些车型的 2.0L 排量汽油机的动力最高配版。

发动机的动力输出、最高车速在不断增加的同时，车辆制动性能也取得了长足进步（Newcombe 和 Spurr，1971；Nunney，1998）。以英国高速公路法规为参考，其建议驾驶人"车速在 70mile/h（112km/h）时，应保持 315ft（96m）的制动距离"。这个准则似乎相当保守，因为这段距离对于大多数现代汽车而言，足够其从 100mile/h（160km/h）的时速制动停车，而 70mile/h 的制动距离大约在 150ft（45m）左右，不及公路准则估算的一半。在公共道路上以正常车速行驶时，现代车辆的制动性能已经非常出色。事实上，制动性能的极限已不再依赖于制动系统本身,而取决于轮胎与地面间的附着力限制。即使以历史上最严苛的车辆操控和车辆稳定法规来衡量,一辆普通配置汽车的操控系统就足以满足了。大多数汽车可以在恒定半径范围内产生并维持约 0.8g 的横向加速度(Lechner 和 Perrin,1993)。问题是,对于普通驾驶人而言,在车辆接近动力极限的状态下,人体是否能够承受呢?

Lechner 和 Perrin 在 1993 年进行了一项新颖的研究,他们希望对比车辆动力能力的工程设计极限和正常道路驾驶时对动力性能的要求之间的差异。他们在车上放置了相关仪器来测量驾驶人输入以及由此产生的车辆动力。这些仪器的位置离散,可确保试验车看上去与道路上的普通车辆一致。试验按预定的路线进行,其中包含了多种道路工况。为确保安全性,在试验之前,驾驶人被允许提前适应车辆。试验结果表明,正常的道路驾驶对车辆的性能要求并不高,即使存在个别路况对车辆要求非常高,纵向加速度和制动加速度也仅在 ±0.3g 左右。同样,最难转的弯道也仅产生了 0.4g 的横向加速度。从数值上看,这些要求连车辆可持续保持的极限性能的一半都没有达到。我们大体上可以得出结论,驾驶人在正常驾驶时最多只会将车辆 50% 的性能发挥出来。这意味着,在一个非常宽泛的性能安全范围内,车辆可以在绝大多数路况下保持对控制系统和动力系统的线性和可预测性。换言之,如果车辆是有情感的,那么它在绝大多数情况下都可以"管好自己"。

4.3 驾驶任务分析

我们已知正常道路行驶状态下,车辆远远不可能超出其性能安全范围。那么,我们再来分析第二个问题——驾驶人的任务又是什么呢?我们发现了一个令人吃惊的知识空缺:业界几乎找不到一个对驾驶任务的分析,可以告诉我们正常的,甚至是规范的驾驶是什么样的。这种知识空缺在其他交通运输领域并不存在。在其他的交通运输领域,研究者已经进行了广泛的驾驶任务分析,几乎覆盖了所有任务,从如何降落一架波音 737 客机(Stanton 等人,2013)到澳大利亚长途火车的驾驶(Rose 和 Bearman,2012)等。

"任务"可以被定义为"为了实现某一目标而采取的一系列被规定好顺序的控制操作"。就驾驶汽车这一任务而言,目标是"驾驶人所寻找的某一系统的终结状态"(Farber,1999,第 14 - 18 页)。简化来看,"到达目的地"就是驾驶的终极目标之一。这个目标由很多其他相关的目标组成,例如快速、舒适、心情愉悦地到达目的地,同时要避免发生碰撞。为了实现驾驶的高层次目标,驾驶人必须成功地完成多种多样的细分任务。

研究者曾对驾驶任务中的个别特定的子任务进行过分析。然而根据对同时代论文引用的考察，唯一曾尝试过对驾驶行为进行的系统化、彻底的分析还要追溯到 1970 年 McKnight 和 Adams 的研究。之所以造成四十余年研究停滞的局面，我们猜测是因为驾驶行为具有高自由度，因其造成的复杂性让研究者们望而却步。McKnight 和 Adams 于 40 多年前开始的研究是为美国交通运输部门准备的，其目的是要用驾驶人一系列表现来确定驾驶人培训课程的最终考核指标（McKnight 和 Adams，1970，第 7 页）。尽管这项研究最初的出发点与驾驶人的培训有关，但也为驾驶人必须完成的行为规范提供了一些有价值的启示。这一驾驶行为的范围非常广泛，包括 43 个主任务，并可被进一步细分为 1700 个子任务。

尽管 McKnight 和 Adams 对驾驶任务的范围和数量提供了非常有用的启发，但其初衷并非为了科研，所以从根本上决定了其成果难以推广。事实上，这些任务并没有利用层次任务分析法（Hierarchical Task Analysis，HTA）罗列，与之相关的研究成果也有限。所以，业界在研究驾驶行为时，真正可以依赖的有价值的信息仅包括关于驾驶人操作和车辆响应间关系的知识库（例如，Lechner 和 Perrin，1993；Tijerina 等，1998），同时还有少量诸如驾驶人正在做什么、驾驶任务本身的具体性质和结构的研究成果。尽管如此，研究者们还是提出了不少对于关于驾驶行为的有趣的假设。一个引起广泛讨论的假设最初由 McRuer 等人在 1977 年提出，在他们的论文中，驾驶行为被认为是一个由导航、操纵、控制组成的三层结构。毫无疑问，导航、操纵和控制是驾驶任务的重要方面，但是它们的具体作用和相互关系仍有待通过结构化和形式化的任务分析方法来更好地定义。

4.4 层次任务分析法

层次任务分析法（Hierarchical Task Analysis，HTA）是人因工程学中具有优良血统的核心方法。该方法自从被 Annett 等人在 1971 首次提出，应用至今经久不衰。阐述层次任务分析法的原始文件指出，该方法是建立在一种人类绩效的理论之上的。他们提出了 3 个问题，用于检验任何一种任务分析方法的有效性，即：该方法是否可以引导产生积极的建议？该方法是否可以突破适用于具体某一领域任务分析的局限，从而被广泛应用？该方法是否具有任何理论依据？也许层次任务分析法能够"经久不衰"的部分原因就在于它对于每个问题的答案都是积极的。该方法建立在以目标为导向的行为基础上，其中包含通过任务计划（Plan）连接的子目标（Sub-goal）层级。因此，实现某项目标的表现（如，驾驶车辆到达目的地）可以在多个层级分析中被描述。任务计划决定了子目标被触发的条件。

层次任务分析法在运用时的 3 个主要原则如下：

1）在最高级别，任务是由一个操作（Operation）所组成，而这个操作以它的目标（Goal）作为定义。这个目标以系统客观指标来反映，如：产出数量、产出质量或其他指标。

2）操作可以被分为若干子操作（Sub-operation），每一个子操作通过子目标（Sub-goal）来定义；而子目标再次通过整个系统的输出或对目标的贡献等具体形式量化。由此确保子目标的绩效标准可以被度量。

3）操作和子操作之间的重要关系具有包容性，它们是一种层级的关系。任务通常是程序化的；换言之，子目标的实现必须遵循一定的先后序列，但这也不是一成不变的（Annett 等人，1971，第 4 页）。

这三项原则在过去的数十年中一直是层次任务分析法的核心，因此有必要对其充分消化理解。

第一个原则，层次任务分析法被定义为一种描述某系统的方法，而这种描述是针对系统的目标的；目标则通过一些客观的标准来表达。这里有两个要素：第一，分析对象是一个系统，分析的方法以系统的目标为导向；第二，系统分析通过层次任务分析法实施。这两点其实常常被人们忽略，人们往往认为它只能用于分析由人类执行的任务。事实上，系统任务分析法具备很强的系统分析能力，它既可以描述人类的团队合作，也可以处理自动化系统的非人类任务。层次任务分析法可以描述几个任务的一个目标，而每个任务又可以通过几个次级目标来描述。如果称之为"任务的层次子目标分析法"，也许能更好地反映出该方法的实际运作方式。

第二个原则，层次任务分析法提出了一种将一个操作在层级结构中划分为若干子操作的方法；子操作通过子目标来描述。这再次重申了第一条原则中的表述。层次任务分析法是一个子目标层级的描述；同样，子目标通过某种可度量的绩效标准来描述。

最后一项原则指出，在目标、次级目标之间存在某种层次关系，同时存在某种规则，将需要实现的目标按照先后顺序排列。这意味着，为了实现某一目标，必须确保实现了其优先级最高的次级目标。每个次级目标实现的顺序，可以通过某种支配直系上级目标与其下属子目标之间关系的规则作为指导。

在首次提出层次任务分析法的论文中，Annett 等人（1971）曾演示了该方法在制造业中的应用案例。我们可以通过案例了解分析者不断重复并提炼要点的过程。开始阶段，分析者会提出一个粗略的目标，由此可以产生一个层级的大体框架。接下来，分析者将反复地修改各层级的子目标。由于这种对子目标的重新描述过程理论上可以无限地进行下去，因此 Annett 提醒道，知道何时该停止子目标的分析是"任务分析法中最难的工作之一"（1971，第 6 页）。一个常见的准则是失效概率（P）和失效成本（C）的乘积，即 $P \times C$ 规则。然而，Annett

也承认，这个乘积的值有时很难估算，除非从分析的整体目的上看已经绝对没有再深入划分层级的必要，否则很难说服分析者不再对子目标进行重新描述和细分。

层次任务分析法的经久不衰可以归功于两个关键点。首先是它的固有的灵活性——该方法可以用来描述任何系统。Stammers 和 Astley 在 1987 年曾指出，层次任务分析法自创立以来的几十年中，一直用于描述每一代的最新技术系统。其次，它的应用终端很广泛，从制定人事规范、培训需求、失效预测，到团队绩效评估和系统设计，均可用其进行分析。具体到本章节所关注的"定义驾驶任务"，层次任务分析法真正的重点在于确定分析的结构，明确驾驶人执行的任务的度量范围，进而为日后的研究提供一种可反复采纳的方法论。一个全面的驾驶层次任务分析不仅能够填补驾驶行为相关的知识空白，还可以用于非常广泛的汽车设计和工程目的，比如：预测一个新的车载技术可能导致的驾驶失误、某驾驶功能在人类和机器间的分配，或者设计新的车载娱乐系统人机界面。这些关键问题已在第 2 章中进行了讨论。

4.5 驾驶层次任务分析

本书在附录中，给出了完整的驾驶层次任务分析（The Hierarchical Analysis of Driving，HTAoD）。它包括 1600 多个基层任务和 400 个任务计划。该分析是基于下列文档、材料和研究整理得出的：

- McKnight 和 Adams 于 1970 年执行的任务分析。
- 英国公路准则（UK Highway Code）的最新版本，根据 1991 年道路交通法案（Road Traffic Act）修订。
- 来自于英国驾驶标准局（UK Driving Standards Agency，DSA）颁布的信息和材料。
- Coyne 于 2000 为警察/高级机动车驾驶人研究机构所著的驾驶人手册《驾驶技巧（Roadcraft）》。
- 我们早先对高级驾驶培训的研究成果：来自专业领域专家（如：警车驾驶人）的反馈。
- 覆盖海量普通驾驶人的道路观察研究。

考虑到分析的复杂性，HTAoD 的开篇首先对分析进行了合理的边界限定，定义驾驶活动：驾驶车辆；设定从事驾驶活动的条件：一个现代的、符合英国规范要求的、中等大小的、前轮驱动的、可以在英国道路行驶（左侧通行）的汽车；规定了驾驶过程中需要符合的结果评估标准：驾驶过程符合"英国公路准则"和 Coyne 于 2000 年在"警车驾驶人驾驶控制系统"中提出的要求。开篇同时还强调，驾驶层次分析代表着驾驶任务的"规范性"描述，是通过粗线条的试验和训练背景材料整合而成的"良好驾驶规范"。该驾驶任务可以作为真实驾驶活动的参考模板，也可以作为替代形式的车辆技术的分析原型。

驾驶任务层次最高级别的任务由 6 个一级子目标来定义；6 个一级子目标又由 1600 项二级子任务和操作来定义，所有这些都通过 400 个包含子任务逻辑运算的任务计划结合在一起。这些计划定义了如何进行任务制定，通常这些计划需要视当前具体条件和标准而灵活调整。驾驶层次任务分析的最上层子任务划分如图 4.1 所示。

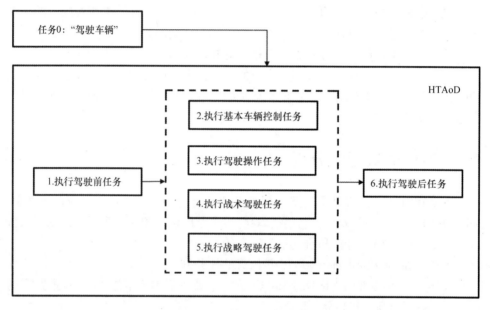

图 4.1　驾驶层次任务分析的最上层子任务划分

人们对层次任务分析法（HTA）的一个基本共识是，它包含一定的"人工技巧"因素，分析的结果部分取决于分析者的技能水平和公正性（Annett 和 Stanton，1998；2000）。因此，尽管 McKnight 和 Adams 在 1970 年提出的层次任务分析法被广泛地引用，但却无法作为驾驶任务层次分析法的基础结构。但后者也无法完全摆脱前者的影子，比如在进行驾驶任务层次分析时，我们仍然趋向于通过"行为"来进行驾驶任务的分类，这与先前的层次任务分析很相似，但一定程度上也可以体现出分析的一致性和可靠性。在驾驶层次任务分析中，这些分类是构成以下子目标的上位目标。

基本车辆控制任务（Basic Vehicle Control Tasks）包括以下目标：

　　任务/目标 2.1　使车辆从静止起步

　　任务/目标 2.2　执行转向动作

任务/目标2.3 控制车速

任务/目标2.4 降低车速

任务/目标2.5 进行方向控制

任务/目标2.6 穿越弯曲道路

任务/目标2.7 穿越起伏道路

任务/目标2.8 倒车

驾驶操作任务（Operational Driving Tasks）包括以下目标：

任务/目标3.1 从路边并入主线交通

任务/目标3.2 跟车

任务/目标3.3 行进间超车

任务/目标3.4 接近路口时的处理

任务/目标3.5 到达路口时的处理

任务/目标3.6 穿过路口时的处理

任务/目标3.7 驶离路口时的处理

战术驾驶任务（Tactical Driving Tasks）包括以下目标：

任务/目标4.1 应对不同的道路类型/分类

任务/目标4.2 应对与道路有关的危险

任务/目标4.3 对其他交通工具的响应

任务/目标4.4 紧急情况下的操作

战略驾驶任务（Strategic Driving Tasks）包括如下目标：

任务/目标5.1 执行检查

任务/目标5.2 执行导航

任务/目标5.3 遵守规则

任务/目标5.4 响应环境

任务/目标5.5 执行高级机动车驾驶研究（Institute of Advanced Motorists，IAM）所定义的汽车控制

任务/目标5.6 展示对车辆/机械部件的呵护

任务/目标5.7 展示适当的驾驶人举止和态度

在这些高层的目标之下，共有1600个单独的子任务和操作，这些子任务和操作共同构成了总体驾驶任务。在对下层次任务进行分析中，明显地呈现出"测试—操作—测试—执行（Test Operate Test Execute，TOTE）"的顺序。由于1600个下层子任务篇幅过于庞大，无法在此罗列。在本书的附录中，我们重新编辑了完整的驾驶层次任务分析（HTAoD），作为对此课题进行深入研究的资源。

4.6　任务分析的有效性

　　两个独立的个体可能会以略有不同的方式处理相同的任务分析,所以必须仔细考虑可靠性问题。这里的可靠性与一致性、独立性以及隐藏的重复性有关(Stanton 和 Young,1999)。在大多数情况下,如果分析人员得到了对任务绩效的明确指示,用户目标也就可以十分直接地被定义,同时也使更高级别目标具备很强的鲁棒性。上述特点非常关键,它说明层次任务分析并不是对任务本身的建模,其实质是对一种互动关系的建模。首先,尽管分析者会对某单一任务的性质和结构产生相当大的分歧,但是对用户为取得特定情境下的绩效所必须达到的目标却很少存在争议;其次,我们可以关注一下层次任务分析能够捕捉周围环境的范围和程度。一种通常不被鼓励的做法是将环境相关的行为以"计划"的形式大量引入分析中。实际上,这些"计划"的作用是指定了哪些环境和情境信息需要通过什么样的具体任务顺序被回应的。因此,一个全面性的任务分析应该可以覆盖与任务绩效有关的大多数情境。显然,在给定任务的失效概率和造成该失效的情境之间存在着某种平衡。换言之,我们可假设一个任务情境,分析者将思考如下两个问题:第一,那些在情境中缺失或者没有被具体化的因素,它们导致该任务失效的概率是多少?第二,如果导致了失效,失效的成本又是多少?只要这两个问题的答案有一个是"很小",那么就可以保留该任务情境中关键的部分,并停止进一步分析。

　　有效性的相关概念与真理的符合性有关。我们所讨论的案例关注的是:分析方法是否可以预测我们想预测的东西。我们可以通过两个步骤得到答案,每个步骤都会回到用户(驾驶人)的层级——首先通过观察或提炼,得到可使任务分析的性质和结构实体化的真实世界信息,其次设计层次任务分析的验证方案,通过直接测试层次任务分析的真实表现,与模型的预测进行对比。如何保证层次任务分析的可靠性和有效性的第一步是在驾驶人的任务行为正在建模的过程中,将分析的着眼点拉回到驾驶人层级。同时,我们可以运用一些进一步结构化的人体工效学方法,交叉检查分析模型是否正在以预想的方式被建立。这些方法有助于回答任务分析中普遍存在的一个突出问题:驾驶人可能会以一种高度娴熟的技术和自动化的方式来完成任务,并没有意识到支撑起他们可观察行为的目标和计划。结构化方法有助于提供一种发现这些信息的有效手段。这些结构化方法包括观察技术,并行口头报告(Concurrent Verbal Protocols,CVP),访谈,焦点小组座谈(focus groups)和储备格栅分析(Repertory Grid Analyses)。分析师可以通过这种方式来衡量驾驶人为达到某一设定的绩效水平而实际执行的行为。该信息反馈到分析中,可以帮助增加分析的鲁棒性和可重复性。

增强分析有效性的第二步是从任务分析中简单地提取所需信息（无论是在某一具体任务中驾驶人需要的信息，或是过程中需要的特定认知信息，或是每一步任务所需的工作量等），再验证各个信息的有效性。验证的方法是修改一个任务在分析中已完成测量的部分，并系统地观察其对绩效的影响。这正是驾驶层次任务分析法的价值所在。驾驶人以车辆反馈的形式从环境感知到了信息，驾驶层次任务分析法对这些信息进行预测，再通过一个驾驶进行测试，最终完成对预测的驾驶人行为的修改（见第8章）。通过上文提到的两种方法：通过结构化的人体工效方法完成的驾驶人群体反馈，以及通过设计进行的验证，确保了驾驶人层次任务分析法在使用时可以提供真实且有用的见解。

4.7 总结

驾驶层次任务分析并不是用来表明每个人开车的"真正"方法，也不是一份关于驾驶的理论研究。与表象不同，它的本质并不是将驾驶简化成仅仅依靠诸如"如果……，那么……"的逻辑规则就可以描述的机械化的活动顺序。事实上，它是一个规范性的描述，是用来描述驾驶中涉及的所有子任务，同时还描述了怎样的情形引导了任务的制定。我们由此可以提出如下几个重要问题：

- 什么样的认知过程可以与特定的任务和环境产生关联？
- 驾驶人的信息需求是什么？
- 哪一部分分析是"普通"驾驶人不会展现的，它们对于整套分析又有什么影响？
- 哪一部分的驾驶任务可以用自动化方式实现？它又如何同更广泛的任务产生关联？
- 我们该如何训练驾驶人？
- 驾驶环境中的哪种特性会暗示着哪种驾驶行为的发生？

层次任务分析法在设计之初便考虑到了现实的意义。我们利用它将驾驶任务进行分解，建立起一种"基于分析的原型设计"——车辆技术对驾驶行为会造成怎样的影响？又有哪些心理过程推动了这些任务进程？尽管驾驶层次任务分析本身并不是驾驶理论，但它却是开拓新理论的是一个强大的工具，时至今日它仍在驾驶研究领域中有用武之地。

第 5 章 驾驶错误描述

5.1 引言

在道路安全领域，有一个近乎老生常谈的公理：尽管执行驾驶任务对驾驶人来说似乎轻而易举，但驾驶人却是造成车祸的主要原因。表面上看，汽车技术已经不是问题。调查数据显示，只有不到5%的交通事故是由于车辆的机械故障直接造成的。如果考虑到在任何时间使用的汽车总量，这是一个了不起的壮举。与之相呼应，另据研究显示，75%~95%的车祸是人为错误导致的。这引起了我们的思考：究竟什么样的错误是驾驶人人为导致的？这些错误的成因又是什么？

在本章中，我们首先介绍三位在人为错误（Human Error）研究方面颇有建树的先驱，他们是：James Donald Norman，James Reason 以及 Jens Rasmussen。在介绍其研究成果的基础上，我们综述了更广泛的针对驾驶人错误的研究，这些研究有助于我们深入地思考驾驶人所犯的不同类型的错误；更进一步，我们基于可能涉及的心理学机理，设计了一个通用的驾驶人错误分类法。这些心理学机理包括：感知（perception）、注意（attention）、情境评估（situation assessment）、规划和意图、记忆和回忆以及行动执行。同样是基于大量的驾驶错误相关文献，我们又设计了道路交通错误成因的分类法。可以用本章的分类法再次回顾第2章、第3章所提及的车辆自动化技术，思考这些技术可以用于何种情境、何种终端。与驾驶层次任务分析法相似，本章推演出的分类法也可以作为其他研究者和设计者的参考。

5.2 人为错误简述

"人为错误"这一术语本身存在着争议，我们在此只是谨慎地将其作为描述性标签使用，不带有责怪的暗示，也不代表我们的理论立场（其实，我们更倾向使用术语"系统错误"）。大多数强调安全性的系统都对事故中的人为因素进行过详细记载。例如，在所有民用航空事故中，约75%的事故被定性为人为因素所致。事实上，英国民航局在 1998 年曾提出：人为错误是飞行安全的主要威胁之一。对人为错误成因的调查推动了多种技术的发展，常见的有：围绕错误成因进行事故调查和分析的技术，如人因工程分析和分类系统（the Human Factors Analysis and Classification System，HFACS；Wiegmann 和 Shappell，2003）；人为错误识别技术，如人为错误模板（Human Error Template，HET；Stanton 等人，2006）；各种类似于事故调查报告的人为错误数据采集过程，如飞行安全报告系统（the Aviation Safety Reporting System）。

相比民用航空领域对于人为错误高度关注，我们对汽车领域中的"驾驶人"错误知之甚少，尽管驾驶人错误已经被视为道路交通碰撞的主要诱因（Treat 等人，1979；Hankey 等人，1999；Medina 等人，2004）。造成这一现象的原因之一是缺少一种结构化的数据采集方法来了解道路交通事故中的驾驶人错误；并且，即便在已经采集到了相关数据的情况下，还缺少一种有效的分类系统，将各种驾驶人错误及其原因进行精确分类。本章将综合各类科学文献，提出一种通用的驾驶人错误和成因分类法。在设计分类法的过程中，我们考虑了驾驶人错误的一般形式以及导致某类错误发生的多种原因。

回顾历史，Chapanis 在 20 世纪 40 年代首次提出："飞行员错误"本质上是"设计者错误"（Chapanis，1999）。这对当时的主流观点造成了强烈冲击（时至今日仍被不少人质疑）。Chapanis 发现了一个有趣的现象：在飞机已经着陆后，驾驶人本该收回襟翼，然而却经常错误地收回了起落架。Chapanis 发现，控制起落架和襟翼的开关不仅相邻而且外形一模一样，因此推断：错误应归咎于这种设计混淆，而非飞行员本身。为防止此类现象，他提议控制系统采用分散的方式进行编程，这种做法现已推广成为行业标准。在 Chapanis 提出上述观点半个世纪后，越来越多的设备采取了容错（error-tolerant）的设计理念。人们对于"错误"的理解也在进步：起初人们关注的是造成错误的"人类"，而现在更多的是关注发生错误的"系统"本身。业界认为，错误不再是简单地定义为"某一人类个体造成的某一个失误"，更多的时候可以被定义为"在某个设计或某一系统范围内，存在某些会引发错误的特定活动，这些活动的持续进行对系统产生的特定后果"（例如：Reason，1990；Rasmussen，1997）。鉴于我们对人类行为的了解，不妨设问：不同人在相同情况下是否有可能以同样的方式行事呢？对车辆事故的系统分析必须要考虑到所有的变化因素，包括驾驶人、车辆行为、其他道路使用者、车辆设计、交通法规、甚至需要收集大范围的社会因素影响，这些社会因素使人类在特定情境下对自身行为进行"合理"认知。这种更系统化的错误分析法可以为设计者提供新思路。理想情况下，任何新系统都应该尽可能扩大容错范围。

5.3 人为错误分类

在许多强调安全性的领域中,正规的人为错误分类法已经大规模被使用。分类法有两个功能:首先,主动预测可能出现的错误;其次,对已发生的错误进行分类和分析。错误的主动预测可以通过正式的人为错误识别(Human Error Identification,HEI)技术来实现,Embrey 于 1986 年提出了系统性降低人为错误方法(Systematic Human Error Reduction Approach,SHERPA),该方法将驾驶层次任务分析法(HTAoD)与外部错误模式分类法(External Error Modes,EEMs)相结合,以识别可能发生的驾驶错误及其后果、修复、失效概率和失效成本。SHERPA 也能让分析师系统地考虑补救方案,其中许多方案会循环运行以实现优先干预,见表 5.1。

表 5.1 基于任务分析和外部错误模式,SHERPA 提供了一种简单的分类系统,详尽指出了可信的错误类型[⊖]

任务步骤	错误模式	错误描述	结果	修复	失效概率	失效成本	补救措施
2.1.1.2.2	A4	离合器踏板放松得过多或过少	发动机熄火/发动机空转但不前进	立即	高	低	增加或减小加速/离合器踏板的压力以平衡发动机转速和车速

此分类系统对人为错误的回顾性分析也有帮助,它有助于解释错误发生的潜在的心理机制。人们虽然已提出多种人为错误的分类,但在有关人为错误的文献中,目前有三种占主导地位的方法取得了最为广泛地应用。它们是:Norman 于 1981 年提出的错误分类,Reason 于 1990 年提出的失误、疏忽、误解和违规分类,以及 Rasmussen 于 1986 年提出的技能、规则与知识的错误分类。以下给出了每种方法的简要概述。

5.3.1 Donald Norman 的错误分类法

Donald Norman 于 1981 年发表了基于 1000 起事件分析得出的错误分类法。该分析以图式激活(schema activation)的心理学理论为基础。他认为人类行为的顺序是由人脑中的知识结构触发的。我们将人脑中已有的知识经验网络称为"图式(schema)"。人的思维包含着图式层次结构,一旦满足特定条件或发生某事件,人脑中的相关图式就被激活(或触发),这一理论尤其适合描述技能型行

⊖ 译者注:该表以驾驶层次任务分析中的子任务 2.1.1.2.2 为例,详细的驾驶层次任务分析见本书附录。

为，比如驾驶行为。Donald Norman 的图式概念与 Neisser 在 1976 年关于"认知与现实（Cognition and Reality）"的开创性研究有紧密联系。Neisser 试图解释人类思想是如何影响其与社会的交互的。Neisser 认为，了解世界的运作方式（例如，心理模型）有助于人们预测特定的信息，这些信息反过来又指导人们去寻找这些信息，并提供其现成的解析方法。在此过程中，随着人们对环境的采样，这些信息被用来更新和修正人们对世界的内部认知图式，从而再次指导更深一步的搜索。这种采样（sampling）－修正（modifying）－指导（directing）的循环过程被 Neisser 定义为"知觉循环（perceptual cycle）"，我们也可以用它来简单解释驾驶过程中人类的信息处理过程。例如（假定某人对所驾驶的汽车有正确的认识），驾驶人的心理模型使他们能够预测事件（如：是否需要制动以避免与其他车辆碰撞），搜索确凿证据（例如，车辆的制动系统符合他们的期望值），指导行动过程（如果制动力度不够，就决定进一步踩制动踏板）以及持续检查结果是否符合预期（例如，保持他们的车辆和其他车辆之间的距离）。如果在此期间出现一些没有预测到的信息（如他们的汽车开始失控），就需要获得更广泛的知识，得出其他可能的解释以指导未来的搜索活动（例如，执行躲车操作时可能的行车路线）。驾驶行为中的知觉循环如图 5.1 所示。

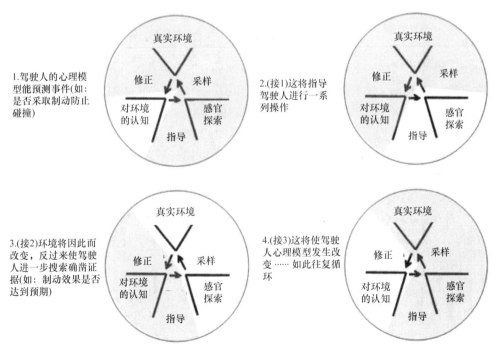

图 5.1　驾驶人的知觉循环（perceptual cycle）

这种交互图式模型很好地解释了人类的行为方式。而 Donald Norman 于 1981 年的研究又进一步挖掘了它解释错误发生原因的作用。据图式理论预测，如果人类行为是由图式指导的，那么故障图式或者图式的错误激活都将导致错误的行为，见表 5.2。这至少会在 3 种情况下发生，第一，由于对情境的错误解析，我们可能选择错误的图式；第二，由于触发条件的相似性，我们可能激活错误的图式；第三，我们可能过早或过晚激活图式。表 5.2 也提供了错误类型的例子。

表 5.2　三种图式错误

图式错误类型	错误类型案例
意图形成的错误（情境的错误解析）	模式错误：对意图的错误分类 描述错误：意图的描述不完整或模棱两可
图式激活的错误（相似触发条件引起）	捕捉错误：行为顺序相似，则由更强的顺序主导 数据驱动激活错误：外部事件导致了图式激活 关联激活（Association - activation）错误：已经激活的图式进一步激活了与之关联的图式 激活丢失错误：已经激活的图式不再处于激活状态
主动图式（active schema）被触发而引起的错误（太早或太迟）	混合错误：来自互斥图式的元素被结合 不成熟激活错误：过早触发图式 激活失败错误：触发条件或事件无法激活图式

这里特别解释一下"模式错误（mode error）"（见表 5.2 中的第一类）。因为这类错误是人与技术的交互导致的，所以 Donald Norman 特别强调，在计算系统的设计中必须格外关注这一种错误类型。他指出，系统模式的错误分类可能导致输入错误，进而造成恶劣影响。对于驾驶行为，驾驶人的模式意识（mode awareness）可能更为重要——特别是在驾驶具备如自适应巡航的自动化功能的车辆时。驾驶人错误地假定车辆完全处于自适应巡航控制模式（即车辆自动保持车速以确保它与前面车辆之间的安全距离），而事实可能并非如此。反之亦然。基于上述观点，车辆设计成功的标准之一应该是：让驾驶人清楚系统处于何种模式，以及让其充分了解在任何特定场景下该模式与车辆行为的关联。

5.3.2　James Reason 的一般错误建模（Generic Error Modelling）

James Reason 在 1990 年开发了一个更高级别的错误分类系统，包括：失误（slip）、疏忽（lapse）、过失（mistake）和违规（violation）等四个类别。"失误"和"疏忽"分别代表注意力失效和记忆出错。它们都是无意识的行为范例，称之为疏忽错误，而"过失"则与有意识的行为相关，称之为主观犯错。在驾驶语境下，"失误"可以是驾驶人原本是想打转向灯，结果却拨了刮水器，此时驾驶人的意图是正确的，但执行方式出错了；"疏忽"可以是驾驶人下车时忘了关灯，或者在超车时忘记查看后视镜，尽管他们打算这样做（但他们忘记做了）。当行动者有意识去执行不正确动作时，行为可以被归为"过失"。"过失"是源于计划层面而非执行层面的，因此也可称为计划失败。例如，当前车况下最恰当的行为应该是减速或制动，但驾驶人却决定超车，这就可能导致"过失"的发生。"违规"更为复杂，它偏离了公认的程序、标准和规则。违规行为可能是故意的（如故意超速）或无意的（如不知不觉地超速行驶）。James Reason 的错误分类法见表 5.3。

James Reason 对每一类错误进行了详细说明。他特别强调，注意力缺失与注意力过高都可能导致失误和疏忽。注意力缺失会导致行动人在任务的关键时刻疏于监管自己的行为，尤其当打算做一些超常规的事情时；注意力过高会导致在不正确的时刻监管自己的行为。Reason 认为，从最基本的层面上分析，错误很可能起因于正确行为的错误实施（例如，在特殊的环境中执行以前曾成功的任务）或实施错误行为（例如，执行任务时采用了"不合适、不雅或不可取的"的方法）。

表 5.3　James Reason 的错误分类

基本错误类型	举例
失误（注意力出错）	错觉
	入侵行为
	疏忽行为
	撤销行为
	行为混乱
	行为时机错误
疏忽（记忆出错）	忘记执行已计划好的行为
	忘记了执行的先后顺序
	忘记想去执行的行为
过失（主观犯错）	正确行为的错误实施
	实施错误行为
	错误的决策
	未能考虑替代方案
	过度自信

Wickens（1992）利用信息加工的框架来思考错误形成过程中的心理学机制的影响。他指出，"过失"反映出驾驶人糟糕的情境评估和/或计划能力，但过失后的补救行动执行却是好的。"失误"反映出驾驶人行动执行力差，情境评估和/或计划能力可能很好；最后是"疏忽"，驾驶人的情境评估和/或计划能力以及行动执行力可能都很好，但记忆力差。Wickens 同样也关注了 Norman 分类法

中的模式错误，引用了 Chapanis 所举的飞行员在飞机落地时误抬起落架的例子。与 Norman 类似地，Wickens 也提出，模式错误是由于不良的系统设计使模式发生混淆所致。事实上，Chapanis 在 20 世纪 50 年代也提出过建议，如果起落架检测到轮子上有重量，起落架开关应当自动锁止。这个简单的例子表明对系统运行进行限制可以避免模式错误的发生。

即便如此，模式错误仍然是系统设计者关心的问题。在一个系统中设计多种模式可能有合理的技术上的考量，但顾名思义，模式错误确实只可能在包含了一个以上模式的系统中发生。当人类操作者无法捕捉模式变化，或者模式的改变致使人机交互规则发生变化时，模式错误就可能发生（Norman，1988）。航空部门曾记录过几种"典型的"模式错误，这些模式错误对车辆工程技术来说也具有指导意义。以 20 世纪 90 年代初斯特拉斯堡的空客 A320 事故为例，飞机准备下降时，飞行员在平均下降角度中输入了"33"，而实际应该输入 3.3°。更不幸的是，当时自动驾驶仪处于另一种下降模式（英尺每分钟的下降模式），因而将其解读为每 1min 下降 3300ft（约 1000m）。在空客 A320 的飞行控制台上，两种不同模式按钮之间几乎没有显示的区别，而且数据是通过同一数据系统输入的。由于模式错误，A320 开始快速下降，撞向法国境内的圣奥迪尔山，造成 87 人死亡。这次空难是由于模式设计缺陷引发的飞行员失误而造成的。导致错误的设计是一种双模式"VS/FPA 按钮"⊖。在汽车领域，宝马的 iDrive 系统（和其他类似的系统）也采用了大量多模态设计，Stanton 与 Harvey（2013）曾深入分析过该设计理念，BBC 著名的 Top Gear 节目也对分析结果进行了操作模仿，如图 5.2 所示。如果未来汽车中的多模态设计更复杂，甚至集成了包括自动驾驶在内的重要车辆控制系统，其本来就不高的可用性可能导致更严重的问题。

5.3.3 Jens Rasmussen 的认知控制级别错误（Errors in Levels of Cognitive Control）

经验丰富的驾驶人不一定不会犯错；相反，他们所犯的错误类型可能更加多样。错误类型本质上会受到驾驶技巧、经验和对所遇情况的熟悉程度的影响；Jens Rasmussen 的"技能、规则、知识"分析框架（Skill - Rule - Knowledge，SRK）有助于解释其原因。人类行为可以是高度习惯性的（即基于"技能"的）、高度关联性的（即基于"规则"的）、高度可类比或可探索性的（即基于知识的）。在诸如驾驶行为的复杂任务中，三种属性可以同时存在，如图 5.3 所示。

⊖ 译者注：VS/FPA 按钮是空客 A320 的飞行控制组件的一部分，用于切换航向升降率（Heading - Vertical Speed，HDG - VS）和航迹下降角（Track - Flight Path Angle，TRK - FPA）间的显示；两者共用一个按钮，显示具有互斥性。

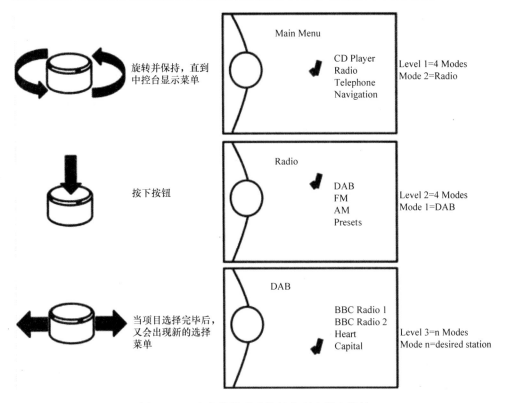

图 5.2 一个车载娱乐系统的典型多模态设计

　　任务中为人熟知的、常规的部分很大程度上具有习惯性（即基于技能的行为）。任务中不为人熟知和很少见的部分需要耗费驾驶人的精力去格外关注（即基于知识的行为）。在这两种极端情况之间的任务，通常需要识别并回忆出对任务的适当反应（即基于规则的行为）。例如，在学习驾驶中的控制任务时，学习者需要从"基于知识"的行为起步，中间贯穿着"基于规则"的行为，最终转化为"基于技能"的行为。一个典型的例子是学习换档的过程：初学者在换档时会低头查看是否挂入正确档位，而经验丰富的驾驶人则不再需要观察了。尽管在正常行驶时，对车辆的控制任务已经是高度发达的技能，但在不熟悉的环境下，驾驶人仍然需要通过更高级别的认知控制完成操作（例如在通过不熟悉的路线，或者在恶劣气候下，或者在特别拥堵的交通中躲避危险时）。Jens Rasmussen 的 SRK 模型解释了为什么驾驶人在执行驾驶任务时会表现相对轻松：很大一部分原因是驾驶是一项已经被熟知且基于技能的行为，对人类认知资源的要求并不高。而 James Reason 提出的一般错误建模也用该理论解释了为什么不同类型的驾驶错误发生在不同的层次上。Reason 提到，"失误"和"疏忽"发生在基于技能的水平层面上，而"过失"发生在基于规则和基于知识的层面上。因此，增加技能并不能保证完全避免错误，只是改变了犯错的类型。

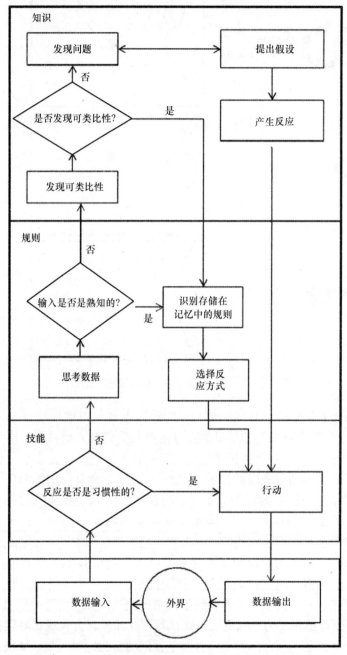

图 5.3 认知控制级别错误（摘自 Rasmussen，1986）

5.3.4 总结

通过对人为错误的三大研究成果的回顾，我们可以发现，尽管三大研究成果采用了不同的视角，但它们仍具有高度的一致性。它们两两之间互相借鉴，并且都将人为错误与潜在的心理机制联系起来。更重要的是，三种不同的视角都具有普适性，可以被应用在各种驾驶情境中。

5.4 驾驶错误及其影响条件

如果用基于系统的方法来审视，大多数错误是由存在于更广泛的系统中的潜在的或诱发错误的条件引起的。我们可以将这些因素视为"常驻病原体"，它们包括：设备不完善、培训不足、设计拙劣、维护失效、程序不明确以及一种会在无意中驱使人类执行非最优行为的特质。这种系统的分析方法已经开始得到道路运输领域的认可（例如，世界卫生组织，2004）。与此同时，道路设计与布局、车辆特性、交通法规与执法等非直接条件的共同作用也会影响到驾驶人行为（世界卫生组织，2004）。这个系统中包含有多维度的因素，这些因素选自以往大量对驾驶错误研究的文献，我们现在将对此进行回顾。

在众多的驾驶人错误研究中，上文提到的 James Reason 团队可能是取得成果最为广泛的。他们试图区分驾驶人错误和违规行为。驾驶人错误可被定义为驾驶人预期的表现良好，但实际上却不符合标准，比如驾驶人打算在限速范围内开车，却偶尔超速（失误），或是忘记限速（疏忽），或是认为限速为70mile/h 而实际法规是60mile/h（过失）。与此相反，违规则被定义为驾驶人完全打算采取的行动，如故意超速行驶以期更快到达目的地。James Reason 基于此项研究开发出一套驾驶行为调查问卷（Driver Behavior Questionnaire，DBQ）。如第 3 章所述，该调查问卷有 50 项，包括 5 类异常驾驶行为：失误、疏忽、过失、无意违规和故意违规。其中，对过失和违规的研究采用了自我报告的驾驶行为问卷，涉及从 20 岁以下到 56 岁以上的 9 个年龄段的 520 名驾驶人。驾驶人被要求报告他们驾驶时所犯的不同类型的过失与违规频率，表5.4 给出了一些例子。

表 5.4 James Reason 的错误和违规分类举例（摘自 Reason，1990）

错误类型	错误举例
失误	误解道路指示牌
	想踩制动踏板却误踩加速踏板
疏忽	想不起刚经过的路线
过失	会车时低估对面车辆的车速
违规	超速

James Reason 和同事从对他人的风险程度角度对错误和违规行为进行了分类。该分类是根据6名独立评判者的评级而定的，部分调查结果如表5.5中所示。该表还确定了不同错误的等级排序，并在错误描述旁边的括号中标识出来。从表5.5的统计中我们可以发现，被记录最多的错误是无意中超速行驶行为。

表5.5 驾驶人错误分类（摘自 Reason 等人，1990）

驾驶人错误（根据发生频率排序）	类型	风险
无意中超速行驶（1）	失误	可能对他人造成影响
排队，几乎撞到前方车辆（22）	失误	可能对他人造成影响
没看后视镜进行操作（28）	失误	对他人造成影响
没看到正在等候的行人（23）	失误	对他人造成影响
没看到正在横穿马路的行人（28）	失误	对他人造成影响
没看到行人出现（41）	失误	对他人造成影响
半睁眼开车（6）	失误	对他人造成影响
分心导致危险出现时紧急制动（7）	失误	对他人造成影响
会车时低估来车车速（20）	失误	对他人造成影响
错过车辆出口（26）	疏忽	对他人无影响
过环岛从错误道路驶出（4）	过失	对他人无影响
加塞（14）	过失	对他人无影响
没有为公交车让道（3）	过失	可能对他人造成影响
忽视夜间限速（2）	违规	对他人造成影响
在交通信号灯亮时迅速通过（13）	违规	对他人造成影响
危险超车（17）	违规	对他人造成影响
内道超车（18）	违规	对他人造成影响
近距离跟车（21）	违规	对他人造成影响
制动过急（30）	违规	对他人造成影响
并入主干道车速过快（43）	违规	对他人造成影响
忽视交通灯（47）	违规	对他人造成影响

Reason 等人的研究结果表明，一般情况下，错误（失误和过失）和违规行为会随着驾驶人年龄增长而减少。Aberg 与 Rimmo 于1998年复用驾驶行为问卷，进行了范围更广的采样，涉及了1400名18岁至70岁的瑞典驾驶人。问卷的统计结论在很大程度上证实了 James Reason 早期的研究结果，同时基于后者的分析研究，进一步将错误分解为"无经验错误"和"注意力不集中错误"。研究表明，注意力不集中错误会随着年龄的增长而增加。Reason 等人的工作已被多国学者效仿，包括澳大利亚（Blockey 和 Hartley，1995）、希腊（Kontogiannis 等，2002）、中国（Xie 和 Parker，2002），都取得了不错的研究成果。

美国的一项研究发现，驾驶错误是造成高达93%的撞车事故的原因（Treat

等，1979）。该分析将驾驶错误分为辨识错误（error of recognition）、决策错误（error of decision）和表现错误（error of performance）。这些类别大致可以与图5.4所示的信息加工阶段一致。"知觉（Perception）"和"解析（Interpretation）"可以被归为"辨识"，"计划"和"意图"可以被归为"决策"，行动执行可以归为"表现"。

辨识错误包括：注意力不集中、注意力分散、"看到但未察觉（looked - but - did - not - see，LBDNS）"错误，这些错误与56%的撞车事故有关。

决策错误包括：错误判断、错误假设、不当操作、速度过快、信号不足和跟车太近，这些错误与52%的撞车事故有关。

表现错误包括：过度纠错、恐慌，发愣和无力控制方向，这些错误与11%的撞车事故有关，如图5.4所示。

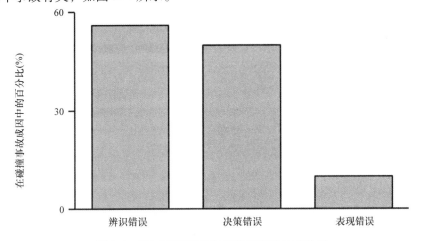

图5.4　不同错误导致车辆碰撞事故的百分比

当然，有些撞车事故是在辨识错误、决策错误和表现错误的共同影响下发生的。如果我们将"表现"的概念等同于更宽泛的车辆操控，亦即驾驶技巧的问题，可能会有助于我们更直接地解决这类错误。然而，车祸的成因实际上是以复杂的驾驶人认知为导向的，无法简单地进行等价。

Treat等人在1979年进一步调查了驾驶错误的成因。驾驶错误的数据来自记录在案的车祸案例、现场事故调查和事故评估（Wierwille等，2002）。研究人员确定了交通事故的四大类造成因素：人的情况与状态（身体/生理、心理/情绪、经验/表现）、人的直接原因（辨识错误、决策错误、表现错误）、环境因素（与公路相关、周围环境条件）以及车辆因素。事件的因果关系分类法在表5.6中给出。

在Treat之后，一组经验丰富的撞车事故调查人员对687起撞车案例档案进行了研究，研究结果进一步支持了 Treat 等人的结论（Najm 等人，1995）。研究人员还使用了成因分类法（causal factor taxonomy）来确定造成事故的潜在根本原因，包括驾驶人错误、驾驶人障碍、车辆缺陷、道路表面情况和能见度。该研究所提出的与驾驶人错误有关的因素见表 5.7。该研究还指出，辨识和决策错误（即认知因素）在造成事故的原因中所占的比例最大。

表 5.6　驾驶人错误和事故成因（摘自 Wierwille 等人，2002）

1：人的情况与状态		
A：身体/生理	B：心理/情绪	C：经验/表现
酒精损伤	情感沮丧	驾驶人经验
其他药物中毒	压力或紧张	不熟悉车辆
视力减弱	慌张	过于熟悉道路
严重的不作为		不熟悉道路/区域
2：人的直接原因		
A：辨识错误	B：决策错误	C：表现错误
没有察觉	错误决策	恐慌或呆滞
注意力不集中	错误假设	对方向的控制不足
内部干扰	操作不当	
外界干扰	驾驶技巧或技能不当	
不合时宜地向外张望	不当的防卫驾驶技巧	
意识到其他未知原因但为时已晚	超速	
	追尾	
	加速过度	
	行人进入车道	
3：环境因素		
A：与公路相关	B：周围环境条件	
控制障碍	光滑路面	
不合适的路标路牌	特殊/短暂危险	
视野遮挡	环境视野局限	
设计缺陷	天气骤变	
维护问题		
4：车辆因素		
车轮和车胎问题		
制动问题		
发动机系统故障		
视野遮挡		
车灯问题		
转向盘故障		

表 5.7　主要事故因果因素分类分析（节选自 Najm 等人，1995）

错误类型	错误描述
辨识错误	注意力不集中 看到但没有察觉 视野障碍
决策错误	追尾 危险通过 对车距或/和车速错误估计 超速 试图加速赶上信号灯或超过其他车辆
不稳定行为	失误操控车辆 躲避操作 违反指示牌或指示灯 故意进行不安全驾驶 其他

其中，"看到但没有察觉（LBDNS）"错误是一个令人困惑的类型，它似乎与"注意力不集中"和"对自己方法的错误判断"等其他类型的错误相关。但 Brown（2001）认为，调查中驾驶人反馈的 LBDNS 错误可能是不可靠的，因为驾驶人更愿意承认自己"看到了危险，但没有察觉危险"，而非"看都没有看"。对于真正的 LBDNS 错误，Brown 识别出三个心理学的犯错机理。首先，由于个人有限的信息加工能力导致所看到的信息没有被加工。这种情况往往在驾驶环境复杂、存在注意力竞争的时候出现。其次，由于注意力的可选择性，驾驶人往往会给予视觉情境中的某些特征更高的优先级。最后，由于一个场景中危险和非危险的方面存在着连接错觉（illusory conjunction），导致一些危险的因素被掩盖。Brown（1990）还回顾了事故发生的条件，以及道路交通事故发生时驾驶人正在执行的操作的出现频率的排序，如表 5.8 所示。

表 5.8　在英国由车辆操控引起的交通事故（来自 Brown，1990）

操作类型	车辆数
直行	162 854
转弯，或等待转弯，右转	48 339
弯路上直行	32 747
超过一辆行驶或静止的车	20 310
等待直行	19 273
停车	19 206
转弯，或等待转弯，左转	12 061
熄火	10 497
起动	4 823
变道	4 019
倒车	3 556
掉头	2 593
所有已知操作	340 278

通过分析错误的潜在心理学形成机制，Brown 估计大约 40% 的错误是由于注意力问题引起的（例如，缺乏关注、分心、没有看见、缺乏注意力），约 25% 的错误是由于理解力问题引起的（例如，看见但未能察觉、误判速度与距离），约 15% 的错误是由于判断力问题引起的（例如，缺乏判断、决策错误）。遗憾的是，表 5.8 没有提供事故发生时驾驶人行为的任何细节，但该项研究成果确实为驾驶过程中发生的错误的相关分类提供了参考，这对设计完整的驾驶人错误分类系统具有很大的价值。

Sabey 与 Staughton 在 1975 年对发生在英国境内的 2130 起事故进行了分析，这些事故涉及多达 3757 名驾驶人。调查的结论见表 5.9。该错误分析以驾驶人的口头报告为基础，因此其可靠性不可避免地存在一定局限性。

表 5.9 驾驶人错误诱发事故统计（来自 Sabey 与 Staughton，1975）

错误类型描述	错误数量
缺乏关注	905
车速太快	450
看到但未能察觉（looked but failed to see）	367
分心	337
缺乏经验	215
没看见	183
走错路	175
缺乏注意力	152
不适当时机超车	146
错误解析	125
缺乏判断力	116
错误判断速度或距离	109
跟车太近	75
操控困难	70
不负责或鲁莽	61
错误决策或错误行为	50
缺乏教育或驾车技巧	48
错误指示	47
缺乏技术	33
挫败感	15
坏习惯	12
操作位置错误	7
侵略性	6
总数目	3 704

基于事故调查，Sabey 和 Staughton 还设计了一个事故成因分类法，其结论为：28% 的事故由道路因素和环境因素导致；8.5% 的事故由于车辆特性导致；而高达 65% 的事故都指向唯一的原因——驾驶人。Sabey 和 Staughton 的人为错误及其成因分类法如表 5.10 所示。

表 5.10　人为错误和成因分类（摘自 Sabey 和 Taylor, 1980）

人为错误	道路环境因素
认知错误	不利的道路设计
查看但未能看见	不合理布局、连接设计
分心或注意力不集中	布局不合理导致的可见度差
误判速度或距离	
技术缺陷	不利环境
没经验	湿滑路面，表面淹水
决策力差	缺乏维护
错误行动或决定	天气情况，小雨
	路面缺少足够的设施或指示牌
	路标，路牌
	路灯
执行方式	障碍
行动缺陷：太快，不合时宜超车，没看见，跟车太近，走错路	道路施工
行为缺陷：不负责或鲁莽，受挫，侵略性	前方停车，或其他物体阻碍通行
损伤	
酒精	
疲劳	
药物、毒品	
生病	
情感沮丧	

Verwey 等人（1993）从相反的方向入手，将驾驶人错误映射到事故场景中。表 5.11 列出了 1786 起事故和未遂事故中驾驶人自我报告的错误。其中最常见错误是"事故发生前驾驶人的观察方向错误。"表 5.11 中出现的所有事故场景均发生过这一错误。

表 5.11　基于事故场景的错误分类

事故场景	最频发错误
后端碰撞	观察方向错误 误判其他车辆的速度 高速行驶
穿过路口	观察方向错误 误判其他车辆的速度
突现障碍	观察方向错误 高速行驶

（续）

事故场景	最频发错误
弯曲道路	观察方向错误 错误解读路况 没有查看后视镜盲区
变道	观察方向错误 错误解读路况 误判其他车辆的速度 没有查看后视镜盲区
超车	观察方向错误 误判其他车辆的速度 高速行驶
环岛	观察方向错误

如表 5.11 所示，报告中出现的其他高频错误包括错误情境解析和误判其他车辆的车速。从表面上看，大多数错误似乎都与驾驶人的情境意识（Situational Awareness，SA）有关。情境意识是指个体对某情境具有的意识，以及对"正在发生什么事"的动态理解（Endsley，1995）。在其他交通领域，尤其是航空运输业，情境意识的缺失被认为是造成事故的重要原因。Endsley（1995）曾统计了所有涉及人为错误的航空事故，发现与情境意识有关的高达 88%，远高于决策能力或驾驶技术导致事故的比例。

Wierwille 等人（2002）描述了在弗吉尼亚理工大学交通研究所开展的一项综合研究。该研究旨在揭示驾驶人错误的本质、成因及其在车祸中所起的作用。通过在超过 30 个地点对驾驶人进行观察研究，Wierwille 等人创造了针对潜在情境和驾驶人错误的碰撞成因分类法，如图 5.5 所示。根据这一分类法，我们会看到有四种不同的因素导致驾驶人表现出现问题，分别是：知识、训练、技能不足，损伤，任性行为以及基础设施和环境问题。

Wagenaar 和 Reason 在 1990 年定义了事故发生的前兆成因（token cause）和类型成因（type cause）。前兆成因是事故发生刹那前发生的，是导致事故的直接原因；而类型成因则指长期存在于系统中的原因。Wagenaar 和 Reason 建议，为确保有效性，事故的对策应关注于识别类型成因而非前兆成因，而对事故的分析也不应局限于事故发生刹那前的事件。这再次反映了一种分析事故成因的系统方法，旨在及时追溯到逐渐演变为事故的根源。通过该研究，Wagenaar 与 Reason 还识别出导致事故发生的一般失效类型，具体包括如下 7 个方面：

- 硬件缺陷（交叉路口设计不良、汽车设计不安全）。
- 不相容的目标（限速增加安全性，但造成时间损失）。

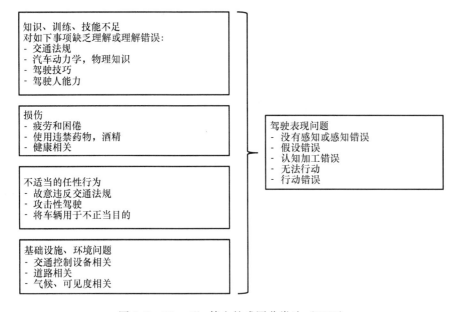

图 5.5　Wierwille 等人的成因分类法（2002）

- 糟糕的操作程序（糟糕的、不合逻辑的交通规则，例如，环形交叉口的交通规则）。
- 维护不良（路况差、路灯坏了、汽车设计缺陷过多）。
- 训练不足（许多驾驶人太年轻、驾驶人资格测试不合格）。
- 情境误导驾驶人违规（不必要的信号灯、缺少警察管制、造成长时间延误的道路维修、停车空间不足）。
- 缺乏组织性（没有系统的交通政策，没有系统的事故统计数据收集，没有对公众投诉做出有组织回应）。

5.5　对错误分类法的建议

前文描述的驾驶人错误类型很可能需要在现实生活中经受进一步检验；它们中的一些可能对新的车辆技术产生更深远的影响，至少对主车辆的驾驶人是如此。为了完善未来车辆系统的设计，甚至为更广泛的道路运输领域提供人为错误的调查分析，我们有必要对驾驶人错误和成因分类法进行系统化设计。一个系统性的、有信服力的驾驶人错误分类法可以提前识别出在不同情境下的驾驶人错误类型，而对错误成因的分类法又可以为制定错误管理策略和制定错误防范对策提供参考。

首先，为了开发这种系统的驾驶人错误分类法，我们对上文所述的分类法进行了检查和整合，对在驾驶过程中可能会发生的错误类型进行了提炼。我们从中归纳了24种驾驶人错误类型，结合当前理论观点和对人为错误研究的成果，重新设计了一个驾驶人错误分类法。新的驾驶人错误分类法包括错误类型、示例、相关的心理机制以及每种被选出的错误类型的出处，如表5.12所示。

表5.12 通用驾驶人错误分类及潜在心理机制：行为错误

潜在心理机制	外界错误模式	分类源	示例
行动执行	没做成	表5.2，表5.3，表5.5，表5.9，表5.10	没检查后视镜
行动执行	做错	表5.3，表5.5，表5.6，表5.7，表5.9，表5.10	踩加速踏板而不是制动踏板
行动执行	时机不对	表5.2，表5.3	过早制动
行动执行	做过头	表5.6，表5.7	过多踩加速踏板
行动执行	做得过少	表5.6	没踩足加速踏板
行动执行	没做完	表5.2	踩加速踏板而不是制动踏板
行动执行	行为正确，执行对象错误	表5.2，表5.3	跟车太近，过裂缝太快，危险超车等
行动执行，规划和意图	不合适行为	表5.2，表5.3，表5.5，表5.6，表5.7，表5.9，表5.10	
感知	感知失败	表5.3	没看到行人过马路
感知	假设错误	表5.3	错误假设车辆不会进入车道
注意力	注意力不集中	表5.6，表5.7，表5.9，表5.10	排队时差点撞上前方车辆
注意力	分心	表5.5，表5.6，表5.9，表5.10	因为其他任务而分心（如使用手机）
情境评估	判断错误	表5.2，表5.5，表5.6，表5.7，表5.9，表5.10，表5.11	误判迎面车速、间距、车体尺寸等
感知	看到但未察觉	表5.5，表5.7	看前方道路但并未发现车辆
记忆和回忆	没看到	表5.2，表5.3，表5.5，表5.6，表5.9，表5.10	没观察到前方区域车辆
记忆	观察不完全	表5.5，表5.7，表5.11	变道时没观察到后视镜里的越位车辆
情境评估	观察正确，对象错误	表5.5，表5.11	没观察到合适区域

(续)

潜在心理机制	外界错误模式	分类源	示例
记忆和回忆	观察时机错误	表 5.3	变道时看驾驶人后视镜时机太迟
执行行为、计划和意图	有意违规	表 5.5，表 5.7，表 5.9，表 5.11	明知超速情况下内道超车
执行行为	无意违规	表 5.5，表 5.7，表 5.9，表 5.11	无意超速
情境评估	误读信息	表 5.11	错误解读路牌、交通控制设备或路标
情境评估	理解信息错误	表 5.2，表 5.11	正确接收信息，但理解错误
情境评估	提取信息不完整		只提取了部分信息
情境评估	提取错误信息		从路标上解析出错误信息

用同样的思路，我们又建立了系统性的驾驶人错误成因分类法，如表 5.13 所示。

表 5.13 驾驶人错误因果因素

因果因素组别	因果因素个体	分类源
道路设施	道路布局	表 5.6，表 5.10，图 5.5
	道路设施	表 5.6，表 5.10
	道路维护	表 5.6，表 5.10
	道路交通、政策和法规	图 5.5
车辆	人机界面	表 5.6
	机械部件	表 5.6
	维护	表 5.6
	不恰当的技术应用	表 5.6
驾驶人	生理状态	表 5.6，表 5.10，图 5.5
	心理状态	表 5.6
	培训和经验	表 5.6，表 5.10
	知识、能力和态度	图 5.5
	情境	
	不符合规定	图 5.5
其他道路使用者	其他驾驶人行为	表 5.10
	乘客影响	表 5.6
	行人行为	表 5.6
	执法	表 5.6
	其他道路使用者	表 5.10
环境状况	气候情况	表 5.6，表 5.10，图 5.5
	照明	表 5.6
	当前时间	表 5.6
	路面条件	表 5.6，表 5.10

根据该分类法，当 5 类中的任一类条件不充分，都可能对道路使用者的行为

造成影响，从而以某种方式导致错误的发生。每一类成因都可以进一步明确细分，例如，"机械"可以分解为发动机故障、制动失灵、转向失灵、信号失灵或其他车辆故障。上述每个成因分组概述如下：

1）道路设施：道路运输系统基础设施的条件不充分，包括道路布局（例如，布局混乱）、道路设施（例如，误导性标志）、道路维护（例如，恶劣的路面条件和道路交通规则），以及政策和法规（例如，误导性的或不适当的规章制度）。

2）车辆：道路运输系统使用的车辆条件不好，包括人机界面（例如，糟糕的界面设计）、机械部件（例如，制动失灵）、维护（例如，缺乏维护）以及不恰当的技术相关的条件（例如，手机的使用）。

3）驾驶人：驾驶人的状况包括驾驶人的体力状态（如疲劳、欠缺行为能力）、脑力状态（例如，脑力负荷过重、分心）、培训（不足）、经验/知识/技术/能力（不足）、环境（例如，驾驶人很匆忙）和不符合规定的情况（如不合格驾驶）。

4）其他道路使用者：其他道路使用者造成的影响因素，如其他车辆驾驶人行为、乘客影响、行人行为、执法及其他道路使用者行为等。

5）环境：可能影响道路使用者行为的环境条件包括天气、照明、当前时间、路面条件。

5.6 技术解决方案

通过对驾驶人错误的回顾，以及由此构建的驾驶人错误及成因分类法，我们得到了什么？简单地说，它使我们能够以高度系统的方式进行思考：如何才能将汽车技术与驾驶能力限制进行完美匹配？如果我们能朝这个方向努力，那么通过车辆技术来消除驾驶人错误或减轻错误后果是完全可能的。例如，导航技术、自适应巡航、智能速度适应等技术的使用，或可以通过防止驾驶人进行错误操作来减少潜在的错误发生，或可以通过增加车辆对特定问题的容错度来缓和驾驶错误造成的后果。针对表5.12中所示的每一个错误，我们都提供了一种潜在的技术解决方案，汇总在了表5.14中。显然，车辆设计者可以进一步地考虑一些更具创新性的方法来缓解这些错误的后果。

表5.14 驾驶人错误的潜在解决方案

外在错误类型	事例	智能交通系统解决方案
行动失败	未能成功查看后视镜	防碰撞感应和预警系统 行人监测和预警系统

（续）

外在错误类型	事例	智能交通系统解决方案
错误行动	本想踩制动踏板但是踩了加速踏板	智能车速自适应系统 自适应巡航
行动时机错误	踩制动踏板过早或过晚	自适应巡航
行动过度	踩加速踏板过重	智能车速自适应系统 车速控制系统
行动过小	没有踩下加速踏板	自适应巡航
行动不完整	转向不充分	全车身防碰撞系统
正确行动，但是行动目标错误	本想踩制动踏板但是踩了加速踏板	自适应巡航 防碰撞感应和预警系统 智能车速自适应系统 车速控制系统
不适当行动	跟车太近 冒险超车	自适应巡航 自动超车系统
感知错误	没有观察到过马路的行人	防碰撞感应和预警系统 行人监测和预警系统
错误假设	错误地假设旁边车道的车不会并线	自适应巡航 防碰撞感应和预警系统
无意识	在跟车时几乎撞到前车	警觉监控系统
分心	被次级任务分心，如：接电话	防碰撞感应和预警系统 行人监测和预警系统 智能车速自适应系统
错误判断	错误估计车速和距离	自适应巡航 智能车速自适应系统 车速控制系统
看到但没有察觉	看着前方道路但没有注意到行人出现	防碰撞感应和预警系统 行人监测和预警系统
没有看到	没有观察到前方路况	防碰撞感应和预警系统 行人监测和预警系统
观察不充分	变道时没有观察车外后视镜	防碰撞感应和预警系统 行人监测和预警系统
信息错误解析	错误读取了道路指示牌、交通控制设施或道路标志	车内道路标志显示系统 导航系统

(续)

外在错误类型	事例	智能交通系统解决方案
信息错误理解	察觉到了正确信息但是理解错误	显示器和硬件解析正确信息并指示潜在危险
提取信息不完整	只得到了部分所需信息	车内道路标志显示系统 导航系统
提取错误信息	从道路指示牌读到了错误信息	车内道路标志显示系统 导航系统
有意违规	内侧超车 有意超速	自动超车系统 车速控制系统
无意违规	无意超速	智能车速自适应系统 车速控制系统
正确观察但目标错误	没有观察适当的区域	防碰撞感应和预警系统 行人监测和预警系统
观察时机错误	变道时查看驾驶人侧后视镜时机过晚	防碰撞感应和预警系统 行人监测和预警系统

5.7 总结

在本章中,我们探究了汽车技术和驾驶错误间的对应关系,由此形成了系统性的分类法。然而,这只是解决驾驶错误问题的开端。将某种特定的技术应用于某种特定的错误场景并不能完全确保不再发生错误,因为我们的分析是建立在这种技术可以和驾驶人和谐共处,并可以输出理想结果的假设之上。我们在接下来的章节中将做进一步的分析。到目前为止,我们可以肯定的是,在几乎所有的复杂的、以安全为首要任务的领域(如航空、过程控制等),可以首先设计一个错误和错误成因分类法,再由其驱动对该领域人为错误进行全面调查,调查的结果反过来又提供了针对人为错误的有效解决措施。在本章中,我们介绍了在驾驶人错误分类法的设计上已经取得了的阶段性成果,该分析过程也可以被其他道路交通领域所借鉴。

致谢

本章基于如下论文进行的适度修改:Stanton, N. A. 和 Salmon, P. M. (2009). Human error taxonomies applied to driving: A generic error taxonomy and its implications for intelligent transport systems. Safety Science, 47(2), 227-3.

第6章 检查驾驶人错误及其成因

6.1 引言

对驾驶人行为研究方法的进步,尤其是路试车辆上设备的提升,使我们很容易获取有关驾驶错误的精确、客观、及时的信息。这为我们探索驾驶错误的本质、成因、后果带来了大量新机遇,我们所能获取的数据也远比用传统方法更翔实。然而,新机遇也带来了新挑战。在本章中,我们将首先展示并论证一种用于车辆路试中驾驶错误分析的新型人因工程学多方法框架,其次我们将总结在实践中运用该方法时的发现。

6.2 研究现状与方法论

在道路运输的范畴内,研究者已经从多个角度展开了对"错误"的调查。如上一章详细讨论的,这些调查包括:驾驶错误和违规行为的性质和频率(例如,Reason 等,1990;Glendon,2007);道路交通碰撞中的错误及成因(例如,Treat 等,1979;Warner 和 Sandin,2010);基于不同驾驶人组群的错误分析,例如年轻驾驶人(例如,Lucidi 等,2010)和老年驾驶人(Di Stefano 和 Macdonald,2003);错误的概率,例如在交叉路口(Gstalter 和 Fastenmeier,2010);以及在驾驶人培训中所犯的错误(De Winter 等,2007)。除了最近的驾驶模拟舱试验(De Winter 等,2007)和观察性研究(例如,Glendon,2007),绝大多数研究或是采用了驾驶行为调查问卷(DBQ)来确定驾驶人所犯错误的性质和频率,或是采用了回顾性碰撞数据分析(Retrospective Crash Data Analysis)。

然而,这些方法的局限性是否又会限制我们对驾驶人错误的理解呢?首先来看驾驶行为调查问卷法。它已被证明在驾驶人行为分类以及常见错误总结方面是有价值的,但它无法提供错误出现频率的数据。换言之,针对同一个驾驶人,通过调查问卷我们只能知道他是否犯错,却无法得知他犯某项错误的次数。而且调查问卷的可靠性依赖于受调查者对其过往驾驶犯错的回忆。这种主观性、回忆性特征对人类天性是莫大的考验，因为驾驶人有可能都没意识到自己当时正在犯错。驾驶行为调查还有一个局限性在于它的数据仅围绕驾驶人展开，没有考虑到更广泛的因果因素、错误后果或补救策略。再来看一下回顾性碰撞数据分析法。该方法的价值在于可以突显错误类型及其成因，然而它同样仅以驾驶人为中心，无法实现系统层面的成因分析。综合上述分析，坦白地说，我们现有的错误分类法（包括第5章设计的新的系统分类法）所填充的都不是真实的、客观的、最有价值的数据。在本章中，我们将介绍为消除这些局限性而做的努力。我们将启用一辆装载设备的试验车，通过一种新型的人类工效方法框架来分析实际道路环境下的驾驶错误。我们将沿用第5章提出的系统方法完成错误的分类记录，再选取特定的错误类型，通过来自多方法框架的数据对其完成深入的分析。

6.3 我们做了什么?

6.3.1 实验方法——用于研究驾驶人错误的人类工效学多方法框架

道路试验中，使用了一系列不同的方法来收集驾驶表现和驾驶错误的详细数据。该框架是在详细评估了各种人因工程方法及其具备的收集错误和事故成因数据的能力基础上建立起来的。框架的整体架构如图6.1所示，下面将对其中每种子方法进行简介。

6.3.2 实验设备——路试车辆

研究中，我们利用一辆装有各种试验设备的车辆（路试车辆，以下简写为ORTeV）完成了关于车辆、驾驶人和道路情境的数据的收集。其中，车辆数据读取自车辆各类通信总线，包括：车速、GPS定位、加速踏板和制动踏板的位置（以及车辆横向/纵向速度及加速度）、转向盘转角、车道跟踪和车头行车记录、主要控制（刮水器、转向灯、前照灯等），以及次级控制（导航系统、娱乐系统等）。驾驶人数据包括：通过Facelab^{TM}眼球跟踪系统（眼动仪）捕捉的驾驶人眼球运动、驾驶人的口头报告。ORTeV还配备了7个摄像头，用以监控前后周边的驾驶情境、驾驶人活动以及车辆驾驶舱情况。为确保测试的可靠性，应避免被道路其他车辆识别出摄像头而做出非常规驾驶行为，因此7个摄像头将隐藏放置，如图6.2所示。

6.3.3 驾驶人口头报告

在进行道路试验的过程中，为了获取能反映驾驶人认知过程的相关数据，我们采用了口头报告分析法（Verbal Protocol Analysis，VPA）。驾驶人在完成任务

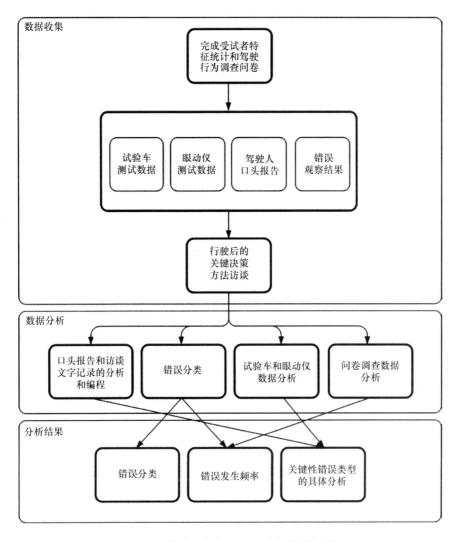

图 6.1　道路研究方法（受试者特征统计）

的过程中，被要求大声说话。总体方法框架将引用驾驶人的说话内容，将其作为驾驶人犯错前后思想变化的表征。口头报告法通常用于研究与复杂任务表现相关的认知过程，已经在探索多个领域、广泛概念上发挥了重要作用。报告的方式是：参与者在测试路线上驾车行进时被要求持续地提供口头报告。

6.3.4　关键决策方法访谈

每在完成驾驶任务后，将完成基于关键决策法的认知任务分析访谈。关键决策法（Critical Decision Method，CDM）是 Klein 和 Armstrong（2005）提出的一种

图 6.2　路试车辆

半结构化访谈方法,已被用于调查包括道路运输在内的一系列领域的认知和决策行为(Walker 等,2009)。我们在总体方法框架中纳入关键决策访谈,同样也是为了获取参与者在犯错前后思想变化的数据,同时还可以获取犯错前形成该认知、决策、行为的决定因素。每次访谈将重点关注参与者所犯的单一错误。错误将由分析人员选取,选取的原则是关键决策法可以对焦的某一错误的典型代表。在使用关键决策分析法时,研究人员通过一系列的试探性认知调查来揭示参与者在从事与该问题相关的驾驶活动中决策和任务完成表现背后的认知过程。在本研究中,研究人员基于过往关键决策分析法的相关文献(例如:O'Hare 等,1998;Crandall,Klein 和 Hoffman,2006)设计了一组认知调查问题,如表 6.1 所示。

表 6.1　道路试验研究过程中所使用的认知调查问题

目标说明	通过该行动,你想要达到什么目的?
决策	你在此次事件中做出了哪些决策/行为?
线索识别	你在完成此次决策时,使用或参考了哪些信息或特征?
影响因素	影响你做决策的最重要因素是什么?
选项	对你而言是否还有其他的行动选择? 为何没有选择它们而是选择了正在执行的?
情境意识	你使用了什么资源来收集这些信息? 有什么过往经验和训练对你做决策是有帮助的?
情境评估	你是否运用了所有可以获得的信息来帮助你做此决策? 是否有一些信息本可以帮助你进行决策,实际却没被使用?
信息集成	信息中的什么部分是对你做决策最有用的?
不确定性的影响	在任何阶段,你是否对所用信息的精确性和相关性产生怀疑?
心理模型	在你脑海中是否闪现过该决策/行动可能带来的后果?

(续)

目标说明	通过该行动,你想要达到什么目的?
决策阻碍——应激	在决策过程的任何阶段,你是否感到理解并使用信息有困难? 时间压力是否影响到制定决策/目标实施? 你做决策花了多长时间? 你是否在任何阶段感到加工和整合信息存在困难?
概念	是否存在某种情境,在其中你的决策/行为会产生不同的效果?
选择的基础	你认为基于你的经验,可否建立一套机制用来帮助其他人在做相同决策/进行相同任务时能够成功? 当你在进行正确决策或实施适当的行动时,是否感到自信?
类比/类化	如果可以回到当时,你会进行不同的决策吗?如果会,是什么?
干预	你是否想到任何措施,可以在下次遇到类似情境时,避免类似错误的发生?

6.3.5 错误分类

利用第5章阐述的驾驶人错误分类法,我们将对车辆路试研究中观察到的错误在测试完成后进行分类并展开深入研究。

6.3.6 实验参与者

25名(15名男性,10名女性)年龄19~59岁的驾驶人参与了这项研究(平均年龄 = 28.9,标准差 SD = 11.9)。16人持有有效的正式驾照,其余9人持有有效的实习(P2)驾照。参与者平均有9.76年的驾驶经验(SD = 11.13),每星期平均行驶时间7h(SD = 4.17),行驶路程217.6km(SD = 116.10)。参与者是通过一个在线的大学新闻周刊招募的,每人将得到50澳币作为工时和交通费的补偿。本研究得到了主办机构的人类伦理委员会的正式批准。

6.3.7 实验数据材料

道路试验选定墨尔本东南郊区周围的21km城市道路作为场地[⊖]。路线由主干道(限速50、60和80km/h)、住宅区域道路(限速50km/h)和大学校园的私有道路(限速40km/h)组合而成。它还包括一段最开始的1.5km练习路段。参与者驾驶路试车辆,其口头报告和试验后的关键决策法访谈由录音机记录。在车辆行驶过程中,车内观察者用笔在错误形式表格(error pro‑forma)上记录驾

⊖ 译者注:请读者注意,实验所在地澳大利亚遵循左侧通行原则,目前我国(除香港、澳门特别行政区外)均为右侧通行。

驶过程中所犯的错误。在关键决策法访谈过程中，实验者将使用一个包含表 6.1 所列的认知调查问题的表格。

6.3.8 实验程序

为控制交通状况条件，所有测试安排在不同工作日的相同时间进行（周一至周五上午 10 点或下午 2 点）。研究人员提前进行了预测试，确定这两段时间的每日交通状况具有相似性。参与者到达汇合点后，填写个人信息调查表，包括年龄、性别、驾照类型、驾驶记录等内容。然后，参与者接受关于口头报告方法的简短培训，听取关于行驶路线和研究目标的基本介绍（简要地介绍了驾驶人行为研究课题）。之后，参与者坐入路试车辆，准备测试。

车内安排两名观察员，分别坐在前排乘员和后排位置。在 FaceLab 眼动仪校准完毕、路试车辆数据采集系统被激活、参与者完成坐姿调整后，参与者被要求在提供口头报告的同时驾车通过练习路线。到达练习路线的终点时，参与者被告知测试正式开始、数据记录正式开始。前排乘员位置的观察员发出指示后，两名观察员开始持续记录观察到的所有错误，内容包括错误的描述、时间和地点、发生的环境以及结果。驾驶完成后，两名观察员核查记录一致的错误和任何一方遗漏的错误。然后选择适合的错误用于后续的关键决策法访谈。被选取的错误应为所有参与者的代表性错误，且具备使用关键决策访谈的可行性。随后一名观察员将对参与者进行关键决策访谈，在录音的同时也手动记录访谈结果。访谈结束后，研究人员将利用错误分类法（Stanton 和 Salmon，2009）对记录的驾驶错误进行分类。针对关键决策访谈选取的错误所属的类型，研究人员将从路试车辆中提取相关的数据（如：眼球跟踪、速度、制动、车辆横向位置和视频数据等），进行更详细的分析。

6.4 我们发现了什么？

6.4.1 初步错误分类结果

参与者累计犯错 296 次，平均每人 11.84 个错误（标准差 = 5.54）。我们将这 296 个错误初步分为 38 类，详见表 6.2 和图 6.3。每个错误的发生频率也被统计在内。初步统计结果如下：最常见的驾驶错误是超速驾驶，共 93 次。其次是变道时没打转向灯（49 次），在转弯时没打转向灯（25 次）。其他的错误类型包括过早打转向灯（15 次）、转弯过快（14 次）、制动困难或延迟（13 次）、加速太猛（12 次）和偏离车道（12 次）。

表 6.2　路试时参与者的驾驶错误分类（频率和占总错误的比例）

错误类型	错误数	占比（%）	错误类型	错误数	占比（%）
超速行驶	93	31.41	撞到马路沿	2	0.67
没打转向灯	74	25	在并入主车道时没有选择安全的车辆间隙	2	0.67
过早打转向灯	15	5.07			
转向时车速过高	14	4.73	在畅通道路停车	2	0.67
制动过晚或困难	13	4.40	接近交叉路口时车速过快	1	0.34
加速太猛	12	4.05	阻碍行人过马路	1	0.34
偏离车道	12	4.05	躲避正在穿过马路的行人失败	1	0.34
打转向灯太晚	8	2.70	没有注意到前车制动	1	0.34
让路不成功	4	1.35	转弯时转向半径选择不合适	1	0.34
闯红灯	4	1.35	并入转向车道过晚	1	0.34
本想打转向灯，结果拨成了刮水器	4	1.35	转向灯左右打反	1	0.34
尝试一个不正确的转向方式	3	1.01	变道时两次打转向灯	1	0.34
查看了但是没有发现在并排车道上的车辆	3	1.01	对信号灯变化行动延迟	1	0.34
			遗漏/错误解析方向指示牌	1	0.34
转向失败	3	1.01	违章停车	1	0.34
追尾	3	1.01	越过停车线	1	0.34
绿灯亮时起步延迟	3	1.01	撞到路面物体，如：鸟	1	0.34
在交叉路口阻碍通行	2	0.67	车距不够时仍尝试加塞	1	0.34
交叉路口变道	2	0.67	速度忽快忽慢	1	0.34
忘记关转向灯	2	0.67	直到最后才转入正确转弯车道	1	0.34
			总计	296	100
			每名驾驶人平均个数	11.8	

6.4.2　基于分类法的外部错误模式分类

在初步分类的基础上，两位研究人员利用第 5 章的驾驶错误分类法将上述错误独立地划分为特定的外部错误模式（External Error Mode）。两位研究人员各自独立完成分类，通过结果对比来确保数据的一致性。结果发现，两份分类结果高度一致，Kappa 系数达到 0.871。我们又通过进一步的讨论解决了所有双方存在分歧的分类部分，还对其中的一些错误在必要情况下进行了重新分类。已识别的错误模式的详细列表如图 6.3 所示。

违规（Violation）是最常见的错误模式，共识别出 93 例（例如，不遵守交规超速行驶）。紧随其后的有 77 例驾驶人未按照要求行动（Failed to act）（例如，没有打转向灯）；有 44 例误判（Misjudgment）（例如：误判制动需求或并入主线车道时误判后方来车的间距）；有 23 例行动时机错误（Action mistimed）

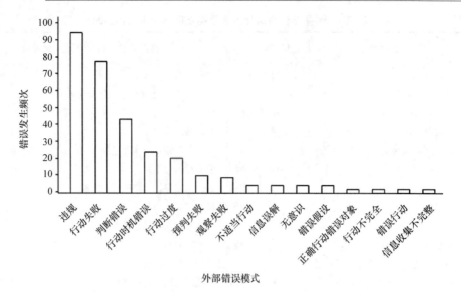

图 6.3 路试期间不同错误类型的发生频次统计

（例如，过早打转向灯）；以及有 20 例行动过度（Action too much）（例如，起步时踩加速踏板过猛）。其他各种错误模式出现不多，包括预判失败（Perceptual failure）、不适当行动（Inappropriate action）、观察失败（Failure to observe）、信息误解（Misunderstood Information）、无意识（inattention）、错误假设（Wrong assumption）、正确行动错误对象（Right action on wrong object）、错误行动（Wrong action）、行动不完全（Action incomplete）和信息收集不完全（Information retrieval incomplete）。在 24 类错误模式中，如下一些并没有出现：行动太少（Action too little）、分心（Distraction）、观察不完整（Observation incomplete）、正确观察错误对象（Right observation on wrong object）、观察时机错误（Observation mistimed）、信息误读（Misread information）和收集了错误信息（Wrong information retrieved）。

6.4.3 对错误的深入分析

研究人员从每一位参与者所犯错误中选择一例，在实验完成后进行关键决策方法访谈。利用更多的数据源（例如，关键决策法访谈、车辆数据记录、眼动仪数据、口头报告记录和错误分类等），我们可以详尽分析，在一般错误分类的基础上更进一步，了解错误的特定成因。首先，我们在所有的错误类型中选择了 17 个具有代表性的错误，进行了详细的数据收集。为了说明多方法框架的实用性，研究人员对其中 3 个错误的详细数据进行了分析。前两个错误分析可以证明：多方法框架收集的数据更利于进行错误的精确分类；后一个错误分析则用来例证源自多方法框架的数据如何在识别系统域的错误的发生机制中发挥作用。

6.4.3.1 超速错误：无意违规与有意违规的比较

违规超速在样本中比例很高，我们决定对其进行深入研究。研究中将超速违规分为了无意超速和有意超速两类，以突出其行为的区别，在下文分别用错误1和错误2表示。我们为这两类错误选取了相同场景下的案例：沿着同样限速50km/h的道路行驶时发生了超速行为。综合分析各种数据源的结果表明，这两种违规行为虽然"输出"是相同的，但"输入"却大相径庭。无意超速（错误1）的观察员记录显示，参与者在限速50km/h的区域以60km/h的速度行驶。从路试车辆读取的数据证实了数据的可靠性。回顾口头报告，驾驶人在超速发生前曾说："我没有看到限速标志，所以我决定驾驶到60km/h"。表6.3列出了关键决策法访谈的有关摘录。

表6.3　无意超速错误的关键决策法访谈摘录

事件 Incident	请你简单回顾一下该事件？ 如我所说，我当时估计车辆限速是60km/h。我不记得当时是否有绿色箭头，不过我很确定当时的车速下允许我安全转弯。当我在转弯时，我检查了是否像往常那样有行人在跑过马路。之后我驾驶车辆直行。我没有看到限速标志，我猜测那里或许或许没有此类指示牌，但我并没有注意。之后我只是做了个判断限速50km/h还是60km/h。我认为这一路段应该是限速60km/h，所以我选择在将车速保持在50km/h和60km/h之间。
决策 Decisions	你在此次事件中做出了哪些决策/行为？ 当我在转弯的时候，我在想是否可以转弯，我认为转弯是可以的。因为没有行人，我就转了。我当时并没有看到限速指示牌，我做出了这条路应该是限速60km/h的判断。在我意识到应该找一下指示牌之前，我就已经通过了指示牌。我不能责怪指示牌放置的位置不合理，我只能说它的出现对我的反应来说太突然了，以至于我不能察觉。
线索识别 Cue identification	你在完成此次决策时，使用或参考了哪些信息或特征？ 如果我已经看到限速指示，我会遵守指示牌的要求。但我没有看到它，我只能通过路况信息判断。对我来说路况看上去和其他限速60km/h的道路类似，所以我判断它应该限速60km/h。
影响因素 Influencing factors	影响你做决策的最重要因素是什么？ 因为路上就我一辆车，我并没有看到任何对面来车、和我同向行驶的车或是要转弯的车。如果附近有更多的车、行人或自行车，这会影响到我的速度，我很可能会控制车速在50km/h以内。
情境意识 Situational awareness	你使用了什么资源来收集这些信息？ 如果我看到限速指示牌，我会利用这个信息。现在我通过道路的宽窄、这个区域的布局、我的前方可观测到的事物等途径来收集信息。 有什么过往经验和训练对你做决策是有帮助的？ 有，总的来说就是如何驾驶。我做出了限速60km/h的判断。虽然在这个案例中我判断错了。但是你确实会对一条路的限速有大致的预判。

情境评估 Situation assessment	你是否运用了所有可以获得的信息来帮助你做此决策？ 我只是没有看到限速指示牌。没有（用到所有），如果那里有房屋，这条路很有可能限速 50km/h。如果这是条主干道并且有很多信号灯，这就不太可能是 50km/h，所以我觉得我本可以通过路的两侧或者尽头是否有建筑或私人住宅来做决策。 是否有一些信息本可以帮助你进行决策，实际却没被使用？ 加设一个限速指示牌，或把现在的指示牌往前移。

从口头报告和关键决策法访谈中得到的数据都表明，参与者错过了限速指示牌，然后他又基于道路特点做出限速 60km/h 的判断。我们可以将这个超速违规归类为"无意违规"。通过路试车辆上的摄像头记录以及眼动仪数据，我们可以更进一步了解参与者错过限速标志的原因。在图 6.4 所示的目光曲线中，参与者向左扫视后视镜以检查交通状况。而限速标志的位置靠近两道并为一条车道的交汇处，这导致参与者的眼睛无法同时顾及两个目标——准备并道和察看指示牌。我们可以如此总结该案例：数据显示，参与者因为错过了限速指示牌而无意造成了超速违规。错过指示牌的原因是，驾驶人在转弯后的车道合并处时正在观察后视镜检查其他车道的交通状况。

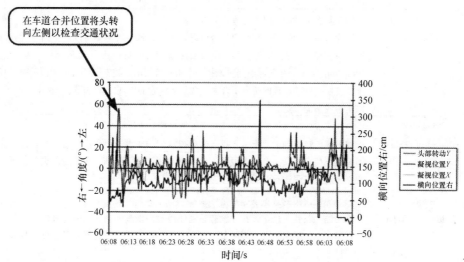

图 6.4　在超速发生时，参与者的头部转动（Head Rotation）、凝视（Gaze）以及车辆的横向位置（Lateral Position of Vehicle）

有意超速（错误 2）也是参与者在同样路段的车速超过了 50km/h。错误再次被归类为"违规"，但这次是"有意违规"。从路试车辆采集的数据证实：参与者在限速 50km/h 的道路上车速达到 55km/h 以上。针对该事件，表 6.4 摘录了关键决策法访谈的结果。结果表明，参与者清楚路段限速是 50km/h，但由于认为自己熟知路况，可以超速行驶而不会造成任何危险。参与者还描述说，如果他认为此处超速会被抓拍，他一定会遵守限速。但根据驾驶经验，他知道此处不会有监控镜头。

表 6.4 有意超速错误的关键决策法访谈摘录

事件和错误 Incident and Error	请你简单回顾一下该事件？ 我知道这条路限速 50km/h，因为我每天都走这条路。有两个地方我清楚我超速了，但都没有超过 60km/h，当我知道超速后，我把车速降了下来。之所以会超速，是因为前车速度变快了，而后车驾驶人总是有一种想和前车保持跟随的潜意识，所以我也加速了。我很熟悉这条路，并且当时并没有车辆从其他车道汇入。	
决策 Decisions	你在此次事件中做出了哪些决策/行为？ 转弯进入主路，知道限速是 50km/h，看到了指示牌，但觉得开到 60km/h 更舒服，我熟悉这条路并且知道在那个时间段这条路并不危险。所以我想，我把关注点放在了其他车的车速上，而非自己的车速。	
线索识别 Cue identification	你在完成此次决策时，使用或参考了哪些信息或特征？ 其他车的车速。	
影响因素 Influencing factors	影响你做决策的最重要因素是什么？ 其他车的车速。	
选项 Options	对你而言是否还有其他的行动选择？ 按照要求限速行驶。 为何没有选择它们而是选择了正在执行的？ 也许是无心之失。并且我从没在此处看到过监控摄像头，这说明此处的速度限制并不那么重要。如果我意识到我会被抓拍到超速，我肯定会遵守限速；如果不会，我不会一直遵守限速。	
情境意识 Situational awareness	有什么过往经验和训练对你做决策是有帮助的？ 我假设那里没有监控摄像头，这意味着我不需要关注自己的车速，而只需要参考其他车的行驶情况。	
情境评估 Situation assessment	你是否运用了所有可以获得的信息来帮助你做此决策？ 是的。 是否有一些信息本可以帮助你进行决策，实际却没被使用？ 没有，因为我知道限速是 50km/h，而 50km/h 应该是这个事件中优先级最高的信息。	
干预 Interventions	你是否想到任何措施，可以在下次遇到类似情境时，避免类似错误的发生？ 在所有的地方都装上监控摄像头，这真的可以改变驾驶人的行为。	

6.4.3.2 基础设施诱导性错误：糟糕的交叉路口信号灯设计

错误 3 发生在图 6.5 所示的交叉路口，有 3 位参与者在此处犯了相同错误。该交叉路口的每个车道均受单独信号灯控制，然而参与者却在右转箭头亮红灯时完成了右转。之所以会发生这样的错误，是因为没有看到转向信号灯，而按通常经验以为控制路口直行的转向灯变绿灯后，也同时意味着允许右转。研究人员对其中一名参与者所犯该错误进行了深入分析。考虑到参与者没有注意到（或看到）红色转弯箭头，我们将错误归类为"感知失败"。

在错误事件发生时，该参与者没有在口头报告中提及转弯行动。我们通过关键决策法访谈了解了参与者当时的决策，如表6.5所示。访谈数据表明，参与者没有看到红色右转弯箭头，或者事实上是没有看到任何转弯箭头。图6.6中的眼球凝视数据证实了这一点，它表明参与者扫视了仪表板的车速信息和接近交叉路口时迎面而来的车辆，但没有注意到交通灯包含转弯箭头。

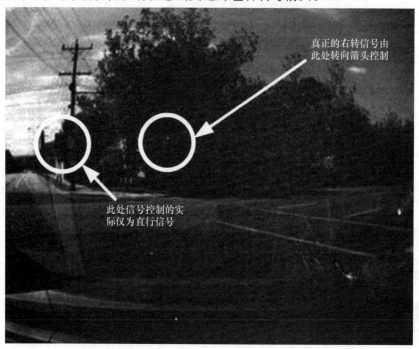

图6.5　参与者发生错误所在路口场景（左侧圆圈处的信号控制的实际仅为直行信号，真正的右转信号由右侧圆圈处的转向箭头控制）

表6.5　"感知失败错误"的关键决策法访谈摘录

事件和错误 Incident and Error	请你简单回顾一下该事件？ 那里有一个红色箭头，我没看见。我想它是我在寻找的东西之一。如果那（信号灯的图案形状）是一个只指向前方或者同时指向前方和左方的箭头，这可能会提示我去寻找其他的不同箭头。然而那只是一个绿色的圆圈，所以我没有注意到别的箭头。在我看来，那并不是特别安全，这也许能解释为什么那里会有一个箭头，如果我一直等到它变绿的话，可能就很简单了。

(续)

决策 Decisions	你在此次事件中做出了哪些决策/行为？ 在转弯并入主干道时，我必须要判断主干道上出现的第一个可供我并入的车间距是否安全，主干道上后面跟上的车何时会到达我的位置。我当时决定等待下一个间距。当时我的车位于转弯路口的中间，然后我发现第二个间距出现了，我认为它足够安全，所以我转弯了。	
线索识别 Cue identification	你在完成此决策时，使用或参考了哪些信息或特征？ 我记得，当接近路口时我减慢了速度，我不知道是否应该直接开走，但我马上看到了绿灯，这是让我决定继续转向的首要原因。然后我穿过了停车实线。就我而言，此时即使信号灯变了，我也可以继续完成转弯而不必过多考虑交通灯。但我仍然在关注着交通信号灯的变化，因为我可以通过它的变化确认在我转弯时车辆会从正面还是侧面出现。这时我从信号灯读到的信息是继续保持在左侧车道。	
影响因素 Influencing factors	影响你做决策的最重要因素是什么？ 绿灯。我看着它，决定在那时执行转向，然后驶入了转向车道。而我在转弯时，只是注意到了行驶于并入车道的车辆的间距，但也是要看绿灯才能确信我注意的没有错。	
情境评估 Situation assessment	你是否运用了所有可以获得的信息来帮助你做此决策？ 显然没有，我不了解那里的信号灯。如果右转箭头正在闪烁，它可能会看上去更大、更加明显。我当时看到的是实心的绿色信号，如果它可以变成箭头，也许会提示我去寻找其他的箭头。 是否有一些信息本可以帮助你进行决策，实际却没被使用？ 没有，除非他们完全改变道路布局。	
概念 Interventions	是否存在某种情境，在其中你的决策/行为会产生不同的效果？ 是的，这样的场景太多了。比如在我凭经验转弯后，后面的车可能会停下来。任何一件可能发生的事情都会完全改变情况的发展。	

研究人员检查了路试车辆采集的数据，特别是车载摄像头提供的数据，进一步了解了在此交叉路口出现的感知错误的成因。数据表明，该交叉路口存在着一系列可能的设计缺陷，会误导驾驶人发生感知错误。首先，如图6.6所示，在交叉路口的远端，转向箭头与主交通灯分开布局。这一设计与该地区大多数交叉路口设计不一致，大多数交叉路口采用传统的方式，将转向箭头与主要交通灯安装在同一位置。此外，交叉路口本身的设计也不一致，各个方向的转向规则和交通信号也不一样。在交叉路口的南侧，右转完全靠箭头指示。然而，在北侧，没有控制右转的信号灯，驾驶人不需要看任何转弯箭头，只要路口没有迎面来车，任何时候都可以自由右转。在这个错误事件发生时，有一些对面车道的车正在右转，这可能导致参与者认为他们自己也被允许在任何时候右转。

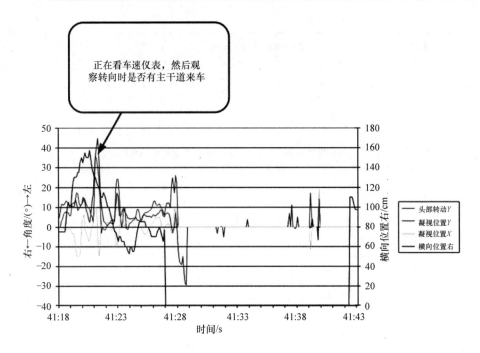

图 6.6 在感知错误发生时,参与者的头部转动(Head Rotation)、凝视(Gaze)以及车辆的横向位置(Lateral Position of Vehicle)

6.5 这些发现意味着什么?

本章描述的研究主要调查了驾驶人在真实驾驶中犯的错误。调查的方式有两种:第一种方式,使用第 5 章提出的驾驶人错误分类法对它们进行分类;第二种方式,测试一种用于深入研究驾驶错误的新型多方法框架。在车辆路试研究中,参与者共犯了 296 个错误,被分到 38 种不同的错误类型中。其中最常见的是超速行驶,参与者有意无意地超过了车速限制。这类错误占所有参与者所犯错误近三分之一。下一个最常见的错误是在交叉路口转弯后没有打转向灯,其次是在改变车道或超车时没有打转向灯,过早地打转向以及转弯速度过快。

6.5.1 新的错误分类法的应用

研究人员采用第 5 章提到的驾驶人错误分类法对错误进行分类。出现最多的错误是违规,随后是驾驶人未按照要求行动、误判,以及行动过度等错误。这些发现证明了新的错误分类法的实用性和价值,同时也标志着该方法首次应用于来自真实道路试验的数据的分类。错误的类型在四种错误模式组别之下被识别

（动作错误、认知和决策错误、观察错误、信息收集错误和违规），不同人员基于该方法完成的分类达到了高度一致性。在分类中列出的 24 个驾驶人错误类型中，只有 8 个没有在该研究中出现，它们是：行动太少、分心、观察不完整、行动错误、正确观察错误对象、观察时机错误、信息误读和收集了错误信息。由于参与者是由一名观察员指路完成行驶的，不需要观察路标或使用导航系统。所以没有出现信息误读错误也就不足为奇了。同样，参与者不允许使用手机或操作无线电系统，且有两名观察员持续在观察，这可以解释为什么没有发现"分心"的错误。研究人员在分类时发现，两种观察类的错误（"正确观察错误对象"以及"观察时机错误"）可以包含进"观察失败"类错误，未来应用该方法时可以将其从分类法中删除。

6.5.2 深入分析

研究人员利用多维度收集的数据分析了 17 个具有代表性的驾驶错误。路试车辆以及人类工效学方法框架的使用使研究人员可以更详尽地分析驾驶错误。例如，超速错误最初被列为"违规"，后来通过分析关键决策法访谈、口头报告，以及路试车辆上采集的数据，研究人员进一步将其分类为无意违规和有意违规。这种进一步的分类是非常重要的，因为有意违规和无意违规行为的解决对策可能大不相同，尽管两种错误以相同的方式表现出来（即，开得太快）。有意超速违规行为的对策可能包括：改进执法、驾驶人教育，以及采用智能速度适应系统；而无意违规行为的对策可能包括：改善限速标识、不同限速的道路设计等。

在驾驶错误发生时，更能引起兴趣的是对于那些导致了驾驶错误的道路交通系统失效（或者说"潜在条件"）的识别能力（Reason，1990）。由于超速违规的驾驶人更容易发生碰撞（Stradling，2007），对可能导致超速违规的道路运输系统的识别能力具有重要价值。某名参与者不知道当前道路的限速，是因为在车道合并时他在观察其他车辆从而错过了限速标志牌，他们随后又基于道路特征误以为限速 60km/h 而不是 50km/h。在两条车道合并的路段设置限速标志会对驾驶人造成很高的视觉负担，这似乎与该地点的道路设计需求存在认知矛盾。更重要的是，这种基于人因工程的分析揭示了一个简单而廉价的可以起到很大效果的干预措施——把这个限速指示牌移到合适的位置。

6.5.3 一种管理驾驶人错误的系统方法

错误管理（Error management）策略已经在其他以安全为核心的领域取得了巨大的成功（例如，Reason，2008），那么我们为什么不能将其应用于驾驶领域呢？错误管理策略的应用首先要提出一种系统方法作为基础。如 Reason（1997）指出，错误预防策略往往关注于个体操作者而忽略了根植于更广泛的系统中的问题。基于此，我们认为未来的驾驶错误管理策略应该使用系统性的方法开发设计。以超速违规为例，错误管理策略不仅要关注驾驶人（例如，智能速度适应系统或驾驶人培训），还要关注更广泛的道路系统的问题（例如，为不同的道路设置合适的限速、限速指示牌放置在恰当的位置、对不同道路类型的限速提出明确规定以及加强对超速的执法等）。我们还可以找到更多关于"系统"设计的例子。例如，研究人员在深入分析后发现，交通系统设计不当或交通规则不明确将会引导驾驶人犯错。在道路交通系统的设计过程中，可以有多种方法来考察潜在的诱导犯错风险。比如针对正在设计的道路，可以使用人为错误识别方法；针对已经使用的道路，可以使用基于人因工程研究的道路可驾驶性评估工具（参看 Walker, Stanton and Chowdhury, 2013）。通过识别驾驶人错误、成因及其后果，可以使驾驶错误的解决方案和管理策略能够更具有前瞻性。

6.6 总结

本章已表明，车辆路试研究涉及 25 名驾驶人，最常见的错误是超速（违规），转向变道后没有立即指示（未按照要求行动），未指示（未按照要求行动）或过早指示（不合时宜的行动）和转向行驶速度过快（误判）。该研究深度探讨了真实驾驶条件下观察到的错误类型，更重要的是，它深入阐述了对驾驶人行为形成和导致驾驶错误的更广泛系统成因的理解。该研究表明：从根本上看，若期望车辆提高科技含量以给驾驶人提供更多的好处，那么我们需要思考的不是我们认为"它会在哪里"或"它应该在哪里"，而是在真实环境下看，"哪里需要它"。

第7章 驾驶行为的心理学模型

7.1 引言

在对驾驶行为的诸多研究文献中，大多数研究仅将焦点局限在一组有限的变量上。通过这种限定，可以突出关键变量的重要性，但却无法完整反映出真实世界中变量间的复杂关系。比如，当你的脑力工作负荷降低时，情境意识会受到负面影响吗？又或者如果你有较高的控制点，是否更可能弃用自动化系统，而将降低工作负荷（以及情境意识）的主动权掌握在自己手中呢？我们有必要设计一个系统的驾驶心理学模型，将其中的关键心理学变量相互连接，以检验这些变量在不同情况下的群体效应。这就是本章的目的：确定驾驶相关的心理变量，并基于相关文献提出一个与自动化系统运行有关的心理学模型。我们将改变前几章的论述策略——首先在本章中介绍与驾驶相关的关键心理学变量及它们之间关键的相互关系，然后在后面的章节中再回归主题，更详细深入地探索其对车辆设计的启示。

7.2 心理学建模

本章涉及的驾驶相关心理学因素提炼自 Stanton 和 Marsden（1996）讨论的驾驶人-自动化-车辆系统的概念模型。这些元素间的潜在关系结构可以通过图7.1建立。

在各子系统之间的信息流中，最引人注意的之一就是"反馈"，更确切地说，是自动化系统对驾驶人的反馈。一个不可忽略的事实是，自动化系统本身并不需要反馈（Norman，1990）。因此，在通常情况下，反馈会引发人们的疑问，这也导致我们对它的作用产生了格外的兴趣。根据 Muir 和 Moray（1996）的研究，人类操作者从自动化系统寻求到的反馈数量直接关系到他们对自动化系统的信任度，进而对他们能否避免操作失败产生决定性影响。把车辆的控制权交给自动化系统会引发一个控制点问题：驾驶人也许很难判断车辆的最终控制者是自己

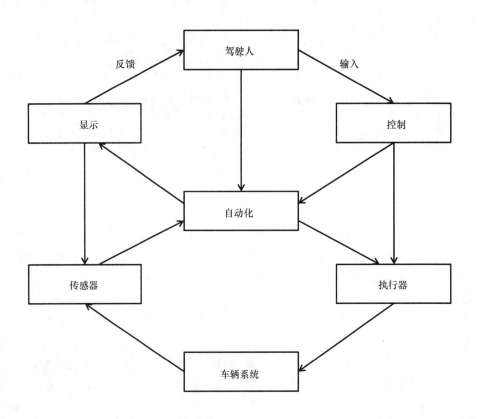

图7.1 驾驶人、自动化、车辆子系统间的信息流（摘自 Stanton and Marsden，1996）

还是自动化系统。我们认为，一个车辆自动化系统的成功与否，取决于自动化系统和驾驶人之间存在着多大程度上的共生关系。

降低对人类操作者的要求是所有形式的自动化系统的共同诉求之一（Bainbridge，1983）。正因如此，我们还有必要考虑驾驶人脑力负荷的影响。有关工作负荷的文献表明，存在一个可以强化驾驶人表现的最优水平；我们对驾驶人的要求如果远远高于或远远低于该水平（例如应激水平的增加），都将对驾驶人造成负面影响（Young 和 Stanton，1997）。Matthews 和 Desmond（1995）发现，驾驶人的应激是决定其是否喜欢驾驶以及喜欢程度的重要因素，而驾驶人的应激又与他们驾驶过程中的脑力负荷相关。驾驶人在多大程度上意识到自动化系统的当前状态，以及这种意识会对汽车的行驶产生何种影响是自动化驾驶的核心概念之一，我们将这一概念称为情境意识。情境意识一直都是汽车和航空领域研究的主题（汽车领域如 Salmon 等，2013；航空领域如：Endsley，1995）。它在很大程度上取决于通过图式驱动（Schema–driven）建立的世界精确模型。这种模型可以解析当前状态的信息,并完成对未来状态的预测。因此,心理模型⊖的作用也将被考虑。

以上,我们论述了对驾驶行为的心理学建模。其中依次提到了"反馈""信任""控制点""脑力负荷""应激反应""情境意识"以及"心理模型"等7个因素。这些因素在心理学文献中已经得到了充分的阐述,并可以和汽车自动化的问题紧密结合。我们在下一节中将分别展开分析。

7.3 心理学因素

7.3.1 反馈

早在40年前,Annett和Kay(1957)提出了"结果反馈"(Knowledge of Results,KR)的概念,人们开始认识到反馈(Feedback)对绩效(Performance)的重要性。结果反馈具有多种形式,它可以是任务结束时的总结性评分,也可以是任务期间的追加反馈。两者的区别可类比于行动反馈(在行动完成时给予立刻通知)和学习反馈(在单项子实验完成时给予深度反馈,一般通过指导活动给出)。前一类反馈可以预测快速学习效果,但当反馈消失时,人的相关技能也会迅速退化;而后一类反馈可以预测慢速学习,但学习成果的衰退也较慢。反馈的内容和系统级的行动、响应有关,也可能只是记录了受反馈者的行动输入。但无论采用哪种形式,结果反馈因其可以提供关于如何达成目标的知识而被视为一个激励(motivator)。

Welford(1968)综述了结果反馈对绩效影响的早期试验研究,发现结果反馈对于技能获取普遍是有帮助的。对于在控制条件下未发生变化的绩效,往往会在引入了结果反馈后快速改善。且当反馈被移除后,绩效将会比未加反馈时更快速地退化,这是因为人类倾向于对自己的行为过度补偿。然而这还不是故事的全部。现在我们考察另外一种情形。事实上,大多数技能训练体系都依靠反馈来进行教学。然而当学习者将这些看似习得的技能应用在真实领域,而真实领域又缺乏反馈时,这种训练最终还是失败的。一个有效的反馈,应该给学习者更多可使其记住行动时感受的信息,而不是简单的绩效结果。利用任务中固有的线索,学习者可以将这些技能转移到实际运行环境中。如果他们的技能依赖于那些训练中存在而现实工作中没有的额外线索,技能转移将不会发生。

⊖ 译者注:心理模型也称为心理表征(Mental Representations),本章中两个术语可以相互替换。需要区分的是,本章标题的"心理学模型(Psychological Model)"是本书设计的包括心理模型在内的若干心理学因素之间的相互关系。

在 Welford（1968）的综述中，还有一定数量关于结果反馈的时机和质量的试验。他发现，似乎只有在行动和反馈之间，以及反馈和下一次试验之间的延迟时间最小时，反馈才有效果。任何干预行为都会削弱反馈对于学习的积极影响。如果反馈信息质量失真或不准确，学习也将受到干扰。因此，问题的关键在于，反馈必须要提供当前绩效和要求绩效间差异的全面而准确的信息，但同时也须警惕反馈过多的危害性。多余的信息会分散学习者的注意力。

在 Kluger 和 Adler（1993）的一个更近的研究中，他们发现，无论对行动结果的反馈来自另一个人还是计算机，实际上都会削弱激励。研究还发现，来自另一个人的反馈可能会对绩效造成损害。有趣的是，如果将该结论应用于汽车设计，将为车辆自动化系统的发展带来启示，因为根据该结论，在可以自由选择的情况下，人们往往更愿意寻求计算机给予的反馈，而非另一个人。

人们很容易理解，结果反馈是技能获取早期阶段的一个关键因素（Groeger，1997）。这一结论已经被应用于从消费品行业到航空业等诸多不同领域。在 White 等（1997）的研究中，发现从附加信息源提取冗余信息实际上对绩效更有利。而在另一项与驾驶领域高度相关的研究中，Tucker 等（1997）对比考察了反馈对受控任务和自动化任务的绩效的影响。驾驶作为一项高度技能化的活动，本质上属于自动化任务；换言之，它对认知加工的工作量要求很低，并且认知加工非常迅速。研究还发现，对于那些受控任务，反馈可以减少控制过程中的犯错率；但是自动化任务对于反馈的效果更具有抵抗性。

接下来让我们看一些与驾驶和自动化相关的更深入的研究。Duncan，Williams 和 Brown（1991）将一组经验丰富的普通驾驶人、新手、专家（高级汽车研究所的观察员）的驾驶表现进行对比。研究者选取了一系列驾驶技能作为考核项。他们发现，在所测技能中，"普通驾驶人"的表现最差，新手与专家的表现基本持平。进一步研究发现，实验所测的都是那些无法即时收到内在反馈的驾驶技能。举例而言，不好的换档选择可以立刻通过噪声和车辆运动的变化识别出来（收到了即时反馈）；而在路口没有看后视镜未必会造成任何负面后果（没有收到即时反馈）。简言之，在无法收到即时反馈并从中学习的情况下，普通驾驶人会养成一系列不好的驾驶习惯。Fairclough，May 和 Carter（1997）研究了车头时距[○]反馈对跟车行为的影响。研究结果表明，反馈减少了低跟车距离出现的频率，对于那些习惯跟车紧的人效果尤为显著（即，相比于没有 THW 反馈，驾驶人在有 THW 时更倾向于与前车之间保持长距离）。这一结果对于汽车设计具有启发意义。

○ 译者注：车头时距（Time Headway，THW），指的是两辆连续车辆头端通过某一断面的时间间隔，单位：s/车。

7.3.2 信任

信任（Trust）这一心理学概念被引入科技领域相对较晚。Muir（1994）基于前人提出的人际信任理论（Interpersonal Trust），开发了自动化系统的信任模型。在 Muir 之前，我们对"信任他人"这一概念的研究非常有限，但这些研究还是相继尝试对信任进行了定义。Muir 综合这些定义，认为信任是一个由对他人的信心、预期和依赖组成的多维度结构。她发现，信任通常是针对未来的，而且总是有特定的所指对象。她引用了 Barber（1983）对信任的定义。Barber 提出，信任由对他人的三种预期组成：对自然持续发展的预期、对他人在技术上可以胜任某角色的表现的预期，以及对他人的受托义务和责任心的预期。然后，Muir 回顾了人类对他人的信任的发展模型。该模型后来也被延伸至人类对机器信任的研究领域。信任具有层次性，它的发展可以分为三个阶段，每个阶段的信任水平不断深化并决定下一阶段的发展。可预期性（Predictability）主导了第一阶段，第二阶段由可依赖性（Dependability）来主导，而最成熟的信任水平，即第三阶段则由信念（Faith）支配。

当信任模型应用于自动化系统时，可预期性可能是最关键的因素，因为人类督导者更容易信任持续一致的系统。但我们必须要理解主观感知到的信任和系统客观具备的可信任度（或可靠性）之间的区别，因为两者一旦失衡，将导致不信任或错误信任的发生。这对系统的效能是至关重要的，因为不信任会导致系统的效能无法被充分利用（因而只能取得次优效能），而错误信任则可能导致过度依赖并增加犯错的概率。

在此之后，Muir 和 Moray（1996）又利用从一个虚拟工厂任务中收集到的主观信任度数据对该自动化系统的信任模型进行了经验验证。在该模型预测的各种信任中，效果最好的是人们对他人能力的预期，尽管随着时间的推移，这一类信任的实际演变开始和模型预测不符。试验的结果表明，信任的发展是符合对数函数曲线的，最初的发展很保守，然后随着经验的增加开始陡增。试验还发现，不信任感可以在子系统中蔓延，但不会跨越系统。当然，试验中最重要的发现是：信任将决定自动化系统被使用的程度。一个可以被信任的系统可以得到合适的使用，而一个不被信任的自动化系统最终将会被忽略。同样，这可能与该自动化系统"客观"的可靠性无关。我们将在第 11 章更详细地探讨信任问题。

7.3.3 控制点

控制点（Locus of Control）是指人们将事件的成因归为内部或外部因素的程度。具有较高内部控制点的人被称为"内控者（internals）"，他们倾向于相信大多数事情的发生都是自己的过错，不去找客观原因。与之对立的是具有较高外部控制点的人，称为"外控者（externals）"，他们往往不接受任何责备，坚信外部环境因素是事件的罪魁祸首，哪怕事件显而易见是由其煽动的。这些发现来自心理学家 Rotter（1966）开展的对先前行为强化的影响研究。相比那些感知到强化取决于自己的技能或努力的人，相信某种情况的结果由外因控制的个体不太可能提高或降低其成功或失败后的未来强化预期。换言之，外控者不会像内控者那样强烈地将个体行为与回报联系起来。这将对学习过程造成影响。当然，这也无可厚非，毕竟不同的人可能对某些情况抱有不同的信念，在总体上对生活的态度也不尽相同。Rotter（1966）提出了对内控者的一些假设，即内控者：

- 对环境方面更为警觉，这会为他们今后的行为提供有价值的信息。
- 会采取积极措施改善环境状况。
- 更重视技能或成果强化，通常更关注自身的能力，特别是失败的结果。
- 可以抵抗对他们造成细微影响的尝试。

这些特质在驾驶行为的范畴内是非常容易辨识的，尤其是在这些特质牵涉到驾驶技能和事故发生的情形下。因此，不少学者展开了对驾驶行为背景下的控制点问题的研究。Montag 和 Comrey（1987）开发了一种驾驶行为"内在性—外在性量表（Internality-Externality Scale）"。他们发现，驾驶行为的内在性和外在性实际上是两个独立结构，并不具有排他性，因此两个独立尺度应该被分开使用。他们还发现，外在性与致命事故的发生呈正相关，这和之前研究得出的外控者普遍缺乏警惕性的结论一致。另一方面，具有内部控制点的个体往往更专注，更积极主动，并且善于避免消极情景；因此，内在性与事故的发生呈负相关。但这一结论也很微妙。Montag 和 Comrey（1987）的量表是基于历史有效性设计的，并没有调查量表的预测强度。因此当 Arthur 和 Doverspike（1992）完成了量表的预测强度调查后，结果却发现控制点与事故的发生通常无关。唯一重要的结论是驾驶的内在性与非故障事故之间呈正相关，这看上去似乎与 Montag 的研究结果产生了一定冲突。另有几项研究发现，内在性与事故发生中的警觉性（alertness）和自我偏差（self-bias）呈正相关；而外在性已被证明与攻击（aggression）和紧张（tenseness）以及对酒精麻醉效果的敏感性呈正相关，而与认知技能呈负相关（Lajunen 和 Summala，1995；Holland，1993；Breckenridge 和 Dodd，1991）。虽然学界对控制点之于驾驶行为的影响和预测方向莫衷一是，但前者毫无疑问对后者存在着潜在作用。

7.3.4 脑力负荷

脑力负荷（Mental Workload）这一概念已经在大量的普通文章（例如，Sanders 和 McCormick，1993；Singleton，1989）和专业论文（Gopher and Kimchi，1989；Schlegel，1993；Wickens 和 Kramer，1985）中得到了详细描述。下列综

述的文献具体体现了它的多样性。Schlegel（1993）将脑力负荷视为一种多维度的互动，这种互动具体体现在任务和系统需求之间、操作者能力和努力之间、主观表现评价与操作者培训/经验之间。这就引起了应激（任务的客观需求）和紧张（对个人的影响，满足需求的能力）之间的类比。类似的，Wang（1990）提出工作负荷是一个与技能（skill）、动机（motivation）和情感（emotion）相关的多维结构。Leplat（1978）尝试确定了脑力负荷中的一些因素。这些因素可以分为两大类：工作者和工作条件（虽然 Leplat 指出，这里的关键问题是两者之间的相互作用），其中具体的因素可能来自任务需求（负荷过度和负荷不足）、解剖学/生理学因素（如疲劳和限制发展潜能间存在因果关系，从而迫使操作者选择低效率的措施）、与物理环境相关的因素、心理因素（技能、个性和动机）、社会因素（规章制度/工作条件）以及工作外的因素。另外，Okada（1992）发现，脑力负荷会随着决策涉及的不定量（变量）因素的减少而降低。

Gopher 和 Kimchi（1989）的研究提供了一种更加理论化的方法。他们提出了两种模型：计算模型（并行分布处理）和行为能量模型（动机和强度方面）。前者强调处理，后者关注资源。通过集成这些模型，脑力负荷被视为自动的处理（不需注意力资源）和受控的处理（需要注意力资源）之间的平衡。无论哪种模型，都将脑力负荷视为自动化的主要问题。Reinartz 和 Gruppe（1993）认为自动化系统展示出的对使用者认知的要求会增加使用者的脑力负荷。他们认为，操作者和自动化系统是"同一个团队的成员"。因此，有效控制将取决于团队共同工作和沟通的质量。因此，由于收集有关系统状态信息的额外任务而导致用于处理信息的负荷增加，驾驶人的表现可能会受到阻碍。驾驶人对系统的了解程度使这一结论进一步复杂化。在手动接管的情况下，驾驶人要么禁用自动化系统，要么将自己的操作与相关的自动功能相匹配，而无论哪种方式都将潜在地增加驾驶人的工作负荷。

这些问题更普遍地反映了人类从操作控制到监督控制的转变（Parasuraman，1987）。这种转变可能会潜在地导致负荷过度或负荷不足：正常操作中的注意力降低，但在面对危机或系统故障时又增加了困难（Norman，1990）。在后一种情况下，人类被迫立即回到操作者角色，收集关于系统状态的信息，诊断并尝试解决问题。有人认为（例如，Wilson 和 Rajan，1995），虽然体力工作负荷应"最小化"，但脑力负荷仍需要"优化"。在驾驶行为背景中，Matthews 和 Desmond（1997）证实了这一结论，他们发现在负荷不足的条件下应激会对驾驶表现造成伤害，间接体现出工作量自适应调节失灵。

对工作负荷的关注促使诸多学者对任务分配这一概念进行了回顾。Goom（1996）指出，任务分配过程中最清晰的单一驱动力就是找出人类之于任务的最佳工作负荷。另有学者提倡动态的任务分配，他们认为这种分配方式可以在高要求情况下（Tatersall 和 Morgan，1997），甚至在更复杂的认知任务中（Hilburn，1997）提高人类任务完成表现和工作负荷评级。研究人员已经发现，某些驾驶任务会增加脑力负荷，并潜在地导致危险发生（例如：Dingus 等，1988；Hancock 等，1990）。一些学者（例如，Wildervanck、Mulder 和 Michon，1978；Brookhuis，1993；Fairclough，1993）探讨了利用监控系统来检查驾驶人负荷过度或负荷不足的情况，并在紧急情况下进行直接或间接干预。一些车型现在已经装配该系统，用以检测昏昏欲睡的驾驶人或糟糕的车道保持表现，并警告驾驶人按要求驾驶。

也有一些学者（例如，Schlegel，1993；Verwey，1993）对驾驶人工作负荷的决定因素产生了兴趣，其目标是开发出工作负荷的自适应接口。此类研究一般都建立在现代驾驶人正在得到越来越复杂的信息反馈的假设之上，其中的一些观点已被应用在了驾驶人自适应系统中，该系统以人为中心，可以改善系统行为的质量（Hancock 和 Verwey，1997）。而面向未来的车辆技术（首当其冲的例子如 ACC）将会从根本上增加对此类系统的需求。

7.3.5　驾驶人应激

应激（Stress）被认为是有害的，它对人类具有威胁性或挑战性。这一概念在 20 世纪后半叶引发了大量关注（见 Holmes 和 Rahe，1967；Wortman 和 Loftus，1992；Cox 和 Griffths，1995）。这部分是因为更多人认识到它对人类身体和心理健康方面的重要作用，以及因此产生对任务绩效的影响。Wickens（1992）调查了应激源（stressor）对绩效和人为错误的影响。他首先提到，叶克斯－多德逊定律（Yerkes-Dodson Law）的倒 U 型假说可以证明，觉醒（arousal）与绩效之间一直存在着某种关联。Easterbrook（1959）后来将这一结论完善为线索利用理论（Cue Utilization Theory），有效地说明了过度激励会影响注意力的选择性，进而导致对不同环境或内部线索的注意力收缩。我们在上一章提到车辆路试研究中的驾驶人没有注意到与其他活动要求相一致的路标，就是对这一结论的例证。应激作用下的注意力窄化现象已被应用于恢复记忆（Memon 和 Young，1997）、周边视觉显示[○]的设计（Stokes，Wickens 和 Kite，1990）等不同领域。应激事件可以是作用于个体的一次性事件（急性应激或日常困扰）或个体引起的生活方式改变（慢性应激）。它不一定是消极的。例如，结婚可能就是一个应激源，但并不消极。所有应激事件的一个共同主题就是它们会唤起一些适应或应对反应（coping response）。要想了解应对反应，首先要知道认知评估（cognitive appraisal）的概念（Lazarus 提出，被 Wortman 和 Loftus 引用，1992），它在应激管理中

○ 译者注：周边视觉显示，Peripheral Vision Display，在本文语境内可以理解为人的余光。

扮演着首当其冲的作用。评估有两个步骤：初级评估（primary appraisal）和次级评估（secondary appraisal）。初级评估是指评估一个事件/情况是否对我们的身心健康构成威胁，而次级评估则决定我们是否有资源应对这种威胁。这种分级有助于更清晰地确定个体的应对策略。进一步，应对也分为两类：关注问题的应对（problem-directed coping）是对应激状况做一些积极主动的应对尝试；而关注情绪的应对（emotion-focused coping）是努力调解自己的情绪表达来进行的间接应对。

在驾驶行为背景下举例而言，驾驶人在高拥堵道路上驾驶会增加应激并引发一系列的应对行为。虽然可能存在个体喜欢关注问题的直接应对，但在高拥堵情况下，Hennessy 和 Wiesenthal（1997）发现驾驶人在同时使用两种应对方式，即关注问题的应对和关注情绪的应对，且两种方式的使用频率呈平均分布。另据 Simon 和 Corbett 的研究成果，应激会对道路交通违规造成影响，无论应激源来自驾驶本身还是生活的其他方面。

Gerry Matthews 团队对驾驶过程的应激进行了大量研究。他们使用驾驶模拟舱测试了各种情况下的应激反应。发现应激与驾驶行为发生的时间及驾驶条件有关，据观察，驾驶者的应激水平在晚上和一周的中间几天会呈上升趋势。研究结果还表明，驾驶应激是一个整体过程，有驾驶的内在和外在等多种原因。通过在结冰道路上失控模拟，Matthews 和 Desmond（1995）指出应激增加了任务相关的干扰，并降低了感知控制。也有证据表明，应激和疲劳的结合会破坏工作的适应性调节，因而在低工作负荷条件下加剧造成有害影响。从这些结果得出的合理结论是，应激对事故风险有重要影响。

Matthews 团队还考虑到了应激在设计车载驾驶增强系统中的作用。他们得出的结论是，车载指示系统对驾驶人造成的任何消极影响（如负荷过度/注意力分散），都可能在应激环境下被放大。再次，这一机制被认为会扰乱驾驶人为匹配任务中动态变化的工作负荷所调用的努力。

7.3.6 情境意识

情境意识（Situational Awareness，SA）与工作负荷、信任、压力、心理模型以及反馈一起构成了人因工程学最重要的话题（Stanton 和 Young，2000）。尽管情境意识这一概念已经被广泛使用（如 Endsley，1995），但人们对它的定义和模型仍没有达成一般性共识（Salmon 等，2008）。事实上，情境意识的概念本身就有争议（Endsley，2015；Stanton，Salmon 和 Walker，2015），甚至在它的倡导者之间，对于如何定义和测量情境意识也存在分歧（Salmon 等，2009）。从广义上看，心理学、计算机科学、工程学、人因工程学等多个学科都将情境意识作为研究对象，研究者将各自学科的特征融入其中，因而造就了有关情境意识的不同的思想流派。心理学界认为，情境意识是一种纯粹的心理现象，是一种个人心理体验（Endsley，1995；Fracker，1991；Sarter 和 Woods，1991）。工程界的观点则认为，情境意识现象不仅仅是心理体验，也存在于物质世界中；比如经常有驾驶人和工程师宣称他们的情境意识可以通过车载系统的屏幕显示（如 Ackerman，2005）。最后一种来自人因工程学的观点则认为，情境意识是由人与环境相互作用产生的一种凸显特性，这种认知呈现分布的特性，它不仅存在于人的意识中，也存在于与之互动的实体对象上（Stanton 等，2006；Stanton 等，2009）。

对于最后一种观点——情境意识分布于互动的人与实体对象中，其灵感来自于分布式认知运动（Distributed Cognition Movement）（Hutchins，1995）。在这种理论看来，认知不再被定义为个体现象，而是一种系统级别的行为。它超越了个体行动者的界限，成为了一种驾驶人和车辆在更广泛的协同环境下达成的功能。这一协同环境由其他车辆、道路环境以及基础设施构成。这与将情境意识视为单纯个人心理现象的观点并不兼容。因此，学者提出了分布式情境意识（Distributed Situation Awareness，DSA）的概念。它不仅描述了人们如何一起工作，还描述了信息如何在车辆、驾驶人、环境之间传递并将这些元素连接在一起（Stanton 等，2006；Stanton 等，2009）。分布式情境意识被定义为某代理（agent）在特定时间、特定系统中，为某一特定任务而激活的知识。这里的代理指的是驾驶人/车辆/环境系统中的人类或非人类行动者。具体到驾驶领域，情境意识就是驾驶人某一时刻在整体道路运输系统中为执行驾驶任务而激活的知识（Salmon 等，2012）。我们试想一个静默的信息单元网络，它被一个特定的驾驶任务激活，归属于特定的代理。或者通俗地说，可以设想一个网络，在这一网络中存在很多节点，当任务、环境、（社会和技术上的）交互随时间发生变化时，这些节点会被激活和关闭。从系统整体来看，重要的不是这些信息来自于人类还是来自于技术，而是正确的信息，在正确时间被激活，并被传递到了正确的代理处。人类代理个体是否知道所有事已经不再重要（人类很少能拥有完整的知识，但多数情况下可以做出基本正确的决策），只要系统整体上具备该信息就足够了。这种观点结合了情境意识属于个人意识和属于真实世界两种观点，我们将在下一章更详细地进行解释和证明。

7.3.7　心理表征

心理表征（Mental Representations）又称心理模型（Mental Model），它与情境意识的概念高度重合。驾驶人对事件的经验和知觉是间接的，这取决于他们构建模型的能力："我们能感知到什么既取决于世界上有什么，也取决于我们头脑中有什么"（Johnson – Laird，1989，第471页）。这些模型可以具有物理实体也可以是概念；可以被直接地（通过观察）、代理地（通过解释）或间接地（通过类比）建构。心理模型理论旨在解释高级认知过程，尤其是理解和推理过程。Johnson Laird（1989）描述了心理模型如何应用于三段论推理或应用于知识和技能的表征。后者与驾驶心理模型更相关，但三段论推理中的一些模型解释也具有参考价值：给定一组前提，在此基础上建构一个模型，然后形成一个假定的结论，随后通过尝试建立基于相同前提的其他模型对这一结论进行证伪实验。如果找不到任何反例，推理结论被认为是有效的。如果可以建构其他的模型，推理就存在错误。这一过程往往是在无意识觉知（conscious awareness）的情况下发生的。

上述简要综述的主要是心理模型在现实世界中的应用，但为了追求论述的完整性，我们也有必要回顾一下对心理模型的理论研究。Rips（1986）探究了将心理模型用作语义模型（semantic models）和模拟的情况，并将模型与推理规则进行比较。Rips 质疑了心理模型的概念。他发现在大多数实际情况下，经验规则比模拟更能解释概率推理。Meister（1990）则显得对心理模型更加宽容，他表示可以将模型作为模拟来简化计划与决策。Brewer（1987）试图澄清术语上的混淆，特别是图式、心理模型和意象三个概念。概括而言，图式是知识和技能的基本心理结构，而心理模型则是产生意象的特定事物状态的推测表征。据 Brewer 所说，我们在驾驶中所提到的模型，严格地说应该是"因果心理模型"，换句话说，是心理模型在特定领域的一个分支，它使用因果表征来处理实体系统。借此让我们把目光转向物质世界的心理模型。为尝试理解实体系统，我们假设人们在头脑中建立了一个近似表征，这种表征是不完整的、不稳定的、临时的、反科学的甚至是迷信的（Eysenck 和 Keane，1990），但它确实是有效的。例如，想一下家庭供暖系统的恒温器是如何工作的。人们通常有两种理论来解释其工作原理：反馈理论和阀门理论。阀门理论认为，如果要更快地加热某个房间，应该把恒温器调到更高的温度。然而这是不对的。正确的解释应该是反馈理论，恒温器被设置了目标温度，无论其目标温度是否被调高，锅炉都以恒定速度在工作。然而，尽管阀门理论在技术上并不正确，但它确实具有可行性，甚至可以促成更好的热能管理。约 25%～50% 的人赞成阀门理论，因为这个模型符合日常经验。与之相同的，大多数驾驶人倾向于假设车辆的加速踏板和发动机是通过缆绳连接，在加速踏板上作用更多的压力将直接导致更多的燃料被允许进入发动机。像恒温器一样，这不再是一个精确的"模型"。例如，为了减少被称为"涡轮滞后（turbo – lag）"的现象，大多数涡轮装置安装了电子节气门，在轻踩加速踏板情况下，自动增加节气门开度，这样涡轮增压器将更快地加速，从而减少延迟和提

高响应 ⊖。驾驶人不一定会意识到这一点，除了他们似乎因为发动机响应的平顺性而受益。同样，冷起动时也不再需要踩加速踏板，尽管许多人仍然这么做。发动机管理系统将根据温度调节点火正时以及怠速空气控制阀，驾驶人只需要拧钥匙，不需要其他输入，发动机就将工作。然后，许多人在起动车辆时仍会踩加速踏板（甚至在寒冷的早晨"泵"油门），这是因为他们的心理模型仍建立在对机械化油器工作原理以及在发动机起动前先用燃料"填充"发动机的隐形理解之上。汽车早在20年前就取消了化油器，但驾驶人的心理模型却根深蒂固。图7.2 显示了另一个错误的心理模型。当被问及仪表板上的机油报警灯点亮指示的是什么时，绝大多数被调查者选择了"用于指示油位低"，实际上它指示的是机油压力低。

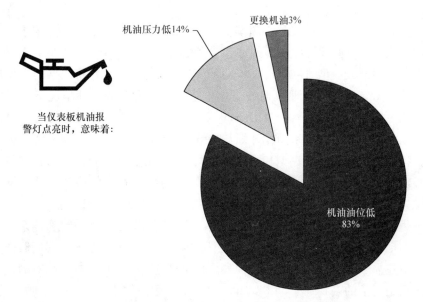

图7.2 对29个驾驶人进行"你认为机油报警灯代表什么"的调查（正确答案是低油压）

Bainbridge（1992）利用工业过程化的运行来探索心理模型在认知技能中的作用。这一解析方式让人联想到该模型在三段论推理中的作用。操作者得到系统信息（例如，来自仪表板的信息）后，将基于知识或心理模型，对系统状态进行多个推论。然后，操作者开始积极搜索他们所作推断的证据。如果没有关于系统状态的直接信息，那么操作者的技能就将发挥作用，他将假设一个模型，然后

⊖ 译者注：原文描述易使人混淆。事实上，电子节气门与进气相关，与涡轮迟滞现象并不直接相关，后者是涡轮的惯性导致的。一种可行的解决迟滞的策略是，减小涡轮旁通阀开度，使更多废气进入涡轮，在更大废气流量的冲击下，涡轮惯性体将更快被推动。而由于废气增加，反而需要调小电子节气门开度，以防更多空气进入发动机缸体造成转矩过大。在此仅作为揭示心理模型难以改变的例子。

根据自己对系统的预期的方式而非追溯系统反馈的方式来控制系统。例如，驾驶人注意到仪表板上出现了机油警告灯。他们假设了什么样的"模型"？发动机管理系统发现油压下降了？或者，汽车机油已耗尽（就像燃料耗尽），需要加满？关键的一点是，即使假设模型是正确的，Bainbridge 仍然建议系统向操作者提供概览性的补充信息，以强化他们的心理模型。如果我们不在车上设置机油报警灯，而是单纯地设置"停车以防发动机损坏"灯，或是明确地设置机油油位灯，驾驶人的心理模型假设又将是什么样的呢？这一点对现代车辆工程学尤其重要，因为驾驶人有可能无法从人机的直接互动中得到车辆整体状况的指示。正因如此，驾驶人的心理模型无论准确与否，对工程师都是有价值的。Wilson 和 Rajan 说道：

如果我们能以某种方式预测或理解一个新的操作者或用户可能具备的关于系统及其相关领域的心理模型，以及通过与系统的后续交互可能构建什么新模型，那么我们就可以更有针对性地完善人机界面设计以及操作培训程序。通过理解潜在用户的心理模型，并相应地调整他们自己的概念模型，设计师可能开发出一种"系统镜像"，更好地匹配、支持、帮助进化得到恰当的用户心理模型（1995，第373页）。

7.4 研究框架的制定和一种对驾驶人心理学模型的假设

回顾更多的理论文献后，我们发现在驾驶领域的各种心理概念之间的相互依存性并没有被充分挖掘。用户构建的对系统的心理模型对系统发挥效能至关重要。驾驶行为的各心理学变量之间存在着一些明显的（或不那么明显的）相互关系。从文献来看，脑力负荷似乎是各种关系的中心。一个明显的例子是，交通拥堵促成的高工作负荷会导致应激的增加（Wilson 和 Rajan，1995），但有进一步的证据表明，这种关系是双向的。Matthews 和 Desmond（1995）证明了这种关系背后的机制，由此得出了两个新颖而合乎逻辑的结论。第一，应激对系统效能的影响不仅局限于高负荷情况，也存在于低负荷情况下。第二，应对应激的努力实际上增加了任务的完成难度。在另一组关系中，反馈是否影响脑力负荷还存有争议。Becker 等（1995）发现行为反馈通常会降低监控任务中的脑力负荷。然而，Fairclough 等（1997）发现车头时距反馈对跟车时的工作负荷无影响。不管怎样，这里的任何关系都明显是单向的。也有学者指出工作负荷对情境意识有影响（Endsley，1995；Jones 和 Endsley，1995），但没有证据表明这种关系是可逆的。高工作负荷对情境意识是有害的，因为在这种情况下，驾驶人的注意力资源将主要用于维护效能而不是情境意识上。事实上，有证据表明工作负荷是造成30%情境意识错误的原因。

结合所有证据,我们可以构建一个假设模型来说明这些心理学因素之间的关系,如图 7.3 所示。必须强调的是,虽然它们两两之间的成对关联已在科学文献中得到证实,但模型的组合只是单纯的推测。它提供的只是一个框架,其中的各个因素及其相互关系将在下一章中进一步探讨。

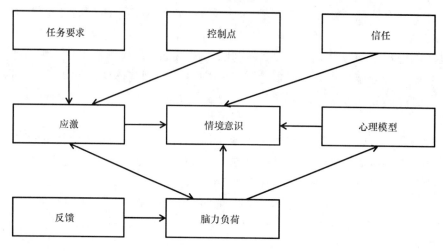

图 7.3 心理学因素间关系的假设模型

7.5 总结

我们提出了使用汽车自动化系统时驾驶人的心理模型,我们认为这对应用研究具有明显的益处。该模型的优点在于它来源于已被广泛应用的人因工程和心理学文献。我们对文献的回顾也涵盖了从汽车,到人类监督控制,再到航空等各个领域。模型中各元素之间的所有直接联系都已在各个领域被证实存在,但本章第一次将所有元素组成一个统一结构。它的价值何在?Moray 认为:"我们需要提供……强大的,最好是定量的人机交互模型"(1999,第 233 页)。他描述了在研究中建模的三大价值。首先,由于工程师习惯于处理物理过程的定量模型,用同样的方法呈现心理过程有助于人因工程思想的更好传播。Moray 认为,人因工程学这一学科已经发展到需要制定定量模型的阶段了。其次,数据支持的定量模型能够使研究人员在任何特定情况下对行为做出预测。我们提出的模型来自广泛的知识基础,可以在车辆自动化系统这一特定环境中进行测试,后面的章节将予以阐释。这也引出了建模的终极价值,即指导自动化系统的设计。目前,来自汽车应用的有理论基础的设计方法并不常见,可考证的仅为一些比较研究,比如使用传统的假设检验(hypothesis testing)来证明设计的有效性。Moray 指出,"假设检验无法像建模一样直接给出对设计的建议"（1999，第230页）。他认为，人因工程学应摒弃假设检验，转而推进建模方法的发展。我们希望本章中提出的模型是在这一方向走出的前进的一步。

致谢

本章基于如下论文进行的适度修改：Stanton, N. A. 和 Young, M. S. (2000)、A proposed psychological model of driving automation. Theoretical Issues in Ergonomics Science, 1, 315–31.

第 8 章　车辆反馈与驾驶人情境意识

8.1　引言

汽车技术的突飞猛进也带来了同样日益突显的驾驶人的驾驶表现问题。在所有与驾驶表现有关的心理学因素中，又以"车辆反馈"和"驾驶人情境意识"这对孪生概念最为重要。本章中，我们将通过 3 项实验详细地探讨这两个因素。这些实验阐明了车辆反馈的变化如何影响驾驶人的情境意识，同时也描绘了一系列可在汽车领域内应用的情境意识测量方法。这些研究具有潜在的重要意义。遗憾的是，研究结果表明，目前汽车的技术发展趋势无助于驾驶人情境意识的提升，甚至普遍会使之降低。更让人担忧的是，驾驶人也缺少对其自身情境意识及其中缺陷的认识。再考虑到情境意识是碰撞事故和其他驾驶行为问题的主导性诱因，这些问题就显得更为棘手。

8.2　车辆反馈

驾驶首先需要一个来自驾驶人的输入。车辆的机械、电气和控制系统采集到这一输入后，将它转化为车辆速度和行驶轨迹等形式的输出。反过来，车辆在与道路环境交互时，其部件将承受各种应力。车辆会将其中部分应力的测量结果反馈给驾驶人，以所谓的"隐性车辆反馈（implicit vehicle feedback）"为例，这种反馈包括车辆转向时转向重量的变化、发动机与制动对控制输入的响应等。反馈是一个重要的心理学概念。Norman（1989，第 27 页）将其定义为"将关于哪些操作被实际执行、哪些结果被完成的信息发回给用户"。而 Annett 和 Kay（1957）将其称为"结果反馈（Knowledge of Results，KR）"。隐性车辆反馈是我们最感兴趣的课题，因为它并不是车辆在设计之初考虑的客户体验的一部分，而是车辆和环境交互的副效应。需要说明的是，车辆本身不需要这些反馈，我们可以找到很多例子，例如，由齿条和小齿轮副构成的转向机构，相比于蜗杆滚轮式或循环球式转向机构，在转向时带给驾驶人的"转向感"有很大的不同。驾驶人对车辆的反馈表现出不同寻常的敏感性,这一点正是一些汽车制造商试图利用的卖点,并且效果也相当不错。

这里不得不提到一个已经快被人遗忘的研究,Hoffman 和 Joubert(1968)考察了车辆的操纵性参数,发现驾驶人"对车辆响应时间的细微差别具有极高敏感性,同时还能感知到转向器传动比以及稳定系数的变化"。这种灵敏程度的度量被 Joy 与 Hartley 描述为大致相当于"一辆中型轿车的后座有没有搭乘一位超重乘客带给驾驶人的感受差别"(1953,第 119 页)。而其他反馈,无论是振动感知、触觉感知还是听觉感知,都在研究中持续证实了与上述描述水平相当的高灵敏度(例如,Segel,1964;Mansfield 和 Griffin,2000;Horswill 和 Coster,2002)。

为什么要强调这一点呢?因为目前汽车设计趋势存在一个问题,即常常任由新技术创造的反馈信息随意改变。而另一方面,汽车经历的诸如从前轮驱动到线控驾驶之类的特征变化跨度之大,远远超出了"一辆中型轿车的后座有没有搭乘一位相当重的乘客带给驾驶人的感受差别"。随着汽车技术的不断进步(见第 2 章),这些影响可能会更加突显(如 Norman,1990;Sarter 与 Woods,1997;Field 与 Harris,1998)。在实际应用中,这意味着汽车设计如果不恰当考虑反馈,那么一些强大且非预期的心理学因素可能会对驾驶表现造成影响(Stanton 与 Pinto,2000)。

8.3 驾驶人情境意识

前一章中,我们已经提到了情境意识,这是一个关于"了解发生了什么"的课题(Endsley,1995)。其中的"了解",在驾驶语境下,是指车辆相对于目的地的当前位置、其他车辆的相对位置、运行状况、可能遇到的危险以及这些关键变量接下来会发生什么变化(Sukthankar,1997)。这类即时知识可以帮助驾驶人做出实时、有效的决策,使之"与他们所处环境的动态变化紧密联系在一起"(Moray,2004,第 4 页)。

正如我们在上一章中提到的,情境意识的研究同时隶属于多个学科范畴,对它的正式定义变体繁多。情境意识这一术语描述了一种过程,"一种在复杂、动态环境中,为了解你周围动态而进行的速记"(Moray,2004,第 4 页),但它也可以是一种产品,可以最终"简化为工作记忆中的知识"的某一实体(Bell 与 Lyon,2000,第 25 页)。它也可以是"外部导向意识"和"知识创造的生产过程"的混合体(Smith 和 Hancock,1995)。Gugerty 将情境意识简单界定为"某人具备的有关动态场景的已被激活的知识"(1998,第 498 页),而 Bell 和 Lyon 用最简洁的方式将情境意识描述为"瞬间情境意识的所有方面最终都会还原为工作记忆中某种形式的信息"（2000，第 25 页）。在这一领域占据主流地位的是 Endsley 的理论，他提出了情境意识的三个水平，第一水平（Level 1 SA）是对环境中要素（信息）的感知，第二水平（Level 2 SA）是理解，第三水平（Level 3 SA）是预测，经过水平一到水平三的过程，信息被转化成了知识（Endsley，1995）。虽然业界对情境意识的状态获取的内在过程以及对驾驶人的影响仍存在争议，但可以发现，驾驶过程中绝大多数的情境意识错误都停留在"信息内容（informational content）"层面（例如，Jones 和 Endsley，1996），同时幸运的是，这一水平的情境意识又是最容易被测量的。

8.4 驾驶人情境意识的测量

具有应用价值的情境意识测量方法有很多（全面综述可见 Stanton 等，2005；Salmon 等，2006）。在本章的讨论中，我们选取了三种方法，即并发口头笔录法（Concurrent Verbal Transcripts）、探测回忆法（Probe Recall）和自我报告法（Self-report Method）。它们被分别用于自然驾驶环境、模拟驾驶环境以及两种测量环境相结合的研究中。在实际中，测量方法的选择受到测量环境的限制。因此我们将首先简要陈述这些方法是如何和各自的测量环境相匹配的。

自然驾驶是指日常情况下的正常驾驶。这种情况难以进行实验控制。诸如天气或交通条件等因素几乎无法精确复现，同时，在不仔细检查的情况下，驾驶人之间可能也存在着很大的个体差异（Lechner 和 Perrin，1993）。在测量驾驶的过程中，驾驶人可能对被测现象产生某种程度上的警觉。个人的驾驶风格和驾驶行为也可能受到驾驶不熟悉的车辆或车上是否有乘客等简单因素的影响。当然，这些问题在驾驶模拟舱环境的研究中也同样存在。仅从生态效度⊖的角度考虑，它们可能会导致试验控制前功尽弃（Jackson 和 Blackman，1994）。因此，一个合理的方法是将自然环境下的研究与模拟环境下的研究相结合，提炼两者的优点。我们一方面通过相对可控的模拟环境得出一系列问题的结论，再验证这些结论在真实环境下的生态效度，以得到结论的证据支持。

在我们所选的测量方法中，并发口头记录法关注于情境意识的状态所包含的信息属性。不可否认，驾驶人能够从环境中提取的信息是情境意识的重要部分。如果信息是某个任务环境的客观特征，那么驾驶人对它的报告就是由离散的"信息元素"组成的主观认知状态，一种为了确保任务成功完成而要求的信息（或驾驶员对该信息的意识）的实体或现象（C. Baber，个人通讯，2004）。通过

⊖ 译者注：生态效度（ecological validity）指的是试验结果可以推广至同类现象的程度，反映了试验结果的普适性。

执行并发口头记录（Concurrent Verbal Protocol），驾驶人可以在驾驶的同时将这些信息用语言表达。Ericsson 和 Simon（1993）指出，这种方法特别适合于自然驾驶环境。在研究一中，我们依靠一种"基于主题（theme – based）"形式的内容分析（例如，Ericsson 和 Simon，1993；Neale 和 Nichols，2001），对驾驶人口头报告进行编码和分类，并从中提取了这些离散的信息元素。

与上述不同的是，情境意识全球评估法（Situation Awareness Global Assessment Technique，SAGAT）和情境意识控制空间容量法（Situation Awareness Control Room Inventory，SACRI）是同一时期发展出的两种基于探测回忆方法的具体的情境意识测量方法。在实际操作中，试验场景将多次被测量行为中断，参与者被要求立刻回答事先准备的关于当前情境的问题，以此精确探测情境意识。在大多数情况下，这种方法并不适用于自然驾驶环境，但在模拟环境中能发挥效果。因此，我们在研究二中引入了该方法。

除此之外，也有同时适用于自然环境和模拟环境的测量方法，即在驾驶完成后采取各种形式的情境意识自我报告（Endsley 和 Garland，1995）。在研究三中，驾驶人使用简单的评级量表对自己驾驶期间的情境意识状态进行事后评估。这一研究可以被视为实验控制或基线条件的一种形式。

通过下面三项研究，我们希望找到如下问题的答案：

1）隐性车辆反馈与情境意识之间的关系是否如文献所预测，是正相关的？更多的反馈意味着更多的情境意识吗？如果以上属实，这种关系可能给未来的汽车设计带来什么启发？

2）驾驶人是否能意识到自己的情境意识？如果没有意识到，那些在无意中减少了驾驶人情境意识的车辆技术可能将诱发重大安全问题。

3）情境意识测量方法的诊断特性是什么？来自驾驶模拟舱和自然环境范式的结论是否可以有效地结合在一起？这又能给我们什么启示？

8.5　研究一：自然驾驶环境中的情境意识

8.5.1　实验设计

研究一是以自然驾驶环境（Naturalistic Driving Environment）范式为基础的。在熟悉的公共道路上，测试者驾驶自己的车沿指定路线行驶，同时提供口头报告。驾驶人被要求使用自己的车辆，这种熟悉度是实验车辆很难达到的。通过这一步，可以确保驾驶人在试验过程中的最恰当时机表现出对车辆反馈的敏感性。另一方面，驾驶人被要求在驾驶时用语言表达信息、对象、后果。这些表达内容只需要与驾驶相关即可，我们并不要求驾驶人只关注某一特定信息类型，或者要求驾驶人对那些通常是下意识的过程给予评论。这种方法有利于减少口头报告对首要驾驶任务的干预，有助于确保信息处理的内容和顺序相对不受影响。与驾驶人的即时情境意识相关的信息要素是采用内容分析法从实况报告的笔录中提取的。试验前，两个独立的报告分析师均接受了评分者信度检查[○]。

口头报告依赖于一个被试间自变量（between – subjects independent variable），即车辆反馈。该变量被划分为两个等级：高反馈车辆与低反馈车辆。被试间范式要求通过多种控制衡量（controlling measures）来确保"车辆类型"成为最系统化的实验操作（experimental manipulation）（在一个有干扰的数据环境中）。本研究中所采用的控制衡量包括：驾驶人对驾驶方式与控制点的自我报告问卷，同时结合两个表现衡量（performance measures）：平均车速和驾驶时长。此外，所有实验都在指定的时间进行，以适应交通密度，避开该地区的高峰时段。所有的车辆行驶都是在白天和能见度高的干燥天气条件下完成的。

12名受试者驾驶自己的车辆完成研究。这不可避免地导致了某种程度的自我选择偏差，试验通过利用过采样（oversampling）对自我选择偏差进行制衡，以得到与控制衡量最匹配的样本。所有参与者都持有效的无重大违章记录的英国驾照，并被要求告知每年大约行驶的平均里程（12000mile）。参与者年龄在20至50多岁之间，平均驾龄为14年（最低3年，最高44年），这意味着所有驾驶人都在驾驶任务上花费了至少数百小时，所以都属于富有经验的驾驶者。测试人员在年龄和经验上没有显著差异，所有参与者拥有自己车辆的时间都超过一年。

如前所述，路试车辆被划分成了高反馈和低反馈车辆。从非正式意义角度来看，高反馈车辆可被归类为"驾驶人的汽车"，而低反馈汽车则是"普通汽车"。这种表述可以通过一些汽车具体的工程特性客观地界定，如表8.1所示（Robson，1997）。

表8.1 车辆样本

低反馈车辆	制动功率重量比/(hp/t)	驱动类型	主要操纵特性	仪表
Peugeot 309 GLD	69.1	前驱	转向不足	标准/基础
VW Gold CL	73.8	前驱	转向不足	标准/基础
Toyota Tercel	71.8	前驱	转向不足	标准/基础
Mitsubishi Space Runner	101.9	前驱	转向不足	标准/基础
Renault 18 GLT	81.7	前驱	转向不足	标准/基础
VW Gold TDi	88.2	前驱	转向不足	全面
Median/Mode	77.75	前驱	转向不足	标准/基础

○ 译者注：评分者信度检查（Inter and Intra – rater Reliability），当评分涉及主观因素时，需要预先考核，以确保主观评定标准的一致性。

(续)

高反馈车辆	制动功率重量比/（hp/t）	驱动类型	主要操纵特性	仪表
Morgan 4/4	127.0	后驱	转向过度	全面
BMW 325i Sport	162.6	后驱	转向过度	全面
Holden HSV GTS	222.5	后驱	转向过度	全面
Toyota MR2	115.8	后驱	转向过度	全面
Audi TT 1.8T Quattro	161.2	四驱	中性	全面
Maserati 3200 Coupe	236.4	后驱	转向过度	全面
Median/Mode	170.9	四驱	中性	全面

在表 8.1 中：

制动功率重量比（hp/t），是车辆纵向响应的一种表达方式。显然，每单位重量制动功率越大，车辆就越有动力，对于给定的加速踏板输入，响应或反馈也就越迅速。

驱动类型，指的是车辆的驱动轮布置。高反馈车辆要么是后轮驱动，要么是四轮驱动。此因素可以作为车辆操纵性和道路可控性的度量标准。驱动轮（前/后/前和后）的布置直接影响车辆重量分配和悬架设计。在不对车辆技术细节进行详细阐述的情况下，可以认为后驱车从车辆动力学和驾驶人反馈角度来说比前驱车所需承担的机械损伤更低。对于前驱车辆，其主要操纵特点是转向不足（understeering）。在转弯时，前轮的轮胎与路面间滑移率比后轮大，这是一个相对良性的状态，且一般不受驾驶人其他控制输入的影响。转向过度（oversteering）的情况与之正好相反，它是属于后轮驱动的以"运动"为导向的高反馈车辆的特性。

仪表，是指仪表板的显示信息。某种意义上说，它并不算是"隐性"反馈，但仍然是各种车辆参数的重要信息来源。低反馈车辆提供速度和燃料等关键信息，但在大多数情况下，很少提供额外信息（归类为"标准/基础"）。高反馈车辆拥有更全面的仪表显示，可为驾驶人提供更广泛的车辆参数信息（归类为"全面"）。

该研究引用了许多书面材料，主要包括以下三项：

第一，驾驶风格通过驾驶风格问卷（DSQ）进行评估，该问卷应用了六点李克特量表（Likert Scale），是一个包含 15 项自我报告的调查问卷。这 15 个问题探讨了驾驶人在何种程度上在下列维度展现出与问题相符的行为：速度（例如，"你会在高速公路行程中超过时速限制吗？"）、镇定（例如，"你在开车时面对突如其来的危险时会心慌吗？"）、社会阻力（例如，"你的驾驶会受到来自其他驾驶人的压力影响吗？"）、专注（例如，"你在开车时易于忽视干扰吗？"）、计划（例如，"你是否提前计划长途旅行，包括停下来休息的地方？"）以及异常行为（例如，"你是否曾经在交通灯变成红色后依然穿过马路？"）。

第二，控制点通过 MDIE 问卷进行测量（Montag 和 Comrey，1987）。控制点是一个与社会学习理论相关的广义态度因素。广义上讲，相比那些感知到强化取决于自己的技能或努力的人，相信某种情况的结果由外因控制的驾驶人（例如，"开车没有遭遇车祸主要靠运气"）不太可能提高或降低其成功或失败后的未来强化预期（例如，"细心的驾驶人可防止任何事故"）。前一种人被称为内控者，他们往往可以和安全驾驶表现紧密联系在一起。

第三，研究设置了对驾驶人口头报告的期望格式和内容的标准化指导。

此外，我们还为实验者和独立可靠性分析人员撰写了口头报告分析编码（encoding）方案的书面说明，以保持评分者信度。

车辆行驶路线长约 14mile，外加用于热身的最初 3mile。路线长度给了驾驶人足够的时间在驾驶的同时进行口头报告，这有助于减少疲劳效应。这条路线包含了国家交通法规内的各级车速限制。途径 1 段高速公路、7 条 A 或 B 级道路（城乡干道）、2 条未分类道路（小型乡村公路）、3 条小型城市道路、1 个住宅区和 15 个交叉路口。研究人员使用微型摄像机和笔记本电脑捕获整个驾驶场景中的音频和视频数据。

受试者首先完成了驾驶风格问卷，然后听取了全面的试验简介。并发口头报告的内容是由驾驶人对从驾驶场景中获得的信息的"实况报道"。如果受试者可以提供的话，报告还包含驾驶人利用这些信息做出决策的过程（例如，"我看见一辆车即将开到前面（这是信息），所以我考虑减速（这是决策）"）。研究采用的口头报告类型可能是特质的（idiosyncratic），因此可能会使参与者反感。正因如此，参与者被反复鼓励"说出自己的想法""不要担心你说的话没有意义"。参与者阅读了如何执行并发口头报告的指令表，实验者将在此基础上完成实例补充和附加说明。回顾最终试验结果，所有驾驶人都能轻松地执行并发口头报告任务。语速超过每分钟 30 词，且不需要实验者过多提示。

8.5.2　结果和讨论

首先必须明确的是，"车辆反馈"的处理⊖必须表现在一个系统化的形式中。为了做到这一点，我们首先要确保车辆类型之外的影响（控制衡量）没有使实验结果偏离。表 8.2 和表 8.3 给出了完成试验路线所需的时间、速度、驾驶风格

⊖ 译者注：处理（manipulation），或称操作，统计学词汇，指的是对实验中可控对象的数据进行的处理。

问卷以及控制点问卷调查结果的描述性分析、推断分析和效应量分析 ⊖。如果控制衡量没有展现统计上的显著差异,效应量相对较小,那么我们可以认为这些潜在的混淆变量⊖不会对目标变量造成干扰。

表 8.2 控制衡量的描述性统计分析

描述性统计分析		低反馈车辆（中位数）	高反馈车辆（中位数）
驾驶人表现	路线用时	25 分 59 秒	27 分 17 秒
	路线平均车速	32.32mile/h	30.79mile/h
驾驶风格问卷调查 (1 = 在该维度上自评 行为更少, 6 = 更多)	问卷总体得分	3.13	3.25
	速度	4.5	3.5
	镇定	2.0	3.5
	计划	3.5	3.0
	专注	4.5	4.0
	社会阻力	3.25	3.25
	异常行为	1.0	1.5
控制点	内在性	24.25	33.5
	外在性	33.16	37.66

表 8.3 控制衡量的推断统计和效应量分析

推断性统计和效应量分析		统计量(U)	可能性(p 值)	效应量(R_{bis})①
驾驶人表现	路线用时/车速	14.0	p = ns	小 (0.26)
驾驶风格问卷调查	问卷总体得分	16.0	p = ns	小 (0.14)
	速度	17.0	p = ns	小 (0.20)
	镇定	8.0	p = ns	小 (0.38)
	计划	18.0	p = ns	小 (0.36)
	专注	14.5	p = ns	小 (0.26)
	社会阻力	9.5	p = ns	小 (0.10)
	异常行为	9.0	p = ns	小 (0.34)
控制点	内在性	8.5	p = ns	小 (0.39)
	外在性	13.0	p = ns	小 (0.27)

① R_{bis}是基于同一种 t 检验（t - test）估算的。

⊖ 译者注：描述性分析（descriptive analysis）和推断分析（inferential analysis）是统计学常见的两种方法，前者仅对数据本身进行展示和概括性度量，常见的包括计算平均值、方差等；后者则关注如何通过对变量样本的分析得到对变量总体的推断结论，常见的包括概率分布以及 P 值计算；效应量（effect size analysis）则用于度量变量对总体均值影响的，可以理解为某个因素对实验结果的"影响力"。它在应用描述和推断分析来研究多个变量间的关系时发挥作用。

⊖ 译者注：混淆变量（confounding variable）指的是与自变量和因变量均相关的关系，自变量和因变量由于它的介入，原本显著的关系可能变得模糊，但另一方面，若希望得到两者间的因果关系，又必须要混淆变量的介入才能使结论经得起推敲。

为确保实验可靠度，我们首先对样本的代表性进行检查。分析结果发现，所有的控制衡量都表现出一致性小和统计上的非显著性（p值为not significant，简写ns）。这并不意味着高反馈和低反馈汽车的驾驶人之间几乎不具有驾驶差异。相反，由于随机误差的存在，任何差异都可能出现。但考虑到差异的量级足够小，那么即使存在也不具有实际意义。这些发现有助于我们将车辆类型的影响与控制衡量孤立。

在建立了可靠度、准备继续分析并行口头报告数据之前，研究人员检查了与下阶段工作相关的分析人员的表现。两名不同的分析人员对同一笔录进行了编码，结果展现了显著的相关性，达到5%（分析师1的总体相关系数[一]$Rho = 0.7$（$n = 756$），分析师2的总体相关系数$Rho = 0.9$（$n = 968$）），表明该编码方案具有良好的共享性；同一分析师随后对同一记录进行了重新编码（$Rho = 0.95$，$n = 756$，$p < 0.01$），表明该编码方案具有稳定性。

让我们再来看看驾驶人从驾驶场景中提取的信息量。从高反馈汽车驾驶人的笔录中编码的信息元素总数的平均值为416.83（标准差$SD = 144.87$），而低反馈汽车驾驶人的平均值为327（标准差$SD = 102.2$）。尽管看上去普遍的趋势是较低的车辆反馈使驾驶人较少发声（平均有89个字之差），但这在统计学上并没有得到证实：Mann – Whitney检验[二]的结果显示，车辆反馈对驾驶人报告数量没有显著影响（U统计量为12.0，$N1 = 6$，$N2 = 6$，$p = ns$），可得出效应量为$R_{bis} = 0.31$（小）。

驾驶人口头表达的信息元素被分为以下类别：自己的行为（简称"行为"）、车辆的行为（简称"车辆"）、道路环境（简称"道路"）、其他交通（简称"交通"）。"行为"描述了驾驶人对于其实际行为的描述的口头表达，口头表达记录的实例之一可能是"打左转向灯，检查所有的后视镜"。同样，在"车辆"类中，驾驶人描述了车辆性能特征，如"汽车只达到2000r/min"。在"道路"类中，驾驶人主体上描述的是驾驶室外的非交通影响，即道路和周围环境的特征，例如，"这里的道路相当崎岖"。最后一个类别"交通"涉及与驾驶人交互感知的其他车辆，例如"交通很缓慢"。加粗的词语是从记录中提取并被划分至四个类别之一的特定信息元素的实例。图8.1给出了这一分析的结果，显示了四个类别中的每一个编码项目或信息元素的数量，进一步基于高反馈和低反馈车辆两个类别展示。

[一] 译者注：总体相关系数，常用希腊小写字母ρ（Rho）标示，取值在[-1, 1]之间，绝对值越大代表越相关，正值代表正相关，负值代表负相关。

[二] 译者注：Mann – Whitney检验（Mann – Whitney U Test），也称为Wilcoxon秩和检验，是用于确定两个独立总体间是否存在差异的一种非参数检验方法（数据不受正态分布限制）。本分析中，t检验和U检验目的都是为了得到衡量数据显著性指标的p值。

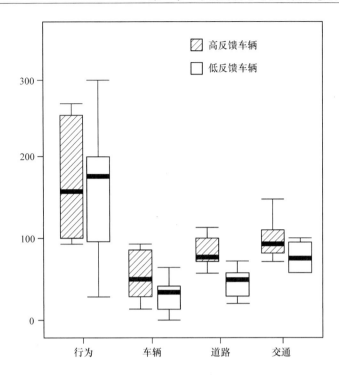

图 8.1 驾驶人从高反馈和低反馈车辆中提取的信息数量按四个编码类型细分（样本数 n = 12）

为检测高、低反馈车辆驾驶人统计上的显著差异性，研究人员进行了多组配对检验（Friedman Test）（高馈车辆的参数为：卡方 χ^2 = 15.8，自用度 df = 3，$p < 0.01$；低反馈车辆：χ^2 = 9.8，df = 3，$p < 0.02$）。利用 Siegal 和 Castellan（1998）提出的方法执行多重比较，见表 8.4，结果表明，两组车辆的四种编码类别横向结果是不同的。

表 8.4 对高低反馈车辆驾驶人的情境意识多重比较的结果

对比组	平均水平（高反馈车辆）	平均水平（低反馈车辆）
行为 – 车辆	3.5（$p<0.05$）	3.5（$p<0.05$）
行为 – 道路	3.5（$p<0.05$）	4.0（p = ns）
行为 – 交通	3.5（$p<0.05$）	3.8（p = ns）
车辆 – 道路	1.0（p = ns）	2.0（p = ns）
车辆 – 交通	0.0（$p<0.05$）	1.0（p = ns）
道路 – 交通	4.0（p = ns）	2.0（p = ns）

总体而言，低反馈车辆四个编码类别的信息元素数量，从统计意义上来说，本质上是方差齐性的（homogeneous）。在高低反馈车辆的同一类别内的信息元素

数量呈一致性趋势，这里的结果似乎是更不均匀的（heterogeneous）。因此，虽然高低反馈两个组别之间的"情境意识数量"似乎没有明显差异，但在每个车辆类型组别"内部"，不同类型下的情境意识数量确实存在差异。

研究人员进一步在两组车辆之间进行了更详细的分析，在"道路"类别中发现了一处统计学上的显著差异性：与低反馈汽车相比，高反馈汽车驾驶人在分析中提供了更多与外界道路相关的信息元素（$p<0.02$）。另外，从图 8.1 和表 8.5 中可以看出，两组车辆在车辆显性行为（"车辆"）的口头报告的数量上的差异几乎可以忽略不计；并且，车辆特性的任何差异其实都提高了驾驶人对外部道路环境的情境意识。这一结果再一次证明，车辆反馈和情境意识之间存在积极的联系，这种积极联系有助于将驾驶人与驾驶情况的动态更紧密地联系在一起。

表 8.5　高低反馈车辆间四组编码类别的对比结果

编码类别	N1	N2	统计量（U）	概率	效应量（R_{bis}）[①]
行为	6	6	189.5	p = ns	小（0.30）
车辆	6	6	11.5	p = ns	小（0.32）
道路	6	6	3.0	$p<0.02$	中（0.44）
交通	6	6	10.0	p = ns	小（0.34）

[①] R_{bis} 是基于同一种 t 检验（t‐test）估算的。

8.6　研究二：模拟道路环境中的情境意识

研究人员发现了一种似乎可以加强反馈和情境意识之间联系的结果形式（MacGregor 与 Slovic，1989；Endsley，1995）。在自然环境中，只有相对常见的车辆反馈是易于处理的。在研究一中，这种处理由测试车辆的固有技术产生。而研究人员的发现提供了一个从普遍到具体，或者说，从普遍到以更结构化和精确化的方式处理车辆反馈自变量的机会。我们需要权衡其利弊。实验控制中得到的结果的生态效度可能会在此丧失，由其考虑到前文提到的驾驶人对车辆反馈的高度敏感性。

8.6.1　实验设计

实验二以探测回忆范式为基础，利用驾驶模拟舱在预设的虚拟路程上完成。在模拟过程中将进行 36 次中断，参与者被要求完成一系列评级量表，研究人员将测量驾驶人对量表问题的响应。这些中断安排在行车路线的不同位置，所有参与者行驶到该位置时都将触发中断。研究人员不会事先告知行车中断的发生。

评级量表探测了参与者对环境中离散信息元素的存在与否的信心水平。我们在驾驶任务分析（HTAoD）的基础上设计出 47 个独立探测项（详见第 4 章和附录）。每次行车中断时将选取与该位置相关的 7 个探测项。在一个最高分为 7 分的评级量表上，参与者将根据自身对环境中被探测信息的存在与否的确信程度进行打分（从 1 = 非常确信该信息在暂停之前就已经存在于环境中，到 7 = 非常确信探测的信息不存在）。试验测量的自变量是模拟车辆提供的反馈，共 8 个水平，每一次暂停后会随机选取其一，如表 8.6 所示。

表 8.6 车辆反馈自变量的 8 个水平

单态反馈	
条件 1	只有视觉反馈（这是基线条件（baseline condition））
双态反馈	
条件 2	视觉 + 听觉反馈
条件 3	视觉 + 转向力反馈
条件 4	视觉 + 座椅下方谐振器（触觉反馈）
三态反馈	
条件 5	视觉 + 听觉 + 转向力反馈
条件 6	视觉 + 听觉 + 座椅下方谐振器反馈
条件 7	视觉 + 转向力 + 座椅下方谐振器反馈
四态反馈	
条件 8	视觉 + 听觉 + 转向力 + 座椅下方谐振器反馈

我们可以将位于表 8.6 底部的反馈条件类比于研究一中高反馈汽车所提供的额外"感觉"，而位于表格顶部的反馈条件更接近于低反馈车辆驾驶人感受到的相对"孤立"。需要注意的是，所有试验都有视觉反馈，它也作为所有其他非视觉反馈形式叠加的基线条件。

由此建立的数据将在信号检测理论（Signal Detection Theory，SDT）（Green 和 Swets，1966）的量规下进行分析。基于前人广泛的研究，我们预测，相比于视觉基准，听觉、振动觉与触觉反馈将增加驾驶人情境意识。需要检验的假设是这些感觉及它们的组合在多大程度上能做到这一点。同时也需要检验模拟环境的有效性，确保其能提供足够真实、对驾驶任务真正有意义的反馈。

共有 35 名通过广告征召的普通驾驶人参与了此次实验。他们中大约四分之三为男性（77%），覆盖了从 17 岁到 61~70 岁的所有年龄段代表。众数年龄类别（modal age category）为 21~25 岁。所有驾驶人都持有有效驾驶执照，并至少有一年的驾龄（超过半数有 6 年以上的驾龄）。

实验对驾驶模拟舱提出了一个巨大挑战：我们并不清楚它能否有效提供本章之前提到的各种自然情境下的车辆反馈（考虑到大多数驾驶模拟舱只是对自然驾驶中可用反馈的简单模仿）。目前没有证据表明这些问题已在当前情况中完全解决；但研究人员花费了大量精力使驾驶模拟舱保留了标准道路车辆的外观和触感。车上看不到任何测试用的设备，也不会让人突兀地感受到驾驶模拟舱是一个实验室，驾驶人可像真实驾驶一样完成与车辆真实控制的交互（转向盘和其他装置均保持原厂配置）。实验的视觉模拟具有很高保真度，是基于现实中的英国道路与驾驶工况设计的。

该驾驶模拟舱以英版福特蒙迪欧为基础。通过高清投影仪，将高分辨率的视频图像投射到汽车前的专业 Perlux™ 电影屏幕上，驾驶模拟舱的有效视野为横向约 60°、纵向约 35°。驾驶模拟舱还提供了多模态反馈，每一种反馈可由实验者独立控制，如听觉反馈的控制形式为发动机噪声（例如，电磁和机械噪声）、悬架系统噪声（例如，轮胎噪声和车辆驶过崎岖路面时发出的各种"咚咚隆隆"声）、空气动力学与环境噪声（例如，风噪声和车辆进入隧道或穿过路边固体物体时的音调变化）。触觉转向力反馈由模拟计算机控制的力矩电动机提供。触觉反馈也由两个安装在驾驶人座椅中的谐振器提供（由驾驶模拟舱计算机以 50Hz 的正弦波的振频提供低通滤波声源输入）。根据模拟的道路条件，其功率频谱与车辆在中砾路面上快速行驶时相近（Tempest, 1976；Mansfeld and Griffn, 2000）。

虚拟路线长度为 24mile，由乡村公路、城郊公路、城市道路、城市或乡村的双向隔离车道组成。与研究一相同，该路程需要约 30min 的驾驶时间，主要是柏油路面，有一小段是中砾和其他路面。其中包括 5 个隧道、1 个水平穿过的铁路和 36 个可识别的交叉路口。驾驶人在行车过程中享有通行优先权，道路上没有设置其他交通。

对于模拟过程中选取的中断点，需要已知其客观、可观察和可测量的状态，因为它涉及每个相关的探测项目。其基本逻辑是，敏感性的测量通过驾驶人报告的信心评级与实际存在的车辆状态来比较完成（Endsley, 1988）。在这种情况下，高敏感性意味着驾驶人对存在（或缺失）信息的主观评级与对该领域真实的存在/缺失信息的客观评级相吻合。对这些事件的有意识报告将表明驾驶人与驾驶环境的动态之间的紧密结合，从而意味着良好的情境意识。

如前所述，探测项目的设计依赖于第 4 章提及的驾驶层次任务分析法（在附录中完整列出）。用此方法进行情境意识需求分析可以突出说明成功完成驾驶任务的所有操作依赖于哪些信息项。来自这一过程的探测项被设计成不支持任何特定形式的反馈（如听觉、触觉等），从而避免反应误差（response bias）。它们源于任务分析的"基于目标的"水平，因此没有探测特定的"微小"环境影响，而仅限于更为普遍的状态。

为进一步说明，探测项目包括以下内容："［左/右/前］具有［显著特征］""那里的路况对汽车性能有很大的影响""汽车好像失去了抓地力"。探测项目的语言也依赖于我们在车辆路试研究中获得的口头报告文本数据，从而使探测的措辞保持"普通驾驶人"的"日常"语言水平。通过整合不同调查得出的敏感性为避免反应误差提供了额外保障，因而可以确保实验结果从"特定"水平到"一般"水平的某种保守的转变（如果两者之间有什么区别的话）。

在实验开始时，研究人员向参与者做简要介绍。参与者被告知，当投影屏幕出现空白时，意味着模拟将暂停，这是开始进行探测项目量表的提示。驾驶人不会被告知车辆的反馈特性会发生变化。实验开始前有一个驾驶练习，完全复制了实验过程（包括暂停和模拟情境意识探测）。在练习和实验阶段，参与者均被要求按接近70mile/h的速度靠公路左侧行驶。这是一个现实中可达成的速度，足以确保驾驶人的注意力达到实验要求。在模拟暂停期间，驾驶人完成了适用于该暂停点的探测项目量表测评，而实验者将在模拟重新继续之前修改好反馈报告（或假装完成了修改）。待重新起步准备就绪时，驾驶人会按下仪表板上的按钮向实验者发出信号。在36个探测回忆项目之后，参与者将对实验做简要总结，至此实验结束。

8.6.2 结果与讨论

对此类任务中驾驶人行为的数值分析中，最有效方法是通过信号检测理论（SDT）来分析驾驶人对被探测项目的敏感性。高敏感性和判定为"击中（hit）"和"虚报（false alarm）"的高比例呈相关性，反过来可以表明驾驶人与环境联系得更紧密，情境意识更好。该分析所要解决的问题是，研究一中高反馈汽车的"隐性"非视觉车辆反馈是否与敏感性水平的提升有关。

使用信号检测理论，基准反馈条件（仅包含视觉刺激）在概念上被认为是"噪声（noise）"试验单元。其他的非视觉反馈条件叠加在此基准之上，组合成了7个不同"信号（signal）"试验单元。在不同的反馈条件下，35名驾驶人总共完成了8246次响应，相当于每位驾驶人在模拟过程中平均完成了233个探测项目问题。表8.7列出了在不同的反馈条件下完成的实验单元数量。

表8.7 单位车辆反馈条件内的信号和干扰实验单元数量

反馈条件	反馈刺激	实验单元数量①	实验单元类型
1	视觉	994	噪声
2	视觉+听觉	1 078	信号+噪声
3	视觉+转向力	966	信号+噪声
4	视觉+座椅谐振器	1 155	信号+噪声
5	视觉+转向力+听觉	868	信号+噪声
6	视觉+座椅谐振器+听觉	1 029	信号+噪声
7	视觉+座椅谐振器+转向力	1 155	信号+噪声
8	视觉+听觉+座椅谐振器+转向力	1 155	信号+噪声
总计		8 246	

① 不同数量的实验单元体现了实验反馈选择的随机化。

研究人员将情境的客观状态与参与者的主观评分状态进行比较。因此，无论环境中某事物的客观存在与否（通过二进制 1 或 0 表示存在或不存在），驾驶人都会根据车辆反馈，对事物的存在性持有或多或少的信心。参与者的信心水平表现出不同程度的反应偏向。这种偏向形成于客观（现实世界中的信息）和主观（驾驶人脑中的认知）的评级间的差别。对于每一项反应标准，偏向数据被归类划入了信号检测理论分类法的击中（hit）、漏报（miss）、虚报（false alarm）以及正确拒绝（correct rejection）中。换言之，对于"击中"的刺激，我们只接受非常确信的反应（我们可能相当保守），或者我们可能非常开明，也可以接受仅比中等信心水平高一点的反应。通过这些手段，我们可以更好地利用这些数据，全面建立与改变车辆反馈类型相关的人类行为模型。

使用敏感性（亦常被称为辨别力）量度的非参数指标 d–prime（d'），以 d_a 表示，我们完成了对数据的初步检查。图 8.2 给出了数据分析结果的直观概要。它显示了单纯视觉反馈带来的贡献以及在此基础上非视觉反馈所带来的额外贡献。通过计算每个反馈条件的中位数，将反应标准划分为保守（conservative）、中等（medium）和风险（risky）。

图 8.2 最重要的作用是，它表明了各种单独及组合形式的非视觉反馈都增强了驾驶人对探测信息的敏感性。值得注意的是，噪声实验单元（仅视觉反馈）是"驾驶人孤立状态"的极端表征，在这种状态中驾驶人对车辆转向、完全安静、完全平坦没有感觉。在此情况下，可以观察到驾驶人对环境中信息的敏感性在 $d_a = 0.54$ 和 0.31 之间减小，这在信号检测理论中是很高的量级。当存在转向（存在反馈力矩和自回正力矩）、发动机噪声、空气动力学噪声和与路面有关的振动感觉时，驾驶人对环境中信息的敏感性大大提高。这一结论与研究一的道路试验相吻合。

如果采用参与者的"保守"反应作为他们的探究式回忆行为的最严格检验标准，那么通过统计处理可以发现，与单纯的视觉反馈相比，非视觉形式的车辆反馈的确可以使驾驶人情境意识增加（$X_r^2 = 22.78$, df = 7, $p < 0.01$）。实验后分析（post hoc testing）发现，听觉、听觉 + 振动，以及所有非视觉态相结合的反馈的存在，提升了探究式回忆行为中的统计学显著性（$p < 0.05$）。然而，采用类似的程序进行成对检定（pairwise test），没有发现任何差异效应（p = ns）。换言之，转向力反馈、听觉反馈和振动反馈（在视觉反馈之上）的综合效果并没有比单纯的听觉反馈更强。这符合前人（例如，Horswill 和 McKenna，1999；Horswill 和 Coster，2002）揭示听觉反馈在驾驶中经常被忽视的作用的研究结果。尽管分析的结果并不意味着转向感和振动（触觉）反馈不重要，或者说字面上是零效应的，但它确实表明了驾驶模拟舱研究的一些局限性。

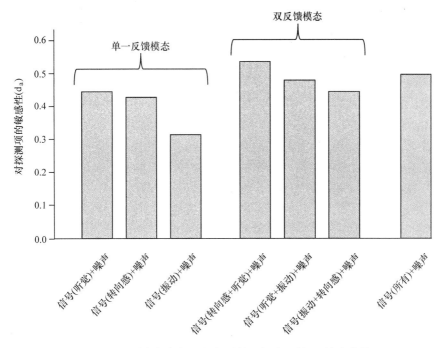

图 8.2 不同车辆条件下的探测性回忆表现的 d_a 的中位数

8.7 研究三：自然与模拟驾驶环境中的情境意识

显然，我们可以利用车辆反馈来控制驾驶人的情境意识，但如何让"自我意识"成为驾驶人自己的情境意识呢？他们是否意识到了这些（特别是在驾驶模拟舱环境中）显著的变化呢？研究三提供了一些有趣的启发。

8.7.1 实验方法

在参与者完成研究一和研究二后，被要求参与一个简单的 20 点评分量表测评。该表是针对"情境的全貌"的评级，0 分表示"情境全貌不清晰"。量表取材于情境意识评分法（Situational Awareness Rating Technique，SART；Taylor，Selcon 和 Swinden，1993），是众多自我报告情境意识测量方法中的一种。

研究一中，12 名驾驶人在驾驶自己的车辆沿 14mile 的试验路线行驶后完成了量表；研究二中，另一组的 35 名驾驶人在经历了不同的车辆反馈组合后的每次暂停间隙完成了量表。在所有情况下，驾驶人必须对"事件后"的情境意识的大致状态做出判断。Endsley（2000）中的证据表明，驾驶人"应该"能够进行这样的评估，因为此时驾驶人对刚经历的情境意识仍然清晰。

8.7.2 结果与讨论

在道路上，高、低反馈车辆驾驶人几乎获得相同的分数。低反馈车辆驾驶人的平均得分为15，高反馈驾驶人平均得分为16.5，总体表现为中等水平的自评情境意识。值得注意的是，在自然驾驶条件下，1.5分的差异并无统计学显著性（$U = 15$，$N1 = 6$，$N2 = 6$，$p = ns$），计算可得效应量为 $R_{bis} = 0.21$，因此即使增加样本数量，两个组别在实际中的差异也是没有意义的。

在驾驶模拟舱中，8种不同的模拟反馈条件下的驾驶人自评情境意识的得分中位数各不相同。最低的"视觉+转向力反馈"为10.2分，最高的"视觉+听觉+转向力反馈"为12分。基于35名参与者提供的多达1164个数据点的统计仅得到1.8分的差距。同时，再次发现得分的中位数在量表评分的中点左右徘徊，说明驾驶人自评的情境意识既不强也不弱。进一步，执行多组配对检验（Friedman Test），通过预测帮助研究人员确认对数据的直观感受。不同反馈条件的主观情境意识评分之间没有显著差异（$X_r^2 = 8.59$，$df = 7$，$p = ns$）。要记住，这是在驾驶人经历了反馈表现形式的剧烈变化下得到的结果（剧烈的变化体现在单一反馈和四种反馈组合方式之间反复的交替、重复）。由于"额外"反馈导致的情境意识的潜在增加不会被实验参与者隐藏。量表的点差1.8的效应量与研究一观察结果同样小（部分埃塔平方（partial eta squared）< 0.01）。虽然统计上有潜在的可检查性，但它无法在实际应用中推断出明确的结论。因此，总体而言，驾驶人缺乏对自己情境意识状态的自我认知，也缺乏对情境意识的任何缺陷的感知。从安全的角度来看，这种现象更令人担忧。

有趣的是，自然试验中的驾驶人的情境意识评分往往显著高于驾驶模拟舱实验中的评分（中位数分别为16.2和10.28）。研究人员将驾驶模拟舱条件下的平均情境意识得分（合并为一组）与自然条件下的驾驶人情境意识得分（也合并为一组）进行比较，发现了显著的统计学差异（$U = 0$，$N1 = 10$，$N2 = 8$，$p < 0.01$）。环境因素（自然与模拟的）对情境意识自评分的影响似乎比车辆因素（反馈）更强有力。因此，可能出现的情况是，模拟环境的使用在更普遍意义上趋于产生对情境意识的抑制。其场景的生态效度更低，导致驾驶人总是需要意识到一个陌生的、矛盾的情境。这是一个重要的方法论观点。

8.8 总结

以上三项研究，以对现有汽车技术形式带来的变化进行模仿或特性描述的方式，探究了车辆反馈这一课题，为未来技术发展趋势指明了方向。本章的核心是，采用三种情境意识的度量方法（口头报告、探究式回忆与主观评级量表），在两个研究环境（模拟驾驶与自然驾驶）中调查驾驶人的情境意识，并在其与车辆反馈之间建立明确的联系。这些实验结果传递出的车辆技术的更广泛的趋势是：

1）即使参考最先进的车辆精致性、舒适性、便捷性的发展水平，似乎仍然对驾驶人的情境意识帮助不大；事实上，车辆技术的提升似乎反而导致驾驶人情境意识的下降。

2）需要突出多模态的车辆反馈的组合作用——在真实驾驶和模拟驾驶中均发现更多反馈模态的组合将提升驾驶人情境意识。

3）即使抛开上述因素，驾驶人对其情境意识的状态及该状态中的缺陷的自我认识仍然不足，这令人担忧。

这些结论之所以重要，第一，这是因为驾驶人情境意识与事故率之间的关系。车辆设计因素导致情境意识的降低是一个值得警惕的问题：设计并没有优化驾驶人的情境意识，相反，情境意识似乎随着设计的演变在不断减少。第二，也是因为它涉及驾驶人在一系列截然不同的信息元素上维持足够情境意识的补偿力。目前还不清楚驾驶人如何进行这种补偿，甚至不清楚他们是否真的能补偿。另一方面，车辆技术正朝着更强大、自动化程度更高的方向发展，如果设计不得当，可能导致明显的能效衰减。上述问题也正是 Norman（1990）和 Bainbridge（1982）等描述的自动化技术的问题与讽刺的焦点。它可能有助于车辆设计者重新考虑多模态反馈组合的作用以及驾驶人对其的高敏感性。"为情境意识"而进行的设计可能是潜在的车辆设计新机遇。第三，可能也是最令人担忧的一点，驾驶人自己似乎无法察觉这些技术趋势对其情境意识的有害影响。他们对情境意识的自我认知能力似乎并不像他们对汽车反馈那么敏锐。对情境意识缺乏自我认知，再加上对情境意识缺乏补偿的潜力（补偿可能通过预测性控制或"前馈"控制来达成），可能掩盖了本来非常明显的安全隐患。这就将压力转移到了车辆设计者身上：如果驾驶人自己不能告知自己的情境意识，设计者就将承担责任，替他们解决问题。

致谢

本章是根据如下文献小幅修改的：Walker, G. H., Stanton, N. A. 和 Young, M. S.（2008），Feedback and driver situation awareness（SA）: A comparison of SA measures and contexts. Transportation Research Part F, 11（4），282-99.

第9章 车辆自动化和驾驶人工作负荷

9.1 引言

自适应巡航控制（Adaptive Cruise Control，ACC）在20世纪90年代中期登上历史舞台，成为第一种被商业应用的车辆自动化技术。它无法代表无人驾驶汽车，但却是人类朝无人驾驶迈出的重要一步。本章展示了对驾驶人工作负荷以及在紧急情况下从ACC中接管控制的早期研究。这些研究结论确实值得我们担忧。我们发现，ACC接管控制后驾驶人的脑力负荷确实降低了，但它的降低也直接导致了一些驾驶人在碰撞发生前没能成功恢复控制权的事故（约占ACC驾驶导致的总事故数的三分之一）。所幸，从ACC及其衍生技术的角度看，人因工程学的洞察也许能够提供一些简单和低成本的补救措施。

9.2 从线控到自适应巡航

在第3章中，我们讨论了航空领域应用线控技术（fly-by-wire）带来的经验教训，这种教训在功能预期效益、设备可靠性、培训和技能维护、技术具有诱导使用者犯错的属性等四个方面尤为突出。本章选取上述维度中与ACC相关的一些问题，进一步进行了探讨。

ACC可以控制车速来保持与前车的距离，在前方出现障碍物时减慢车速，当障碍物消失后恢复目标速度。早期ACC系统普遍采用基于激光测距的系统，直到丰田首次将基于雷达的测距系统投放市场。奔驰和捷豹是最早将该技术引进欧洲市场的企业，分别将该系统命名为"Distronic"和"ACC"。自那以后，该技术的应用变得越来越普遍，时至今日，（如第2章所述）ACC技术已经有了转向低端车轿车市场的趋势。

ACC不同于传统的定速巡航控制（Cruise Control，CC）。在传统的巡航控制中，系统仅解除了驾驶人的脚对加速踏板的控制（即缓解驾驶人的一些体力负荷），而ACC还解除了驾驶人对一些任务的决策工作，如决定制动或决定变道（即，缓解驾驶人脑力负荷）。从这个角度来看，ACC可能是一个潜在受欢迎的车辆附加系统，它提升了驾驶人的舒适度，也使驾驶更为便利（Nilsson，1995）。

通过对典型的驾驶模式下的车速和跟车距离的研究可以发现，当 ACC 系统工作时，车辆可以保持更稳定的速度和前车间距（G. Faber，个人通讯，1996）。ACC 所带来的驾驶模式变化被认为可以缓解交通流、促成更大的交通吞吐量，同时减少拥堵和事故的发生。在所有交通事故中，最常见的是追尾，它在高速公路上致命事故中的占比高达 15%（G. Faber，个人通讯，1996）。造成追尾事故的主要原因是驾驶人没有注意到前车的紧急制动，或者对前方缓慢行驶的车速出现了误判（见第 5 章的错误分类和第 6 章的"真实世界"的驾驶错误）。事实上，一项针对英国境内交通的研究表明，5% 和 10% 的此类高速公路事故可以在 ACC 的帮助下得以避免（Broughton 与 Markey，1996）。

业界正在出现一种越来越强烈的趋势，即期望自动驾驶可以成为解决车辆问题的万能药。Stanton 和 Marsden（1996）提出了一些自动化的优势：改善驾驶人的健康状况，改善道路安全，以及提高产品销量。他们还指出，自动化技术可以缓解驾驶人的脑力负荷，从而降低对驾驶人原本有限的注意力资源的需求。他们还对比了配有传统定速巡航和无巡航车辆的情况。在定速巡航中，驾驶人通过手动操作设定目标车速，完成控制设置，然后按下巡航按钮。这和加热系统中的恒温器操作非常类似。对于无定速巡航的车辆，当车速低于设定目标，驾驶人必须要踩加速踏板才能达到预期。而定速巡航的出现将"踩加速踏板"从驾驶人任务中删除了，但同时也可能增加新任务，例如车辆逐步超过另一辆车后，驾驶人将会立刻激活一项新的监控任务，准备干预控制。如果已经非常接近前车，驾驶人将接管控制，完成车道变更或调整目标车速。

定速巡航是手动操作和全自动驾驶之间的过渡产物。驾驶人在一定程度上仍处于控制闭环中，必须保持清醒以随时决定断开系统，接管控制。如果没有定速巡航控制，驾驶人不会被这些行动的变化所困扰，只需心照不宣地执行驾驶任务即可。定速巡航在英国只取得了有限的成功，这可能是交通拥堵导致的。在拥堵路况下车辆很难保持持续稳定的车速，因此驾驶人需要频繁退出巡航控制。所幸，得益于微处理器技术的进步，我们有了新的自动化技术解决方案：ACC 系统出现了。ACC 是定速巡航的一种工程升级。安装在汽车前部的雷达可以检测前方是否有车辆出现并自动制动。当雷达显示其路径中不再有车辆时，它将自动加速车辆恢复至预设车速。这样，驾驶人就可以从制动、加速、决定制动，以及加速这样的任务中解放出来。

Stanton 和 Marsden（1996）曾警告道：自动化系统并非完美无缺。根据对航空领域自动化的评估（他们认为这是陆路交通中众多概念的发展根基），自动化系统在首次用于操控时，其可靠性通常没有人们预期的那么高。这里存在三个主要问题：第一，驾驶人会变得过度依赖自动化系统；第二，驾驶人将在超出初始设计参数的情况下使用该系统；第三，驾驶人将无法理解与他们的预期相反的系统行为方式。

　　ACC运行中最大的未知数之一是驾驶人对明显失去驾驶自主性的反应。由于ACC系统不能满足每一个潜在的交通场景,驾驶人必须清楚地了解系统的运行模式以及必须要对自动驾驶进行干预的节点。需要正视的一点是,尽管ACC系统会按照设计者和程序员所规定的方式运行,但仍可能导致驾驶人对情境的感知与系统实际运行方式不一致（Stanton和Marsden,1996）。这些现象可以粗略地划分为两种情况,第一种是,目标检测机制没有检测出车辆行驶路径上的所有目标（比如摩托车）；第二种是,目标检测机制检测到了错误的目标（比如将防撞护栏误判成前方车辆）。它们导致的后果可能是良性的,比如在没有前车时莫名其妙地减速；也可能是恶性的,比如正在加速时另一辆车突然进入其车道。这些情景指向了同一个问题：驾驶人是否有能力以一种有效而安全的方式恢复对车辆的控制呢？

　　在ACC出现的初期就有研究表明,驾驶人对ACC有相当高的接受度（Nilsson,1995）,20年后的实际情况证实了这一点。Nilsson（1995）比较了模拟驾驶环境下驾驶人在紧急情况下使用ACC的驾驶行为和不使用ACC的驾驶行为。研究考察了三种场景：车辆接近前方一排静止的车辆队列,一辆车突然并入参与者车辆前方,前方汽车突然紧急制动。所有这些场景都需要参与者的干预控制。Nilsson发现,只有在第一种情况下,驾驶人未能及时完成干预。她表示,这是驾驶人对ACC可有效应对该场景的期望所导致的。那么,实际上,问题不再是驾驶人是否接受ACC本身,而是可能会"过分依赖"它。

　　这就是模拟驾驶研究的价值所在。首先,它们可以让驾驶人置身于真实世界中不道德或不安全的道路工况下。其次,模拟研究可以在精确控制的情况下开展,这样就可以证明驾驶表现的差异仅来自于实验变量的改变,而非其他混合因素。当然,模拟研究还有助于我们压缩经验,收集在自然环境中不太可能短时间内遇到的各种情况的数据。基于上述好处,我们在模拟环境下调查了ACC失效时驾驶人恢复控制权的能力,特别是当ACC系统未能检测到行驶路线前方有车辆出现的情况。同时,我们还比较了ACC与手动控制时,驾驶人脑力负荷水平的差异。根据Nilsson（1995）的研究,我们推论驾驶人可能难以及时发现ACC系统故障。由于没有在文献中找到明确证据,我们决定采用次级任务范式[一]来分析ACC系统工作时驾驶人剩余的注意力资源。

[一] 译者注：次级任务范式（Secondary Task Paradigm）,又被称为双任务范式,是与工作负荷密切相关的概念。简单来说,在两项同时执行的任务中,通过检查次级任务的完成情况来测量主任务所占用的工作负荷资源。如果主任务所占脑力负荷越大,则可供次级任务利用的脑力资源就越少,次级任务的完成情况也就越糟。

9.3 驾驶模拟舱实验

9.3.1 参与者

平均年龄 21 岁的 12 名驾驶人参与了这项研究，包括 6 名男性和 6 名女性。他们是南安普敦大学的本科生，持有英国驾照平均时长为 3.4 年。所有参与者被按照英国心理学会关于心理研究伦理的协议对待。

9.3.2 实验设计

研究人员采用完全重复的析因设计（factorial design）来确保所有参与者都经历了所有实验和控制条件。研究人员测量并收集了主驾驶任务表现的数据（每 0.5s 由软件自动完成一次测量），同时收集次要任务数据，用以测量驾驶人工作负荷。如图 9.1 所示，次要任务的刺激（stimuli）显示在左下角，与道路视野处于同一显示框内。本次任务的目的是量化驾驶人剩余的注意能力，参与者被明确告知只有在满足主任务（即安全驾驶）的情况下才能对次级任务做出回应。驾驶人对图像旋转任务的响应（见图 9.1）通过按下驾驶杆上控制柄来记录。当驾驶人认为两个简笔画人物的方向"相同"，他们将按下左控制按钮，而当他们认为这两个人物方向"不同"，他们将按下右侧控制按钮。对次级任务的参与和回应会占用驾驶人本来用于驾驶的注意力和体力资源（注视旋转人物占用视觉注意力，而对旋转人物的响应占用手动响应），因此只有当驾驶人有剩余的能力才能做到这一点。

次级任务显示

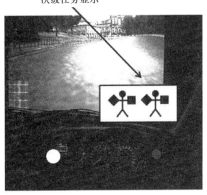

图像相同，按左侧按钮

图像不同，按右侧按钮

图 9.1　驾驶人的道路视野、实验设备以及次级任务

9.3.3 实验过程

参与者被告知这项研究是关于车辆自动化的。研究人员向其展示了驾驶模拟舱并告知随时自由退出测试的权力。一旦他们同意参加，就要坐在车里，调整座椅偏好。然后他们被要求开始驾驶以适应控制驾驶模拟舱的感觉。参与者还被要求练习次级任务。这一过程大约需要 5min。

实验分成 3 个测试项。在第一个测试项中，参与者被要求沿着道路手动驾驶汽车。在实验期间，他们被要求在舒适的距离内跟随前车行驶。他们还被要求尽可能地关注次级任务。在第二个测试项中，参与者仍然维持测试项 1 中的跟车行驶，但在此基础上，要求他们一旦被前车拉开距离，必须激活 ACC 系统，并且在余下的路程内一直使用 ACC 完成跟车。再一次，他们被指示只要条件允许就参与次级任务。在最后一项测试中，参与者得到的要求与测试项 2 完全一致。然而这一次我们对参与者隐瞒了实际情况：当 ACC 模式下车辆加速与前车接近到一定程度后，ACC 系统将故意失效。此时如果参与者不采取（或采取不适当的）回避行为，车辆将与前车相撞。完成实验后，研究人员向参与者简要介绍研究的性质，并要求参与者介绍他们的履历详情。实验的总时长约为 30min。

9.3.4 数据分析方法

参与者的数据被分成 12 个组进行重复测量设计。由于每名参与者的数据每 0.5s 记录一次，模块成为了将数据按单位时间进行均分的方便手段。研究人员对来自驾驶模拟舱的数据进行方差分析（Analysis of Variance，ANOVA），这些数据包括：车辆在道路上的位置、与前车的距离、车速、加速踏板输入、制动踏板输入等。次级任务的数据分析通过 Wilcoxon 符号秩检验（Wilcoxon signed-ranks tests）完成。

9.4 实验发现

我们的分析包括 3 个方面：第一部分是对驾驶模拟舱原始数据的分析，第二部分是对工作负荷的分析，第三部分讨论了 ACC 系统失效时驾驶人恢复控制的能力。

9.4.1 数据分析

对比手动和 ACC 状态下的车辆位置（$F_{1,22} = 0.001$，$p = ns$）、与前车间距（$F_{1,22} = 0.005$，$p = ns$）和车速（$F_{1,22} = 0.456$，$p = ns$）的数据，没有体现统计学显著性。这意味着在 ACC 和手动控制下，这 3 个变量所表征的驾驶人行为并没有统计学显著差异。一个有趣的现象是，在两种涉及手动操作的测试程序下，驾驶人手动操作时与前车保持的间距也没有统计学差异。另外，对比手动和自动条件下的加速踏板（$F_{1,22} = 159.519$，$p < 0.0001$）和制动踏板（$F_{1,22} = 86.087$，$p < 0.0001$）输入，发现了统计学显著差异，当然这是人为设置的 ACC 系统模拟的工作方式所引发的。如前所述，这些统计学上的发现并不意味着手动驾驶和自动驾驶没有差异，而是这些差异对驾驶行为的影响可以忽略不计。

9.4.2 工作负荷分析

通过 Wilcoxon 符号秩检验，手动和自动条件下的次级任务完成表现显示出显著差异（$Z = -4.267$，$p < 0.0001$），在自动条件下参与者可以正确地识别更多的项。图 9.2 显示了手动条件下参与者用于处理旋转人像的空闲时间较少，从而证明了手动操作时更高的工作负荷需求。

9.4.3 恢复控制

如图 9.3 所示，在 ACC 失效时，12 名参与者中有 4 人没有恢复控制，与前车碰撞；8 名参与者做出了有效回应，其中 2 名参与者采取了紧急变道，而剩下 6 名参与者在紧急变道的同时踩了制动踏板。

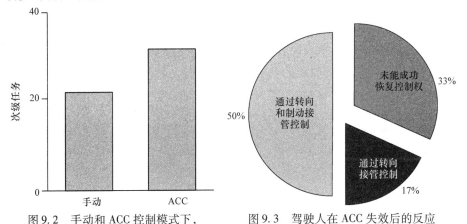

图 9.2　手动和 ACC 控制模式下，对次级任务的争取响应表现

图 9.3　驾驶人在 ACC 失效后的反应

9.5　这些发现意味着什么？

自动化系统所具有的讽刺意味在 ACC 上全部得到了体现。ACC 将驾驶人从一部分任务中解放出来（如制动和加速），但同时又增加了新的任务。在 ACC

系统工作时，驾驶人不得不保持对系统的监控以确保其正常工作。监控任务给带来了新的问题，驾驶人必须判断系统是否失效，Norman（1990）曾将这一问题称为 ACC 系统的"常驻病原体"。它的失效形式可以是不该制动时制动、不该加速时加速、该制动时没制动、该加速时没加速。在这其中，最受关注的两个失效场景是制动失败以及非期望加速，一方面是因为其他的失效不至于将驾驶人立刻推向危险的边缘，另一方面更是因为这两种失效很难被辨别。当车辆不断逼近前车时，驾驶人需要做出判断是否需要恢复控制，而判断的及时性又是重要的成功标准。讽刺的是，自动驾驶可能反而使驾驶人工作负荷不足，从而降低其分配给该任务的注意力水平。然而在紧急情况下，驾驶人又可能面临着注意力资源要求的爆炸式增长。这两者之间存在着矛盾。对于这一点，更详细的原理解释可以参考 Norman（1990）。将人类操作者从控制闭环中移除，也意味着他们对危险征兆的及时发现和反应将受到阻碍。

　　Schmidt（1993）关于非期望加速的研究中描述了一些自动化系统给驾驶行为带来的缺陷。该研究主要关注定速巡航的退出这一话题，但我们猜想其中很多案例与 ACC 具有互通之处。我们注意其中提到的几起由于车辆失控加速导致的事故：驾驶人希望通过踩制动踏板退出定速巡航控制，却错误地踩了加速踏板。Schmidt 发现，这种错误几乎很少被立即纠正，驾驶人往往在一段时间过后才会重新执行有效的策略以避免事故发生，延时在 8 ~ 40s 之间。这种严重的失控可以归咎于一种恐慌现象，被称为过度警觉（hyper - vigilance）。它会导致认知功能的表现递减。这种递减的行为后果包括坚持（perseverance）——坚持继续使用原策略；知觉窄化（perceptual narrowing）——屏蔽大量的外界刺激；冻结（freezing）——未能采取回避行动。在非期望驾驶这一案例内，上述行为意味着，即使车辆正在加速，驾驶人还是会继续踩加速踏板，而不会转为踩制动踏板。事实上，Schmidt 注意到，有些驾驶人甚至会在车辆没有减速时更用力地踩加速踏板。我们猜测，此时驾驶人可能仍然坚持认为所踩踏板正在执行制动操作。但这一现象的意义并不明晰。因为在另一项 Rogers 和 Wierwille（1988）开展的针对模拟驾驶环境下加速踏板和制动踏板的执行错误的研究中，结果发现了相反的结论：参与者立刻感受到了加速踏板被意外激活。Rogers 和 Wierwille 的研究要求车辆在手动模式下保持 20mile/h 行驶，而 Schmidt 则是模拟高速公路上的巡航速度。因此造成两个研究结果差异的一个可行的解释是，车辆在低速行驶时加速，速度以及加速的变化相对较快，而高车速情况下却相对缓慢，因此前者更易被驾驶人感知。另一种解释则认为自动化作用于驾驶行为的不同影响。在手动控制情况下，由于驾驶人处于控制闭环，因此可以立即注意到错误，而在自动化情况下，驾驶人需要过一段时间才能了解控制没有被恢复。

　　我们认为，在诸如 Nilsson（1995）测试案例中"前方车辆静止排成队列"

的场景中，外部道路环境不发生明显变化（即，其他道路车辆未显示出状态变化），驾驶人不太可能对自动驾驶进行干预。Nilsson 的研究表明，当有外部车辆与自己的车距发生显著变化时，如某辆车停在了前方，或者前车突然紧急制动时，驾驶人往往会通过踩制动踏板接管控制。但如果没有如此明显的变化，我们只能寄希望于驾驶人自己意识到车距正在缩短而车辆还没有减速迹象。然而这种意识往往受限于人类远不如雷达系统的距离感知能力以及车辆高速运行时非常平缓的加速反馈。驾驶人似乎期待 ACC 系统可以做出比自己更可靠的干预，但这种信任在某些情况下可能是错误的。

9.6 总结

在 Nilsso 研究中的三分之二的驾驶人，以及我们的研究中三分之一的驾驶人都由于没有及时接管控制而导致车辆碰撞发生。这带给我们一些启示：设计者似乎有必要将 ACC 的状态有效地传达给驾驶人，以帮助其决策适当的干预时机。在下一章中，我们将阐述一些可行的方案。

第10章 自动化的显示

10.1 引言

本章我们将关注应用于一种新型ACC技术的车载显示的设计和评估。这种ACC技术被称为允许起停的ACC系统（Stop & Go ACC，下文简称S&G - ACC），它是常规ACC系统的拓展版，可以使车辆完全静止。在此之前ACC系统只能在超过16.25mile/h的时速下才能运行。前一章已经表明，人们对以ACC为代表的自动驾驶技术最关注的是在任何给定场景中驾驶人响应的适当性。在本章中，我们提出了三种用于支持检测系统模态、空间、时间变化的驾驶人界面：图像显示器、闪烁的图像显示器以及雷达。结果表明，当使用雷达时，驾驶人可以正确识别出更多由系统检测到的变化，但随着这种检测的增强，驾驶人的工作负荷水平也随之提高。

10.2 带起停的自适应巡航控制系统（S&G - ACC）

S&G - ACC与传统的巡航控制系统一样，可使车辆保持巡航速度前进，同时还可以通过自动操纵节气门和制动系统来保持与前方车辆的距离。S&G - ACC控制模块安装在车辆前部，利用雷达来测量与前方车辆的间距和车速。图10.1显示了该系统的功能模块的一种可行的组成。

与常规的ACC不同，该系统能以各种速度运行，并允许车辆完全停止。一旦车辆停止，驾驶人必须进行干预。这时如果已经与前车保持了足够距离，可以通过按恢复按钮重新激活S&G - ACC系统；也可以通过踩加速踏板，随时覆盖系统的动力需求。ACC系统的退出可以通过按取消按钮或踩制动踏板来实现（译者注：ACC技术几年来得到了长足的发展，本章对ACC工作策略的描述及上述示意图并非当今ACC系统的唯一工作方式，在本书中仅作为人因工程论述的背景知识图示）。

S&G - ACC超过ACC的能力是通过增加可在短距离、低车速情况下运行的雷达而获得的。该系统具有内置的监控能力，因此在车速取决于驾驶人设置之余，车辆的减速水平也受制于系统设计者。换言之，系统不会执行紧急制动，而将该操作留给驾驶人。当驾驶人需要操作制动踏板，即 S&G - ACC 的制动水平已经到达极限时，该系统会发出声音警报提醒驾驶人。由于系统制动的限制，驾驶人在车辆接近缓慢移动或静止物体时可能需要进行干预，且这种可能性随着车速的增加而增加。S&G - ACC 系统也旨在为车辆排队场景提供辅助，可使车辆与前方缓慢行驶的车辆保持一定的距离。

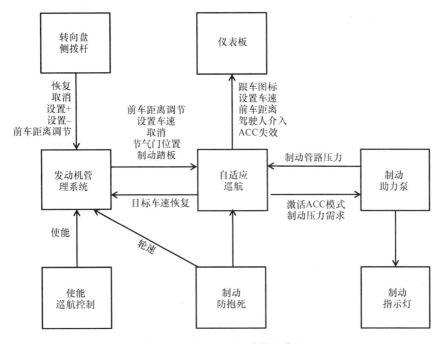

图 10.1　S&G - ACC 功能示意图

在上述待测试的 S&G ACC 系统中，其仪表板原始的显示策略是：在车辆进入跟随模式后，仪表呈现一个常亮的黄色跟车图标；退出跟车模式，则图标消失。这是最简单的界面了。基于该界面，我们重新考虑了另一种显示模式：当有新的路径内目标出现时（例如一辆新车），则跟车图标将首先变为红色并闪烁，再变为黄灯，常亮。第三种界面已经背离了跟车图标设计。该界面将路径内目标数据映射到雷达形状的显示界面上，可以囊括驾驶人对时间、空间和模式的全面信息反馈的要求（可参考附录：驾驶层次任务分析法）。它建立了现实中路径内目标位置（即，另一个道路使用者的位置）和它在驾驶人界面上的显示（即，显示器中心 21m 处标记出的球形部位）之间的直接关系。所有三个设计和设计概念如图 10.2 所示。

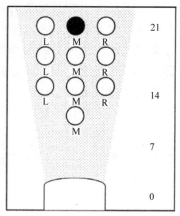

图标式显示：
模式1：标准黄色灯
模式2：先红色闪烁，再进入标准黄色灯

雷达式显示(单位:m)

图 10.2　显示类型

表 10.1 显示了不同界面设计和情境意识元素之间的映射。所有三个界面设计都支持模式意识，但只有雷达形显示支持空间意识，并在一定的程度上支持时间意识。其展现出的认知不协调是自动化系统的普遍问题（Baxter，Besnard 和 Riley，2007）。设计需要关注驾驶人信息需求的传递，以便为其提供最佳机会来适当地处理情境。因此，可以预见的是，当采用雷达形显示时，驾驶人在检测 S&G - ACC 系统获取的新路径内目标上的表现是最佳的。Seppelt 与 Lee（2007）认为，界面设计还需要以一种连续的方式向驾驶人传递系统的限制。针对这一点，雷达形显示因其可提供关于模式、空间和时间变化的连续信息（可被驾驶人用来与客观世界的信息进行比较）而脱颖而出，其他两组显示方式只传达关于模式变化的离散信息。

表 10.1　界面设计及其映射的情境意识元素

界面设计	模式意识	时间意识	空间意识
标准图标	＊＊＊		
闪烁图标	＊＊＊		
雷达形显示	＊＊＊	＊＊	＊＊＊

表 10.1 中的符号表示该界面支持情境意识的相关类型。例如，标准的常亮图标和升级版的闪烁图标只支持模式感知，因为它们只在目标车辆被 S&G - ACC 系统发现时才点亮，从而将车辆的"巡航模式"改为"跟车模式"。雷达形显示除了模式感知外，还可以传达空间感知信息，即目标车辆的范围和方向。当目标接近或远离主车辆时，一些有限的时间感知信息也可以通过雷达形显示（由较少的符号所示）传达。若想更好地支持时间情境意识，显示应可以雷达形显示

的基础上额外提供碰撞时间⊖信息。对于S&G－ACC的驾驶人来说，其他车辆的空间相关性（例如，纵向和横向上的路径内目标相对位置），其他车辆的时间相关性（例如，多久后将会发生碰撞）和其他车辆的模式相关性（例如，是否获取新的路径内目标）都非常重要。所有这些信息的整合有助于确保驾驶人对他们的情境动态作出适当反应。Brookhuis等（2008）报告了驾驶人对一种与S&G－ACC类似的堵车辅助功能的高度接受。

10.3 车载显示对分布式情境意识的作用

在驾驶领域，情境意识被定义为驾驶人的目标、车辆状态、道路环境、基础设施以及其他道路使用者在任何时刻的行为之间的关系。当车辆自身可能具有某种程度的自主权时，这一概念变得更为相关，因为驾驶人将承担额外的任务去监控和控制车辆系统的状况。随着车载系统接管驾驶任务，驾驶人对系统状态的理解可能会偏离实际（Woods, 1988；Baxter, Besnard与Riley, 2007）。这就要求系统显示界面的设计可以明确地将系统状态传达给驾驶人（Young与Stanton, 2002a）。情境意识的概念来自于航空领域，飞行员和空中管制面临着很大的压力，这也迫使双方不得不具备更好的情境意识（Jensen, 1997）。例如，在空中交通管制中，管制员经常谈到在时间和空间上维持飞机的"画面"。该"画面"必须是对飞机类型、飞行方向和速度的某种内部心理表征，其信息可以从雷达形显示和飞行数据条中提取出来。这种外部信息需要与管制员内在的知识、培训和经验相结合，以便能够发出安全的飞行指令，使飞机保持隔离并最大限度地提高航线效率。与空中交通管制员一样，驾驶人也需要在动态环境中跟踪许多关键变量。驾驶人还需要预测这些变量在不久的将来如何改变，以便调整自己接下来的驾驶。

Stanton与Young（1998）对先进车辆系统进行了研究。该研究将先进车辆系统划分为两类，一类是驾驶任务的辅助支持系统（如导航系统、车道偏离警告和视觉增强系统），另一类是替代执行驾驶任务的系统（如自适应巡航和自适应转向）。根据划分，我们可以认为驾驶人支持系统旨在通过引导和提醒来提高驾驶人情境意识（Stanton与Pinto, 2000），而驾驶人替代系统则可能因为减少了驾驶人需要执行的任务而导致情境意识的降低。我们再次回到了Norman（1990）与Bainbridge（1982, 1983）提出的自动化的问题和讽刺——在考虑车辆设计时，工作负荷和情境意识应该在设计者的议题上占据重要地位。

⊖ 译者注：碰撞时间（Time－to－contact, TTC）是数学、光学、视觉算法相关的概念，在这里可以简化理解为车辆会撞上前车的预计时间。

10.4 车载显示对驾驶人工作负荷的作用

过高和过低的负荷水平都会产生一系列不良后果，包括疲劳、错误、单调（monotony）、心理饱和（mental saturation）、警觉（vigilance）或应激降低（Spath，Braun 和 Hagenmeyer，2006），所有这些都可能影响驾驶表现。当驾驶人面临过度的任务要求和注意力资源时，他们就会负荷过度（overloaded），进一步细分，脑力负荷过度（mental overload）发生在驾驶任务负荷超过了驾驶人的注意力极限时。与之相对的，当驾驶人面对过低的要求时，可能会进入脑力负荷不足（metal underload）的状态，此时驾驶人的注意力资源萎缩，应对突发事件的反应将变得迟缓。显然，最佳的任务表现应对应着最佳工作负荷水平。汽车设计人员应尽可能使驾驶人保持在最佳工作负荷，以确保其驾驶表现的有效性。

如果我们进一步将驾驶人的注意力划分为驾驶（例如，车辆控制、危险检测和危险躲避）、驾驶相关任务（例如，操作导航系统）和非驾驶相关的任务（例如，操作通信、气象以及车载娱乐系统），对工作负荷的优化就显得更为重要。执行并行任务的能力取决于注意力资源在每个任务上的有效分配（Young 与 Stanton，2002a）。系统设计应以细心的驾驶人为对象，而非散漫的驾驶人（Stanton、Young 与 Walker，2007）。因此，当设计 Stop & GO ACC 时，设计者应采取折中措施优化工作负荷，使之既不太高也不太低。为达到本章所述研究的目的，我们不妨设置一个假设：可以传达模式、空间和时间等汇总信息的界面，将比仅传达单一信息的界面更为成功。理想情况下，驾驶人应能及时把 S&G – ACC 界面呈现的信息和从环境提取的信息整合，驾驶人还应能确定是否需要对它们进行干预。总之，这个实验研究的目的是评估驾驶人情境意识的主观和客观水平，同时这个研究还探讨了驾驶人工作负荷和界面的用户体验问题。

10.5 研究内容

10.5.1 参与者

本研究招募了 6 名男性和 6 名女性参与者。他们都是捷豹汽车的员工，但没有 S&G – ACC 项目的背景知识。参与者须签署一份知情同意书，告知他们有退出研究的权利。参与者的统计概况如表 10.2 所示。

10.5.2 实验设计

该实验采用被试内设计（within – subjects design），有两个自变量，一个称为"界面"（ID 1），另一个称为"任务类型"（ID 2），如表 10.3 所示。5 个因变量的度量包括：主观情境意识，采用情境意识评级量表（SART）；驾驶人工作负荷，采用 NASA – TLX 量表（Hart 与 Staveland，1988）；反应时间；系统可用性，采用系统可用性量表（System Usability Scale，SUS；Brooke，1996），以及客观情境意识。此外，研究人员在实验结束时进行了多路径内目标检测实验，以观察出现多个目标时驾驶人是否能够识别 S&G – ACC 检测到的目标。

表 10.2　参与者特征分布

	平均值	标准差	最小值	最大值
年龄	27	2.26	24	30
每月驾驶里程/mile	920	354	200	1 500

表 10.3　自变量和因变量

界面（ID 1）	任务类型（ID 2）	度量（DV）
标准图标	低速跟车	主观情境意识
闪烁图标	起动与停车	驾驶人工作负荷
雷达式显示	弯道时前车丢失	反应时间
	前车紧急制动	可用性评级
	前方并入车辆	客观情境意识

6 名男性和 6 名女性参与者的实验界面平衡分配，实验任务的出现也是随机的。由此避免顺序效应（order effect）。

10.5.3　实验设备

实验车辆具有 S&G – ACC 功能，并配备了一个数字录像机来记录参与者的口头报告和对时间的反应时间数据。参与者只能看到 S&G – ACC 界面，不能看到车辆数据。液晶控制面板上显示的其他数据包括：时间（100Hz），选定的路径内目标数据（目标类型、跟踪 ID、范围、速度、角度），驾驶人制动系统、制动压力、车速、驾驶人与 ACC 按钮的交互，仪表板上显示的信息，S&G – ACC 标准常亮或闪烁图标，以及雷达形显示。通过"雷达形显示"选项可以将标准或闪烁图标切换至雷达式显示。其他数据被口头报告所涵盖，参与者被要求报告 S&G – ACC 检测到的路径内目标（"目标获取"或"目标丢失"）和车辆行为（"制动"或"加速"）。收集口头报告是因为路径内目标不一定伴随着驾驶人的车辆控制输入的变化而变化。研究人员对参与者强调，他们只能报告检测到的与车辆行为和目标车辆有关的变化。

"前方车辆"由实验组成员驾驶，并载有一名乘客。被测车辆中的实验者与前方车辆中的乘客之间保持无线电通信。在每项任务开始时，工作人员将通过无线电宣布任务类型，以便领头车辆和参与者了解即将发生的事情。测试中的安全至关重要，测试地点位于英国 Gaydon 地区⊖，是一个宽度为 5 车道的椭圆形的高速试验跑道。跑道中有一段 1km 长的直线路程，接着是一个 S 形的弯道，通向一个逐步弯曲的展开路段，然后到达一个逐步弯曲的拐角，再回到直线路段。本实验设计的 5 个任务类型各在一个单圈内完成。

10.5.4 驾驶任务

此项研究包含 5 项驾驶任务：低速跟车、起动与停车、弯道时前车丢失、前车紧急制动、前方并入车辆，如表 10.4 所示。此外，研究人员进行了一个"多目标识别"试验以确定驾驶人能否正确识别仪表显示的雷达识别物体确实是前方车辆。虽然系统可以跟踪多个目标，但通过界面（标准图标、闪烁图标和雷达形显示）只能向驾驶人报告一个目标。该测试有两个目的：第一，移动试验只有一个目标车辆，因此需要用模拟的方法分析多个目标车辆存在的情境，以充分验证系统功能；第二，以系统发展的当前阶段，用多辆移动车辆进行实车试验存在危险，因此需要借助模拟方法。

表 10.4 驾驶任务描述

驾驶任务	描述
低速跟车	实验主车以 6.25~15.6mile/h 的速度跟随前车，加速减速完成 6 个循环
起动与停车	实验主车以最高 18.75mile/h 的速度跟随前车，其中经历 3 次完全停车
弯道时前车丢失	实验主车以 31.25mile/h 的速度跟随前车，前车在一个弯道上加速
前车紧急制动	实验主车以 31.25mile/h 的速度跟随前车，前车紧急制动
前方并入车辆	实验主车以 37.5mile/h 的速度前进时，前方突然有车辆并入车道

在整个实验过程中，S&G – ACC 系统都处于激活状态，只有界面发生了变化。

10.5.5 实验程序

一旦同意参加此项研究，其档案数据将被搜索以确保性别群体被匹配。研究前的一个星期，每名参与者都花了 1h 时间驾驶实验车辆绕英国考文垂行驶以适应 S&G – ACC 系统。在正式实验中，每名参与者沿着试车路线跟车行车，同时受到不同的实验要求的限制（如表 10.4 所示）。

10.5.6 数据提炼与分析

响应时间数据是从为每名参与者录制的数字视频中计算得来的。100Hz 的视

⊖ 译者注：Gaydon 试车场属于捷豹公司，是欧洲知名的试车基地。

频时码被记录在磁带上,"暂停"和"慢速"功能让研究人员可以获得更精准的响应时间。每个任务的响应时间被计算,如表 10.5 所示。当每名参与者采集到不止一个反应时间时,响应时间将取平均值。

表 10.5　每种任务类型中驾驶人反应时间的计算方法

任务类型	计算驾驶人反应时间
低速跟车 – 制动	车辆开始制动的时刻与驾驶人口头喊出"制动"的时间差
低速跟车 – 加速	车辆开始加速的时刻与驾驶人口头喊出"加速"的时间差
起动与停车 – 制动	车辆开始制动的时刻与驾驶人口头喊出"制动"的时间差
起动与停车 – 恢复	前车驶出车道的时刻与驾驶人按"恢复"按钮的时间差
起动与停车 – 加速	车辆开始加速的时刻与驾驶人口头喊出"加速"的时间差
转弯 – 目标丢失	车辆跟丢前车的时刻与驾驶人口头喊出"目标丢失"的时间差
转弯 – 目标获取	车辆跟获取前车的时刻与驾驶人口头喊出"目标获取"的时间差
前车紧急制动	车辆开始制动的时刻与驾驶人口头喊出"制动"的时间差
前方并入车辆	车辆跟获取前车的时刻与驾驶人口头喊出"目标获取"的时间差

10.6　实验结果

我们关注如下变量:驾驶人反应时间、驾驶人工作负荷、界面可用性、客观与主观情境意识。

方差分析显示,在任何任务中,不同的界面设计对驾驶人的反应时间没有统计上的差异。S&G – ACC 任务中驾驶人反应时间的百分位数(percentile)见表 10.6(尽管只是一个很小的样本)。因为 S&G – ACC 的应用场景多种多样,这些反应时间可作为其设计的指南。

表 10.6　S&G – ACC 的反应时间百分位数

驾驶任务	百分位数/s				
	5th	10th	50th	90th	95th
1. 低速跟车 – 制动	1.28	1.38	1.70	2.43	2.66
2. 低速跟车 – 加速	2.05	2.27	3.03	4.38	4.99
3. 起动与停车 – 制动	1.21	1.31	1.70	2.37	2.83
4. 起动与停车 – 恢复	0.99	1.17	2.17	3.30	6.46
5. 起动与停车 – 加速	2.08	2.70	3.86	5.68	5.95
6. 转弯 – 目标丢失	1.17	1.45	2.25	9.17	20.09
7. 转弯 – 目标获取	0.93	1.13	2.25	3.98	5.39
8. 前车紧急制动	1.14	1.37	2.24	3.78	5.14
9. 前方并入车辆	0.89	0.99	1.53	2.39	2.70

多路径内目标测试揭示了 3 种界面设计的驾驶人对车辆检测到的路径内目标

的识别率在统计上的显著差异性（$\chi^2 = 11.619$，$p < 0.005$），如图 10.3 所示。对不同界面的事后比较揭示了标准图标和雷达形显示之间统计上的显著差异（$Z = -2.494$，$p < 0.05$），也揭示了闪烁图标和雷达形显示之间统计上的显著差异（$Z = -2.666$，$p < 0.01$），标准图标和闪烁图标显示之间没有统计上的显著差异（$Z = -0.578$，$p = ns$）。换言之，雷达形显示的表现与两种图标显示均存在很大差异。

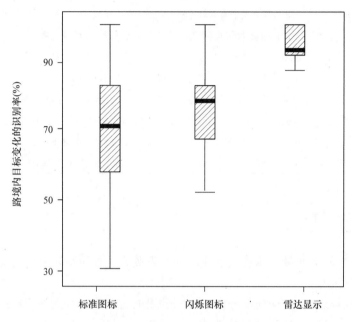

图 10.3 3 种显示模式下的路径内目标变化检测率

如图 10.3 所示，图标界面检测到的路径内目标变化要少得多。这表明，驾驶人在这些情况中更容易犯模式错误，因为他们不太能发现 S&G - ACC 系统已获得的新路径内目标，并不再跟踪旧目标。由于具有多个路径内目标，驾驶人知道 S&G - ACC 系统在跟踪哪一个目标变得至关重要，雷达形显示很好地使驾驶人做到了这点。

图 10.4 说明，在使用雷达界面时，感知到的驾驶人脑力、体力和时间上的工作负荷和努力都达到了更高的水平，这些结果也得到了统计对比结果的支持。驾驶人们意识到他们正在努力工作，并在这种情况下投入更多的精力。另外，针对界面可用性，对其的主观评价没有发现 3 种显示类型之间具有统计上的显著差异（$\chi^2 = 2.13$，$p = ns$）。情境意识主观评级在 3 种显示之间也无统计上的显著差异（$\chi^2 = 1.66$，$p = ns$）。

同样，对于所有传感器测量的数据，3 个界面之间也没有统计上的显著差

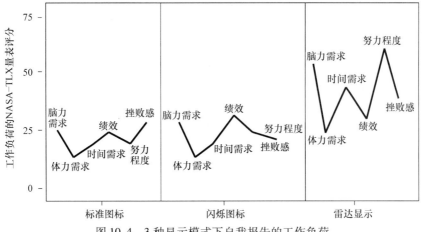

图 10.4　3 种显示模式下自我报告的工作负荷

异。由于没有统计上的差异，车辆传感器数据被编译成一个单一的数据库，从中可以得出有用的设计值，在表 10.7 中列出。

表 10.7　驾驶人注意到自己的车辆正在制动的时刻

任务及该时刻状态数据	平均值	标准差	最小值	最大值
低速跟车				
- 距离/m	13.99	1.66	10.7	20.3
- 距离变化率/(m/s)	-7.53	1.25	-5	-10
- 制动压力/bar	9.74	1.61	7	15
- 车速/(mile/h)	13.71	3.47	9.3	30.9
起动与停车				
- 距离/m	16.48	2.43	11	22.8
- 距离变化率/(m/s)	-8.2	1.87	-3.6	-11.9
- 制动压力/bar	10.28	1.96	5	14
- 车速/(mile/h)	18.9	3.45	13.1	29.9
前车紧急制动				
- 距离/m	13.61	4.51	3.8	22
- 距离变化率/(m/s)	-7.51	3.31	-0.5	-14.8
- 制动压力/bar	13.53	5.34	1	24
- 车速/(mile/h)	21.39	6.22	5.5	31.8
前方并入车辆				
- 距离/m	12.86	2.42	8.4	19
- 距离变化率/(m/s)	-3.51	2.49	-3.9	-7.4
- 制动压力/bar	12.5	6.96	3	41
- 车速/(mile/h)	29.09	2.29	23.5	32.9

为了协助解释3种界面下的客观情境意识和工作负荷的结果，研究者对参与者进行了调查。调查以3个界面的优缺点的形式体现，如表10.8所示。

表10.8 参与者对3种显示方式的评价（x人代表提出该观点的人数）

界面	优点	缺点
标准图标	非常简单（6人） 不太复杂 视觉上形象化 提供有用的信息 容易引起注意 最小的脑力负荷 要求不算太高 不需要动脑思考太多信息	信息不足 多车辆环境使用困难 转向时没有提供额外信息 图标太小
闪烁图标	车辆行驶时提供足够的信息和警告 不会使驾驶人分心 系统简单 指示新的信息 通过闪烁引起驾驶人的注意	没有注意到它在闪烁（3人） 闪烁让人心烦 闪烁太快了（2人） 转向时没有提供额外信息 图标太小 不得不查看图标是否发生变化
雷达形显示	易于理解 可以使驾驶人了解车辆当前的状态，尤其在转弯时 提供了更丰富的信息（2人） 可以看到系统在不同车距下的监控结果 使驾驶人更自信 更易于判断是否需要接管控制车辆 有助于理解系统当前的运行情况	太令人分心（2人） 太复杂（2人） 太多信息 需要更多的关注度 需要更多脑力负荷 应该展现所有的路径内目标 应该放在驾驶人视觉的中心 不需要这么多信息 不得不经常查看显示是否发生变化

驾驶人对这3个界面的意见可概括如下：标准图标界面使用起来最简单，但它剥夺了驾驶人了解一些信息的可能性；闪烁图标界面的使用也很简单，但是闪烁时间太短；雷达形显示提供了更多有用的信息，但更复杂，要求也更高。

10.7 这些结论意味着什么？

总之，此项研究得出3个主要结论。第一，反应速度似乎并没有受到界面类型的影响，这可能意味着真正触发驾驶人进行干预的是通过自动制动感受到的来自车辆动力方面的暗示。第二，驾驶人利用雷达形显示比两个图标显示更能探测到路径内目标的变化。在多辆车的情况下，使用图标界面时，驾驶人更有可能无法辨识由

S&G-ACC 系统跟踪的目标车辆。还有,我们发现主观情境意识评级量表对这些差异不敏感,这对情境意识度量具有更广泛的影响,我们稍后将对此进行详述。第三,雷达形显示比图表显示能探测到更高的心理、体力和时间工作负荷。这可能是因为驾驶人得到了更多时间和空间的信息。这一因素可能在某段时间内放大。驾驶人的主观反应可强化情境意识和工作负荷的调查结果。从本质上讲,驾驶人发现图标界面很简单,但缺乏信息;而雷达形显示更复杂,但可提供更多信息。

10.7.1 模式错误方面的启示

驾驶人比较难以通过图标显示来识别系统中目标路径的变化,这再次说明了模式错误(mode error)是普遍存在的。换句话说,驾驶人对系统状态的报告偏离了实际情况。模式错误之所以引发关注,是因为它们直接来自于人与技术的交互。在对人为错误的分类中,Norman(1981)特别强调了这类错误需要引起格外重视。S&G-ACC 系统模式的错误分类可能导致驾驶人错误,从而造成严重后果。因此,驾驶人对模式的意识非常重要。驾驶人对系统处于哪个模式的了解程度,以及在任何特定情况下该模式与车辆行为的关系,将是衡量自动化系统设计成功与否的标准之一。在 S&G-ACC 激活的情况下,试想以下场景:主机车辆正在跟踪领头车辆,此时刚好一辆摩托车驶入主车辆和前车之间。主车辆驾驶人面对着一个问题:S&G-ACC 系统到底有没有获取摩托车作为新的路径内目标,还是仍然在追踪原车辆?如果原跟踪车辆正在加速,那么这一判断变得非常重要——因为主车辆同样会加速以保持两者之间的车距(Seppelt 与 Lee,2007)。如果驾驶人能够确定 S&G-ACC 尚未获取摩托车作为新的路径内目标,那么他们能及时进行人工干预。本章所述研究结果表明,在这种情况下,雷达形显示对驾驶人更有帮助。

10.7.2 情境意识方面的启示

两种情境意识度量方法(主观量表和口头报告)的差异引出了主观度量方法的效度问题。尽管 SART 问卷已被广泛应用,但它似乎对本章研究中的图标与雷达界面之间的差异不敏感,更不用说对第 8 章中所述的实验操作了。在收集数据的方式上,这两种度量之间存在明显的差异。SART 要求参与者在 7 点李克特量表上(Likert Scales),报告跨 10 个维度的意识水平,而本章中,对路径内目标的测试度量要求驾驶人口头报告 S&G-ACC 在跟踪哪个目标,研究人员记录此口头报告,然后与实际跟踪目标做比较。有趣的是,虽然雷达形显示时的驾驶人实际意识水平较高,但这些差异在主观量表上体现得并不明显。为了进行新的自动化车辆系统的未来研究,研究人员建议在测试情境意识时用口头报告和调查回忆法来替代主观量表(Salmon 等,2006;Salmon 等,2009)。

10.7.3 脑力负荷方面的启示

相比其他两种显示,雷达形显示对驾驶人提出了更高的要求。这部分是由于雷达形显示的信息量更大,另一部分是由于显示器安装的位置。图标显示安装在转速表和里程表之间的仪表板上,而在本实验原型车中,雷达形显示要求驾驶人向左下方看(试验车为左侧通行,而雷达形显示位于中控台,覆盖了原先的导航系统)。对一个左舵汽车来讲,显示器放置在中心位置可能覆盖了导航显示。更接近于驾驶人视野中心的位置可能会降低对驾驶人的需求,尽管这种方式会分散他关注道路环境、其他车辆和其他设备(里程表、转速表、导航系统、娱乐系统等)等首要任务的注意力。在此项研究中,驾驶人报告了雷达形显示的刻度中点与图标显示器刻度下方三分之一处的工作负荷。其含义是,如多路径内目标检测任务中所显示的一样,雷达形显示情况下驾驶人对目标车辆的识别率越高,工作负荷也越大。实际上,雷达形显示会分散驾驶人的注意力。然而,雷达形显示情况下的高工作负荷可能不是大问题,因为 S&G – ACC 系统常应用于车辆排队等低速场景。在相关文献中(例如,见 Wickens,1992)可以找到对有限的注意力资源存在需求的案例,这里不进行详述。Brookhuis 等(2008)发现使用交通拥堵辅助系统增加了心理负荷,虽然它们的界面是文本和图标的混合体而非单纯图形显示,该显示的位置也设置在了中控台,不在仪表板内。驾驶人的表现通常与心理负荷过高和过低的临界点过高和过低有关(Young 与 Stanton,2006)。考虑到自动化系统会带来心理负荷不足的潜在问题(Young 与 Stanton,2002a,2002b),可以在显示中加入驾驶表现的信息,以使驾驶人心理负荷保持在较高水平并提高情境意识。当驾驶任务需求减少时,情境意识显示有助于通过向驾驶人提供额外需求使驾驶人的注意力资源始终保持在最佳水平。驾驶中的情境意识与工作负荷之间的联系需要进一步调查。Walker、Stanton 与 Young(2001)发现情境意识较高的驾驶人也可能展现较低的工作负荷水平,而 Endsley、Bolte 与 Jones(2003)则暗示工作负荷与情境意识之间存在正相关关系,本章的研究也证实这点。未来的研究应进一步探索这种关系,因为设计良好的显示应该做到在不增加工作负荷的情况下提高驾驶人的意识水平。

10.8 总结

通过分析不同车载显示设计的优缺点,我们得出了一些结论。Endsley、Bolte 与 Jones(2003)提出 50 种设计原则来支持人类操作者的情境意识。大多数这些原则都要求设计者简化信息表征方式,以帮助使用者感知、理解和预测系统状态。驾驶人不太可能使用车载显示(如 S&G – ACC 的显示)作为信息的首要来源，视觉信息的首要来源必然是真实世界。车载显示装置有助于驾驶人理解计算机控制系统正在执行的任务。在 S&G – ACC 工作时，它可以帮助驾驶人了解哪一个道路使用者是目前系统真正检测到的路径内目标，以及任何给定的情况下的车辆响应方式。

Norman（1990）认为，计算机系统有必要通过一种与副驾驶人类似的非正式方式，将自身的控制行为传达给他们的人类"同行"。未能有效传达可能导致系统以一种驾驶人无法预知的方式运行。这就引出了首要设计原则：将系统的变化传达给驾驶人，以便他们解析 S&G – ACC 当前的状态——例如，正在有效地驾驶汽车。Endsley、Bolte 与 Jones（2003）表示，因为注意力和记忆力是有限的，显示的设计应该更加直白，以使驾驶人更容易理解系统正在做什么（第二水平情境意识的信息要求）。Norman（1993）提出，现实世界的状态和该状态的表征之间的自然映射是达成快速理解所必需的。这些表征只需要捕捉现实世界的基本特征。这就引出了设计的第二个原则：在现实世界及其表现方式之间进行直接映射。对 S&G – ACC 系统而言，这种直接映射包括：前车的示意，前车相对主车的空间参考（即空间情境意识），前车状态是否发生变化的示意（即模态情境意识），以及与路径内目标车辆的间距（即时间情境意识）。空间意识的显示可能是最容易设计的，雷达形显示从设计上尝试了显示路径内目标车辆与主车辆之间的关系。模式感知的示意比较困难，因为它需要表现系统状态的变化。在雷达形显示中闪烁的圆点和图标显示器中闪烁的"图标"是当系统检测到新目标时提醒驾驶人注意的一种方式。无论哪种方式，都需要能够快速和有效地向驾驶人传达信息（Baxter、Besnard 和 Riley，2007；Seppelt 和 Lee，2007）。相比之下，时间意识的显示更困难，研究中没有一个界面能有效地传达这一信息。以秒为单位倒计时显示车辆碰撞时间（time – to – contact）可以传达此类信息，但它会明显增加工作负荷。一个更简单的方式是只显示 3 个状态：目标车辆接近，保持相对静止或逐渐远离。然而这将增加图标和雷达形显示的复杂性，因为它将需要进一步编码（例如图中的圆球需要支持彩色显示）或增加辅助显示。

除了 S&G – ACC 界面设计方案的问题，还需要考虑仪表板内显示放置的位置（Brookhuis 等，2008）。图标界面比雷达形显示所需要的仪表板的"占地面积"更小，这使得它们在实际车辆中更实用。可重构液晶仪表板（Reconfigurable LCD Instrument Cluster）的出现（见第 2 章）使雷达形显示的实际应用（同时相对廉价）成为了可能。可重构的液晶仪表板可以使显示动态变化，例如 S&G – ACC 界面仅在车速低于 16.25mile/h，且路径内发现目标车辆时才显示。这种显示策略还有待进一步探究。

关键问题是，车辆设计者可以利用这些人因工程学的启发来开发新型显示方式。在本章所述实验模型较为粗略。通过抛砖引玉，我们还可以进行大量的讨论，直到一个实现上述所有人因工程考量的、"完美的"显示器成品出现。

第 11 章 对车辆技术的信任

11.1 引言

新型汽车技术本质上意味着将驾驶人置于不确定和知识不完备的情境中，潜在地要求他们将自己的生命交给未知的技术，将自己的"责任委托给另一方，使自己处于危险或处于弱势地位"（Lee 和 See，2004，第 53 页）。不管我们是否愿意，我们都要求驾驶人信任我们正在设计的车辆系统。如果车辆得不到信任，按照 Parasuraman（1997）的观点，这些车辆系统将会被弃用（disused）、误用（misused），甚至滥用（abused），最终产生意想不到的后果，并可能导致严重的成本和安全问题（Merritt 等，2013）。

在许多其他领域中，信任已成为备受关注的话题，例如，Kramer 和 Tyler（1996）；Parasuraman 和 Wickens（2008）；Tharaldsen, Mearns 和 Knudsen（2010）；Stanton（2011）；Yagoda 和 Gillan（2012）；Geels-Blair, Rice 和 Schwark（2013）；Hoffman 等（2013）；尤其是 Lee 和 See（2004）进行了出色的综述；Kazi 等（2007）。考虑到研究主体的日趋庞大，我们似乎也可以从汽车设计的角度来审视信任，并探究这一概念将以何种方式帮助我们。首先，什么是信任？《牛津英语词典》给出的定义是"对人或事物明确预期的坚定信念"。这个定义是对这一复杂的、多学科的、多方位的、多层次结构的概念的简单定义（Tharaldsen，2010）。毫无疑问，"也许没有一个变量能像信任一样彻底地影响人际关系和群体行为……信任是决定一系列关系的突显因素。信任在任务绩效中至关重要"（Golembiewski 和 McConkie，1975，第 131 页）。

信任这一概念包含许多重要的方面。首先，从它所具有价值负载（value-laden）的属性来看，信任具有可感知的社会心理学（social-psychological）层面的属性（Merritt，2011）。信任被赋予的属性是良性的、善良的、可取的；而无论对人还是对车辆系统而言，被贴上不可信的标签都是消极否定的。其次，信任的建立使事情得以完成、计划得以制定，特别是在知识不完备和复杂度不断升高的情形下（Beller, Heesen 和 Vollrath，2013）。因此，信任具有行为层面（behavioral aspect）的属性。最后，信任还具有认知层面的属性，它与驾驶人在驾驶时处理信息的方式有关。Lee 和 See（2004）发现，这种更"机械的"信任属性常常被夸大了，而事实上它在情绪/情感层面似乎没有那么强大。信任是第 7 章提出的心理学模型的一个重要组成部分，它与车辆反馈、驾驶人控制点、驾驶人工作负荷、驾驶人应激、驾驶人情境意识以及心理表征有关。理解这些关系并不容易，因为这些关系不仅通过经验和事件进行协调，还与经验和事件存在互动。我们已经论证，如果你希望提出对汽车设计有用的建议，你就必须了解模型中各因素之间复杂的相互作用。一种有助于我们将信任更广泛地作为人机系统的中介变量使用的实用组织框架是"计划行为理论"（Theory of Planned Behaviour，TPB；Ajzen，1991），如图 11.1 所示。

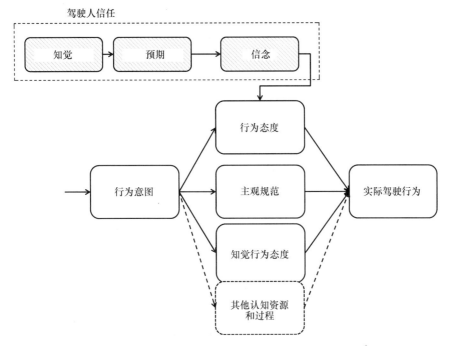

图 11.1　计划行为理论是一种简化行为模型，其中可以反映信任以及其对行为的影响

在图 11.1 所示的框架内，实际驾驶行为的主要决定因素是执行该行为的意图。当然，由于其他认知、社会心理和情绪/情感因素的影响，驾驶人不会执行每一个意图表现的行为。驾驶人的认知因素可以通过各种信息加工活动来捕获，包括性情相关因素（Merritt 和 Ilgen，2008）、行为控制程度（Rotter，1966）和决策偏差（Rice，2009）等。社会心理因素可用一套社会公认的规范预期行为来考察，用以判断驾驶人的行为是否是正常的或是社会可接受的（Lewandowsky，Mundy 和 Tan，2000）。最后一点，也是对信任非常重要的一点是情绪/情感要素，它可以通过驾驶人对一个行为的不同态度来考察（Merritt 等，2013）。态度

描述了对预期行为的消极或积极评价，它通过未来会产生某些积极或消极结果的信念和预期被获知。信念和预期是信任的一个组成部分。

计划行为理论（TPB）已被应用于多种交通场景（例如，Elliot, Armitage 和 Baughan, 2005；Paris 和 Van den Broucke, 2008；Palat 和 Delhomme, 2012；Efrat 和 Shoham, 2013）。它的可应用性是建立在一种有价值的策略的基础上的，即，如果要得到我们想要的驾驶行为，我们可以去理解潜在的信念并以它们作为目标，而不是理解行为本身。因此，根据计划行为理论，信任可以对行为的态度因素以及某事是否被执行产生显著影响。这是一种常见的体验。在许多情况下，车辆系统的物理（工程）属性并没有变化，但有些人喜欢自动档，而有些人不喜欢；有些人对车辆线控技术的前景感到恐惧，而有些人则对它充满激情。信任是一种重要的中介变量，因为驾驶人无法完全了解他们正在使用的系统，且他们对系统的使用也是基于自身的决定，而非考虑到车辆客观的工程性能（例如，Lewandowsky，Mundy 和 Tan, 2000）。相比于驾驶场景的理性成本收益分析，驾驶人个体带来了更为复杂和微妙的东西。这些东西是什么呢？也许信任可以带给我们一些启发（Muir, 1994）。

11.2 建立驾驶人的信任

信任是减少复杂性、节省任务时间，以及节约体力和脑力能量的必要条件。然而，信任无法简单地用有或没有来衡量；它是一种动态现象，伴随着人对车辆系统运行状态的感知、对这些感知引发的信念，以及消极或积极态度的产生而呈连续螺旋形（spiralling）上升或下降。因此，当感知（perception）与信念（belief）不一致时，容易逐渐形成不信任（distrust）（Zand, 1972）。对汽车设计者而言，有两个问题尤为关键：首先，信任是如何建立和生长的？其次，车辆技术该如何设计才能促进信任的增长？在对自动化系统信任的基础研究中，Lee 和 Moray（1992），Muir（1994）以及 Muir 和 Moray（1996）的成果最为引人注目。他们的研究工作的一个主要特征是应用了 Rempel 等对信任的分类：可预期性（predictability）、可依赖性（dependability）和信念（faith）。这绝不是对信任的唯一分类方式，但它们却是在讨论如何建立和解构驾驶人信任时，可以方便使用的分析框架（其余分类可见 Lee 和 See 的综述，也可见 Zuboff, 1988, 或 Barber, 1983）。

11.2.1 可预期性（Predictability）

Hancock 等（2011）通过元分析（meta - analysis）发现，信任演变过程中最大的影响因素是系统的效能（效能值由中到大，最终达到 $d = 0.71$）。这一结论并不令人惊讶,但这里需要强调的是,这一结论关系到许多车辆设计问题。首先,如第 8 章指出,驾驶人可以非常敏感地察觉车辆的性能和品质。这种高敏感性水平意味着,设计者必须将新技术的功能公开透明地展现给用户,才能获得用户的信任(Beller, Heesen 和 Vollrath, 2013)。然而,为强调驾驶舒适性和便捷性,设计者往往会选择而不刻意说明这些新功能(如 Norman, 1990; Loasby, 1995; Walker, Stanton 和 Young, 2006)。

第二个设计问题涉及车辆运行的更大的环境。根据社会学习理论(Social Learning Theory),"个体对某一特定情况的预期,取决于个体对(他所认为与当前)相似的先前情况的经验"(Lee 和 See, 2004,第 56 页)。这在现实中意味着,当驾驶人"感知到"过去发生失效的环境与当前的环境是不同的情况下,车辆即使存在固有失效的暗示,也可能无法被察觉。这种差异很微妙,但它意味着信任不仅仅与失效的数量有关,还与失效发生的环境有关。相同的技术,在不同的场景下(感知的和实际的),得到的信任可能是不同的。这里的重要结论是,系统中局部的基于情境的故障并不必然导致整个系统是不可信的,而驾驶人对一个系统整体的信任也可能因为局部的故障而坍塌。

第三个设计问题是指"功能特异性(functional specificity)"(Lee 和 See, 2004)。高度功能特异性往往是可预测的。在这里信任将与某一可观察的特定成分(component)相关联。Keller 和 Rice(2010)称之为"组成成分的特定信任"。大多数对信任的研究都倾向关注于此,而非关注多个串联运行的系统整体。人们常常做出错误的假设,即一部分的失效不会影响使用者对系统另一部分的信任,但 Geels-Blair, Rice 和 Schwark(2013)等发现事实并非如此。部分失效的影响超越了部分本身,由于自动系统可能会提供很多虚假警报,其引起的信任效应相比于其他类型的错误更具有"蔓延性"。这些发现佐证了 Keller 和 Rice 对信任的系统观以及与可靠性相关的问题。

11.2.2 可依赖性(Dependability)

信任可以源自对车辆的整体倾向性特质(dispositional traits)的审视。在这里,我们关注的重点从高度功能特异性的"成分"行为(Muir, 1994)转移到功能特异性较低的层面上,这样就可以使"人的信任反映出整个系统的能力"了(Lee 和 See, 2004,第 56 页)。这是一种最近提出的研究思路,被称为全系统信任理论(System-wide Trust Theory, SWT)(Keller 和 Rice, 2010)。该理论提出了一个可能性的连续体(continuum):在连续体的一端,用户对每个独立子系统的信任将基于子系统的绩效进行调整。在连续体的另一端,人们根据这些对成分的看法形成对全系统倾向性信任的判断。关键的问题是成分的失效在多大程度上会"拉低"人们对系统整体的信任度,又或者,系统的整体倾向性特质将如何防止其局部失效呢？在已经进行的研究中（例如，Geels‑Blair，Rice 和 Schwark，2013），人们发现了一些初步的趋势（例如，误报比其他类型的自动化错误更容易蔓延），但因为信任与环境关联太紧密，这些趋势还有待进一步深入研究。

全系统信任理论可以用一系列的设计决策作为辅助，例如：使潜在流程或因果链变得明显，或允许车辆满足一些超过其（公认的）正常性能范围的性能请求（Muir，1994）。后一点尤为突出。在第 4 章我们曾谈到，驾驶行为通常在车辆的性能范围内进行，并提到驾驶人只用了约 30% ~ 50% 的车辆整体动态性能，剩下 50% ~ 70% 的性能并未被释放（Lechner 和 Perrin，1993）。当存在如此多的性能剩余时，现代汽车在正常使用的情况下不太可能不表现出完全可靠的行为。甚至当汽车远远超过其正常运行范围时，反而能给驾驶人带来惊喜，并使它的（载有情绪的）整体倾向性特质更多地曝光在汽车新闻中（见 Curtis，1983，主观评价与客观车辆操纵标准的关系）。以上是积极的现象，而回顾过往，我们也能找到负面的效应，这有助于我们完整地理解成分和全系统之间的关系。

站在成分的角度看：

> Estelle 120 车型的摆动轴悬架系统的基本缺陷是：当转弯时，离心力将汽车往外推，导致外侧车轮承受更大的负荷从而悬架收缩，大大降低了抓地力和转向力……其结果是，即使转弯速度适中，操控性仍然很差，会出现猛烈的转向过度问题（Motor，1978，第 40 页）。

站在系统的角度看：

> 当其他不利因素……结合糟糕的操纵性和转向能力时，整体情况令人沮丧。Estelle 120 不是我们可以推荐的车型（Motor，1978，第 45 页）。

11.2.3 信念（Faith）

无论是诸如车辆动力这种基本属性，还是驾驶辅助功能，基于可预期性的期望都能节省驾驶人的认知努力。他们不再需要从特定功能的视角来取样、观察或"担心"车辆的行为。他们可以开始依赖它了。信任同样取决于过去的可预期性和可依赖性对将来的情境具有多大的可归纳性（generalisable）（Rempel，Holmes 和 Zanna，1985；Muir，1994）。信念的定义特征是"对未来的坚定定向（firm orientation）"（Rempel，Holmes 和 Zanna，1985），这与可预测性和可靠性大相径庭。事实上，在没有使用新技术之前，我们通常无法观察到它的行为，也不可能形成对它广泛的倾向性特质的感受。在许多情况下，驾驶人必须完成一次"信念的飞跃（leap of faith）"。这很复杂，原因如下。

第一个原因是，有些驾驶人与生俱来地比其他人更信任别人（Merritt 和

Ilgen, 2008)。研究表明, 天生固有的"信任倾向"独立于对需要信任的技术在不同情境下特有的态度(Merritt 等, 2011)。Merritt 和 Ilgen 指出: "这里的一个推论是, 一个更具有信任他人倾向的个体在第一次接触某实体时将展现出对其更高的信任水平"(2008, 第 195 页)。然而, 他们也发现, 如果将这类人与不可靠形式的自动化系统搭配, 将会产生非常糟糕的后果, 因为信任预期将无法得到满足。即使搭配可靠的自动化系统, 这些人也要承担信任过度膨胀的风险(Merritt 和 Ilgen, 2008)。因此, 人们常常将"态度"和"倾向"视为一体——信任可能来自态度, 也可能来自天生的倾向。两者之间具有复杂的关系, 如果一定要区分两者, 对信任的来源的预期有时可能与真实结果相反。

第二个原因是, 它与汽车系统无论是实际的、被感知的还是隐性的意图(intention)密切相关。技术是良性的、侵入性的, 还是用来控制行为或其他归因(attribution)的?车辆系统向用户展示"系统映像"(例如, Norman, 1998), 这些系统映像会按照设计者意图的方式被感知, 否则可能会打开"评估裂口(gulf of evaluation)", 导致不正确的归因, 这时用户将无法完全了解系统的状态以及系统在做什么。在这种情况下, 良性技术可能被视为恶性技术, 辅助系统可能被视为控制系统等。这一点很重要, 因为信任是一种社会交换形式, 它在人与人之间的演变与驾驶人和车辆之间的是完全不同的(例如, Lewandowsky 等, 2000; Lee 和 See, 2004)。

人类之间的人际信任(interpersonal trust)要求被信任者(trustee)按照可以引起信任者(trustor)信任的方式去行为, 反之亦然。为了做到这一点, 需要了解每一方的意图(Deutsch, 1960)。对汽车设计而言这意味着一个挑战, 这就是如何传达车辆系统的"意向性(intentionality)", 特别是当这些系统在某些方面变得更精密、更自主、更人性化时。一个广为人知的实验由 Lewandowsky 等(2000)完成, 研究的结果说明了这些问题。在他们的实验中, 参与者必须将一项特定任务委派给自动化系统或人类。当委派给人类时, 参与者使用他们是否信任的决策来管理围绕他们认为自己如何被受托人感知的社会过程(social process)。但是在将任务委派给自动化系统时, 与上述类似的社会过程是不存在的, 而且在各种情况下, 参与者很少将任务委派给自动化系统。他们不知道的是, 这两个过程其实都是通过自动化系统运行的。这一研究结果对车辆系统信任的启发在于: ①信任自动化系统往往意味着信念(faith)先于可预期性(predictability)和可依赖性(dependability)出现; ②这种信任依赖于意向性的归因; ③人类不在乎自动化系统是如何感知他们的, 因此汽车设计者可能假设信任具有的一些社会前提实际上并不存在。

11.3 汽车技术与驾驶人信任的小型案例研究

汽车设计者关注信任这一话题的终极目的是确保新的车辆、车辆系统和技术被用户接受，同时确保这些技术可以按照之前预测的最大化效益的方式使用。上文提到的例子在驾驶人和车辆交互的层面上讨论了信任，如果说这些例子陈述了信任产生的过程以及正确获取信任的方式，那么下面的案例研究将展示一些意想不到的信任陷阱。

11.3.1 制动防抱死系统与信任度校准

制动防抱死系统（Anti - Lock Braking System，ABS）作为一个行为适应（behavioral adaption）的实验案例而被引用，例如 Wilde（1994）的慕尼黑出租车实验。根据 Wilde 的风险平衡理论（Risk Homeostasis Theory，RHT），如果我们假设驾驶行为不会随着制动防抱死等新技术的出现而改变，那么车辆本质上将更安全。然而，实验表明，驾驶人的行为不会保持不变。社会技术系统设计的原则之一是人（驾驶人）"改变自己的特性；适应工作系统的功能特点，并修正系统特点来满足他们的特定需求和偏好"（Rasmussen，Pejtersen 和 Goodstein，1994）。在 Wilde 的研究中，驾驶人发现制动防抱死系统可以在任何道路情况下都提供持续不断的制动力，这为他们跟车更近和驾驶更快提供了保障。然而实验的结果却与设计预期相反，配备制动防抱死系统的汽车发生了更多的交通事故，制动也比没有配备制动防抱死系统的车辆更急促（Wilde，1994）。在风险平衡理论中，这意味着驾驶人有一个"内嵌"的风险水平目标，如果环境因为制动防抱死系统等新技术的引入而改变，驾驶人的行为就会为了恢复目标水平而调整。这一概念关系到一种驾驶人"过度信任"车辆系统的情况。"过度的信任会导致操作者全盘依赖自动化而不会认识到它的局限性"（Parasuraman 和 Riley，1997，第 238 至 239 页）。这种不匹配，用 Muir（1994）原有的术语说，就是校准不佳的信任（poorly calibrated trust）。校准（Calibration）是"调整信任以符合可信性（trustworthiness）的客观度量"的过程（Muir，1994，第 1918 页），它可以按照图 11.2 所示的方式来理解。

当驾驶人对车辆系统的信任超过其客观可信性（体现在可靠性、表现、能力等方面）时，就会出现过度信任和技术误用的情况。当驾驶人对车辆系统的信任低于技术的客观可信性时，就会产生不信任和弃用的情况。图 11.2 中的虚线对角线表示信任在"理论上"与客观可信度相匹配（也就是被校准了）。

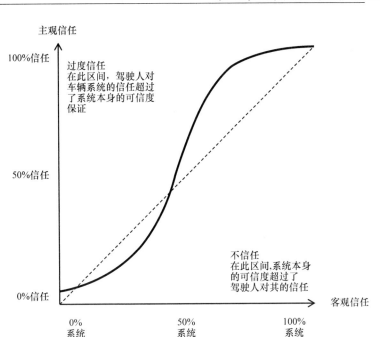

图 11.2　信任曲线以及系统客观可靠性和驾驶人信任间的关系：虚线代表理论信任连续体；实线来自一个经验研究的近似结果（如 Kantowit，Hanowski 和 Kantowit，1997；Kazi 等，2007）

11.3.2　导航系统与可靠性

用户接受度和信任的话题已经受到了导航系统设计者的关注（例如，Kantowitz，Hanowski 和 Kantowitz，1997；Ma 和 Kaber，2007；Reagan 和 Bliss，2013）。所有的路线引导系统的根基都是可靠的、客观可信的路线信息。但是，它需要可靠到什么程度呢？图 11.2 所示的理论上的信任度校准对角线是连续的吗？或者是曲线吗？对导航系统可靠性的研究实验可为我们提供一些启发。

我们可以首先假设 100% 的可靠性代表最客观可靠的导航线路，但这也是成本最高的方式。那么，信任的限度是什么？它是否可以降低一些或者说"便宜"些呢？系统可靠性能得到驾驶人的信任和接受的下限在哪里？至少在导航系统这一案例下，答案似乎是 70% 左右的精度即可（Kantowitz，Hanowski 和 Kantowitz，1997）。在本研究中，驾驶模拟舱允许路径规划系统具有 3 个离散的可靠性等级。百分之百的可靠性可以使驾驶人表现最佳，也可以使驾驶人对系统的主观评价最佳。导航系统的精度严格遵循 1% 精度递减。结果发现，当导航系统精度到达 43% 的水平时，驾驶人表现出现了大幅度的衰退（Kantowitz，Hanowski 和 Kantowitz，1997）。此研究和类似研究（例如，Kazi 等，2007）清楚地表明，信任并不像图 11.2 所示的那样是一个对角连续体，也许更像一个相变或 S 形曲线。这意味着信任可能是脆弱的，但也意味着，一个小的、以用户为中心的干预可能产生不成比例的大影响。换言之，40%～70% 的可靠性成本效益可能远远大于 70%～100% 的可靠性成本效益。此外，40%～70% 的可靠性所面临的技术挑战可能比 70%～100% 的可靠性面临的挑战要少得多。

　　Muir 和 Moray（1996）进一步指出，信任是脆弱的（fragile），但并非靠不住的（brittle）。Kantowitz, Hanowski 和 Kantowitz 证明了这一观点：虽然不可靠的导航信息可以迅速破坏信任的水平，但当驾驶人再次得到准确的信息时，他们会逐渐恢复信任，尽管不一定达到之前的水平（见 Stanton 和 Pinto，2000；Beggiato 和 Krems，2013）。根据上文提到的全系统信任理论（System – wide Trust Theory，SWT），当信任开始在特定子系统中丢失时，有时会蔓延至其他相关子系统，也有时不会（Lee 和 Moray，1992；Muir 和 Moray，1996；Keller 和 Rice，2010）。Lee 和 See（2004）将此属性称为解析（resolution）。虽然没有相关文献的支撑，但我们可以推测，基于可依赖性和信念的信任（与系统广义的特质和倾向性有关），可以在更广泛的系统上建立可靠性，同时对局部故障具有更强的复原能力。而建立在可预期性上的信任（其中狭隘的系统能力范围将映射到更广泛的信任范围）是不可靠的，并且缺乏复原能力。所幸有证据表明，在某些情况下，即使是完全不可靠的系统也不能完全被抛弃（例如，McFadden，Giesbrecht 和 Gula，1998）。

11.3.3　自适应巡航控制系统与认知行为控制

　　对车辆导航的信任和系统可靠性的研究又进一步引出了信任的另一个需要车辆设计者意识到的方面，这就是驾驶人信心（confidence）。有众多对于驾驶人信心的研究（例如，Marottoli 和 Richardson，1998），这其中得出的一个普遍结论是：驾驶人有很强的高估自己能力的倾向。这对信任和使用先进车辆系统有重要的启示（Adams – Guppy 和 Guppy，1995）。这种关系可以表述如下：如果信心（confidence）超过信任（trust），那么系统就不会被使用，不管它是多么可预测或可依赖的。如果驾驶人觉得他们能比汽车自动化系统更好地完成此项工作，那么他们通常能完成得更好（Kantowitz, Hanowski 和 Kantowitz，1997）。当车辆走在熟悉的路线上，如日常通勤，驾驶人的信心通常会很高，车联网（telematics）或智能交通（Intelligent Transport System，ITS）系统如果在这时实施干预，确实存在问题。

　　驾驶人信心与控制点的概念联系紧密，它还与自适应巡航控制系统遇到的问题密切相关。控制点与行为控制的感知源有关（参见本章开头对 TPB 理论的讨论以及第 7 章）。行为控制的感知源从两个维度显现出来：内在性与外在性。拥有内控点的驾驶人具有高度的感知行为控制。Montag 和 Comrey 的 MDIE 控制点问卷（1987）证实了这一点。内控型驾驶人会对问题做出积极响应，驾驶人可以自己做很多工作来避免事故的发生，并对行程的安全负责。另一方面，高度接受外控点的驾驶人认为行为控制来源于外部的"物质世界"而非自己的内部。这样的驾驶人会同意 MDIE 问卷中的选项"事故发生是命运的安排，我没有可用的积极措施来防止这种情况的发生"。可以推测，"外在"倾向的驾驶人更容易将信任置于给定的系统中。Lajunen 和 Summala（1995）的研究发现，外在性倾向与感知到的技能水平呈负相关。如果技能水平被认为很低，那么信心很有可能会相应地降低。如果信心降低，那么信任更可能占主导地位。另一方面，内在性的驾驶人被预测可能更喜欢手动控制。Montag 和 Comrey（1987）发现内在维度会积极地增强驾驶人的注意力、动机以及避免不利路况和事故的能力。在这种情况下，信心更有可能超过信任。

总之，外控点可能会导致个体在自动化系统中扮演被动角色，而内控点则可能导致个人扮演积极的角色。可能的情况是，高度接受外控点的驾驶人倾向于过度信任，因此会误用给定的车辆系统，而接受内控点的驾驶人可能会倾向于过度怀疑，从而弃用，甚至可能"滥用"系统。至于技术本身，具有讽刺意味的是，人们已经发现，"不太完美的系统迫使驾驶人需要时不时地恢复手动控制，让自己间歇地回到系统中……看来，系统的固有缺陷有助于使驾驶人待在控制闭环中"，同时可以避免过度自信（Larsson，2012）。这样的事件可被归为战术层面（tactical level）的控制，驾驶人预料到自动化无法应付的情况，并在有可能出现危险的情况下摆脱其控制（Kircher，Larsson 和 Hultgren，2014）。这再次突显了一些对车辆设计造成影响的主题，如驾驶任务分配、系统操作的可视化、反馈、行为控制和新技术导致的驾驶任务持续演变等。

11.4　超越信任

到目前为止，我们认为，信任是一个与汽车设计相关，并能对设计产生价值的概念。也许我们可以更近一步：从信任演变出的怀疑（mistrust）、不信任（distrust）甚至报复（revenge）等概念，可能同样是有价值的。本节中我们将深入探讨这些观点。

11.4.1　怀疑和不信任

Muir（1994）将怀疑定义为信任度校准中的错误。怀疑包含错误地信任和错误地不信任，或者再进一步细分，将"错误地信任"再细分为误用（misuse）和过度信任（over-trusting）；"错误地不信任"再细分为弃用（disuse）和信任缺失（lack of trust）。怀疑可以被看做是信任的一种功能上的替代选择。其中存在一种特别有趣的关系。信任的最终作用是减少不确定性（uncertainty）、取样（sampling，见第5章）以及认知努力（cognitive effort）。在完全信任的情况下，系统不必为了"检查"其行为而取样，因此取样将为零（或接近零）。在另一个极端，完全不信任产生的取样行为将盖过技术带来的效益，这时技术将被弃用。在这种情况下，取样行为也是零（或接近零），但仅仅是因为车辆系统没有展示出任何行为以供人们观察和取样。在完全信任和完全不信任之间是一个中间区域，在这里取样行为的剧烈变化仅能引起客观或主观信任的适度变化。Muir（1994）提出了一种倒U型关系，如图11.3所示。但通过车辆系统中的案例得到的关系与之略有不同。

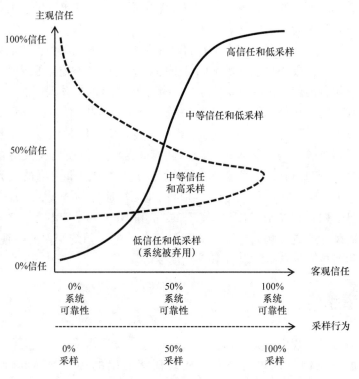

图11.3 信任校准指示曲线以及采样行为曲线，用以突显采样和信任快速变化的中间区间

沿着水平轴，从信任度的一个坐标位置正向移动，我们可以发现采样不断上升，直到一个尖锐的截止点——在这个精确的点上驾驶人将采取手动控制（在可能的情况下）。研究发现，信任的动态变化类似于对数函数：开始时信任度的小幅上升，随后逐渐爆发增长（Muir和Moray，1996）。这在图11.3中是显而易见的，但却是一个关键结论。我们还可以总结，信任是非线性的，这意味着小的

设计问题也可能产生大的影响,包括正面和负面影响;信任也是高度依赖环境的,但相同水平的信任和系统可靠性可以导致截然不同的取样行为;此外,设计的一个小小的改变就可能将人机交互推向一个强大的新方向。

11.4.2 报复(Revenge)

人们甚至可能出现比不信任更严重的情况。现在我们讨论信任的完全对立面——报复。因为这一现象涉及系统信任(或信任车辆),目前还没有直接研究它的文献。我们因此只能提取人际关系情景下报复的演变过程的相关材料进行类推。尽管如此,这些值得借鉴的环节对于我们接下来的研究仍具有启示意义。

报复与信任的相同点在于两者均以期望为基础,而不同点在于,报复现象中的期望受到了侵犯。用前文的话来说,一个例子可以是驾驶人对信任有期望过高的倾向性,但是他们的高期待却被不可靠的技术侵犯了。然而,报复比这更进一步:如果技术(或车辆)被视为"滥用权力(abusive authority)",驾驶人将试图重新建立自己在他们认为已变得扭曲的人机关系中作为客户、用户或主要合作伙伴的角色(Walster 和 Berscheid,1978;Stillwell,Baumeister 和 Del Priore,2008)。报复的演变包含了一个认知评价过程,该评价依赖于归因相关过程(attributional process)(Bies 和 Tripp,1996)。在这一过程中,"客观"行为被认为是由个人或技术的特质所触发的。因此,报复是由人类使用者赋予车辆(不止一个独立子系统)的全局特质中的一个"反全系统信任理论(anti-SWT)"的极端例子。在这一点上,报复类似于"相信感知意图是重要的"。

通过报复这一概念,我们可以将信息加工过程分为初始报复认知(initial revenge cognitions)和回顾性报复认知(retrospective revenge cognitions)两个阶段。初始认知与违反预期行为有关,被称为"热认知(hot cognitions)",例如,生气和愤怒。而回顾性认知则涉及沉思(rumination)。报复具有多种类型,它远不是一种非理性和强烈失控的反应。它实际上代表了驾驶人用来做他们认为正确的事情的一种复杂而又非常理性的方式。不幸的是,对于汽车设计师而言,报复具有强大的道德律令(moral imperative);正义必须得到保证(Bies 和 Tripp,1996)。问题是,受害者的正义与犯罪者的正义在量级上大不相同,Baumeister(1997)称之为"数量级的差距"。用信任研究的术语来表达,报复就其本质而言是很差的"校准",是由初始认知的"热"本质和随着时间流逝进行的思考产生的偏见。这意味着报复行为可能是极端的,比如,曾有某位中国富豪企业家,因持续受到发动机故障困扰,用大锤将他的兰博基尼砸烂,并要求媒体对其行为广泛报道。

11.4.3 报复的类型

Bies 和 Tripp（1996）定义了 5 种类型的报复表现（表 11.1）。这些表现都可以在驾驶领域中得到反映，汽车设计师可能会从中发现一些熟悉的场景。首先是报复幻想（revenge fantasies），在车辆表现违背了驾驶人的信任预期后，驾驶人将这种违背归因于车辆和制造者的有意企图，从而开始对未来可能的行动产生鲜活的负面印象。虽然他们通常不会像上文提到的中国企业家那样生动地表达，但仍然会出现在各种反公司和"反汽车"网站上（如 ihatemycar.net），甚至出现在 YouTube 和 Facebook 上。这类论坛的出现使驾驶人"超越制造商的界限"，以未经审查的方式警戒广大民众（Gregoire，Tripp 和 Legoux，2009）。有趣的是，研究表明，对于一些人来说，这些鲜活的报复认识是与快感相关的（例如，De Quervain 等，2004），但也可能只是对持久的不公正性的释放（Carlsmith，Wilson 和 Gilbert，2008）。

第二种报复表现——自我放弃（self-resignation）则更为常见。驾驶人直接放弃，并接受认为任何报复行动都是无益和无效的——在短期内根本不值得（Bies 和 Tripp，1996）。然而，这种长期的影响更具破坏性。研究表明，报复行为也会随着时间的推移而减少，然而对产品或品牌的回避将增加：顾客确实怀恨在心，尤其考虑到他们是从支持、信任的起点开始客户体验的（Gregoire，Tripp 和 Legoux，2009）。

报复的第三种表现与争执（feud）紧密相关。它所代表的是车辆与驾驶人之间的持续战斗，这是和谐的人机交互的完全对立面。Bies 和 Tripp（1996）引述了在这种情况下发生的极端沮丧和暴力事件。这里所说的暴力可能远远没有达到终极的报复幻想，但它的对象仍指向汽车，驾驶人意图通过蓄意破坏、误用和滥用等手段发泄这些负面情绪。

报复表现的第四种类型是恢复身份（identity restoration），体现在驾驶人试图恢复他们的优越地位，并利用这种表现来贬低"冒犯者"（本文语境下为车辆），它表现为弃用，甚至主动滥用车辆系统。在社会地位和自尊受到侵犯的情况下，报复性尝试的目的是积极恢复。可能的案例包括利用手动控制，从车辆或系统中夺回控制权（无论时机是否合适）。也可能是驾驶人故意选择以超出车辆能力的方式使用它，即通过惩罚车辆来控制它。

最后一个报复类型可能最自相矛盾，这就是宽恕（forgiveness）。宽恕与有关信任和报复的讨论密不可分，在车辆系统中，其主要定义特征可能是，驾驶人（可能是糟糕的车辆表现的受害人）成为了重新开启与车辆系统的合作与信任的驱动力。虽然这无疑是一种高尚的反应，却很少有人会真的做到这一点，更常见的是，经过一次负面体验后，使用者开始终生抵制该汽车品牌的情况（Gregoire，

Tripp 和 Legoux，2009）。

表 11.1　报复类型及其表现

类型	案例	结果
报复幻想	引起公众的不满	（勉强）使用或弃用
自我放弃	未来不再使用该技术或该品牌汽车	（勉强）使用或弃用
争执	有意尝试破坏车辆或车辆系统	滥用
身份恢复	从车辆系统夺回控制权	滥用、弃用、误用
宽恕	未来不再使用该技术或该品牌汽车	弃用

11.5　信任的测量

为使信任可以在汽车自动化设计中发挥中介变量的作用，必须对其进行准确的评估或测量。这里存在一些概念问题，其中较为重要的是，信任必须被分解成可测量的细节，以适应信任过程所处的阶段以及环境（Fitzhugh，Hoffman 和 Miller，2011）。在实际应用中，有许多可以在整个设计生命周期中有效使用的测量信任的结构化方法。正是在这样的测量标准下，以用户为中心的车辆设计决策才有据可依，同时可以避免早期案例研究中提到的缺陷（尤其是怀疑和报复这类影响巨大的缺陷）。

11.5.1　主任务测量法（Primary Task Measures）

主任务测量法是测量信任的强有力手段，尤其适用于评估驾驶人和车辆在可预期性方面的表现，因为这是信任比较易于客观测量的一个方面。该方法的关键是建立系统客观的可预期性或可靠性，同时在驾驶人使用该系统时测量其表现，然后分析驾驶人是否按照设计者所期望的以及与系统可靠性实际水平相称的方式充分利用了车辆或系统。客观可预测性水平与实际系统使用水平之间出现的任何明显的差距都意味着糟糕的信任校准。该方法的一个局限性是，它要求用户的任务执行必须依照设计进行，这意味着设计概念应具有较高的水准。然而，这种方法更大的局限在于，它无法明确地评估用户的可依赖性和信念的水平，而恰恰是这两个"软"属性才真正对设计造成重要影响。为了妥善解决这一局限，我们可以采用一些主观测量法。

11.5.2　主观量表法（Subjective Scales）

如本章开头所述，对信任研究仍属新兴领域，因此，高可靠性的测量方法仍然非常缺乏。Muir 和 Moray（1996）开发了一种包含 10 个因素的信任问卷。这

10个环节包括：能力、可预期性、可依赖性、责任、长期责任、信念、准确性、信任的展示、整体信任度和由自己评级的信心。该问卷在车辆技术研究中已经得到了一定的应用（例如，Stanton 和 Young, 2005; Kazi 等, 2007），部分是因为同行评议期刊对调查问卷可被引用的要求（见 Muir 和 Moray, 1996）。另外，我们在个人研究中找到了大量立足于更细分领域的更简化的调查问卷，如 Kantowitz, Hanowski 和 Kantowitz（1997）用于研究导航系统的问卷（仅包含4个项目）。近来，伴随着人们意识到信任的重要性与日俱增，出现了一些可应用于更广泛领域的多维的高可靠性的信任测量工具。Yagoda 和 Gillan（2012）发展出了一个包含5个维度的人机交互信任量表（Human Robot Interaction Trust Scale）。该量表是基于综合因素和问题的筛选过程、专家对120问卷结果的检查以及向公众开放的 Rotter（1967, 1971）的人际信任量表（Interpersonal Trust Scale）完成的。和 Muir（1996）的问卷一样，该量表已在相关文献中公开（见 Yagoda, 2011; Yagoda 和 Gillan, 2012），并适时地应用到了自动化程度越来越高的车辆技术的分析工作中。

11.5.3 个人构念积储格法（Repertory Grid，亦称"凯利方格法"）

这是一种由理论和数据驱动的更易落地的方法。该方法不同于将一系列问卷维度强加给一个给定的信任问题，而是允许问题和情境来描述自己。这是一种基于面谈的方法，可以用来系统地分析驾驶人对不同类型车辆技术的看法或观点。该方法由 Kelly（1955）提出，用以支持他的"个人构建理论"。这一理论假设人们试图发展一种可以将经验和情感组合为一系列"构建（constructs）"的世界观。这种世界观一旦形成，就可以被用来评估未来人和这些构建是否可以积极或消极地产生关联的经验。个人构念积储格法曾被 Stanton 和 Ashleigh 用于信任的研究中。在他们的研究中，个体被要求列出对特定环境的信任的观点。研究人员将从中选取3项观点，第一步任务是确定哪两种观点具有第三种观点不具有的共性。这种共性代表了"格"中的信任构建。研究人员不断重复该过程以形成构建的列表。紧接着，这些构建的逻辑对立面也被定义并展现在了"格"中。最后，根据完整的构建列表，对一列来自信任场景的元素和例子进行评估。Ashleigh 和 Stanton（2001）用这种方法确定了人类监控领域中常见的9个建构。对于信任技术这一话题，这些建构按重要性排序如下：交互质量、可靠性、表现、期望、沟通、理解（并列第四）、能力、尊重和诚实（并列第六）。对于汽车制造商来说，这意味着在提高自动化系统的交互质量、可靠性和表现方面所付出的努力将最能帮助驾驶人完成适当的信任度校准并使之接受系统。这个过程对未来设计个性化的信任调查表和分类方案也具有引导价值。

11.5.4 建立概念模型

Kazi 等（2007）提出了信任的另一种测量方法。这种方法在汽车自动化领域不断衍生，取得了越来越广泛的应用（例如，Beggiato 和 Krems，2013）。通过在重复的场合使不同的驾驶人群体服从不同程度的自适应巡航控制系统可靠性，研究人员对信任的动态进行了检查。在每次接触系统后，驾驶人被要求使用便利贴（作为系统元素或节点）和箭头（作为衔接）完成绘图，以此表达其对系统的理解。Kazi 等（2007）陈述的这种方法已被拓展应用于正式的网络分析中。元素代表节点，箭头代表衔接，由此可以完成标准的图论度量的计算。这反过来又可以告诉设计者，系统中的哪些元素对驾驶人是重要的；它们的重要程度如何；设计者的概念模型在何处、通过何种方式与用户模型脱钩；同时也可以让设计者深入了解信任校准过程各阶段的作用元素及其交互关系。

评估信任的方法依赖于正在评估的车辆设备，因此我们可以采用工具包（toolkit）的方法。我们将上述的各种方法组合为一个工具包，然后选择性地将其中的方法应用于设计生命周期的不同阶段。图 11.4 显示了每种方法的应用阶段。应注意的是，在概念开发和实体建模阶段，应该尽早应用这些方法，因为在

第一阶段的驾驶人的ACC概念模型

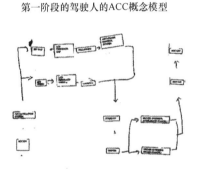

对应的网络图示

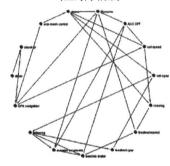

第十阶段的驾驶人的ACC概念模型

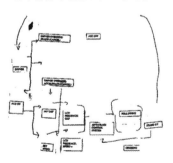

对应的网络图示

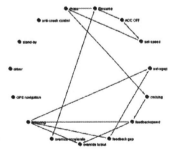

图 11.4　不同的驾驶人信任评估方法可以应用于系统设计生命周期的不同阶段

此期间的设计变更的成本相对较低。

11.6 总结

通过对信任的测量，汽车设计者可以做出决策以确保驾驶人的信任得到适当的建立和维护，车辆技术可以被接受，同时自动化可以按照预期的方式被使用。信任的动态特征告诉我们如何建立和维护信任，也使我们理解导致信任失效乃至报复的过程。应该再次强调，信任虽然脆弱，但并不是靠不住的。信任的实现也受到诸如驾驶人信心、控制点和系统客观可靠性或可预期性等因素的影响。它是多维度的，具有高度环境敏感性。在本章中，我们参考大量关于信任的文献。作为总结，我们将它们提炼成了对汽车设计者的建议。这些建议可以使设计者在设计新型车辆系统时更多地为"以客户为中心"这一目标制订方案。这些建议很大程度上来自 Muir（1994）所做的工作，但我们将其限定在了汽车设计这一主题内。

11.6.1 通过反馈，保障高水平的系统透明性

驾驶人对现代车辆的信任通常是积极有利的（MacGregor 和 Slovic，1989），这部分要归功于车辆为驾驶人提供的非常丰富的反馈。车辆的操作不仅非常简单（相对于车辆内部的复杂性和动态性），而且操作的结果也可以通过丰富的手段被即刻感知。若车辆主控制系统和被控制部件之间通过直接机械连接，则有助于提高系统的透明度。这里设计的一个重要目标是，被设计的车辆系统运行的心理模型可以和用户用于理解该系统的心理模型相符。两者的匹配结果是良好的系统映像，这是理想的车辆设计终极状态（Norman，1998）。达成匹配的关键点是车辆或系统向驾驶人提供的信息或反馈。这或多或少地取决于设计者。驾驶人需要观察并理解系统的行为（如果无法在技术层面上理解，至少要在操作上理解），观察的前提是系统具有良好的反馈性。反馈优劣的界定可以根据用户利用的感官形态（听觉反馈、视觉反馈、触觉反馈等），也可以根据其内容、准确性和所需的对系统理解的支持能力，还可以通过时间选择——快速甚至即时的信息反馈通常对于绩效和学习是最佳的（Welford，1968；Walker 等，2006）。驾驶人所需的反馈信息可以使用附录中提出的驾驶层次任务分析来探索和定义。

11.6.2 考虑驾驶人探索车辆系统行为的必要性

设计者必须想办法使驾驶人明确地意识到系统设计的目标是什么。例如，自适应巡航控制系统是专门在高速公路上使用的舒适系统，在这种环境下用户可以期望系统以可靠的方式运行。驾驶人在动态中获取的一部分信任是为了使自己能

够通过探索，意识到自己仍位于车辆的安全阈值内。也许我们可以借助某种形式的模拟模式，使驾驶人在手动控制车辆的同时见证自适应巡航的响应。这可以使驾驶人更好地理解自适应巡航系统对他们意味着什么，进而使其对系统形成合适的信任准则（例如，Larsson，2012）。毕竟驾驶人可能对系统抱有超越其实际能力的期望（Muir，1994）。

11.6.3 信任的培训

显然，驾驶人和车辆环境并没有进一步经受公开和结构化培训的检验。但我们通常可以理解，在"信念的飞跃"还未完成之前，系统可以通过某种方式使驾驶人参与到可以提高可预期性和可依赖性的活动中。例如，通过将驾驶人手动控制和自动化系统控制两者比较，可以提供一种更显著的方法来模拟采样行为。而一些创造性的方法，例如"游戏化（gamification）"，则是另一种促进对比和目标达成的方法。此外，正式的驾驶人培训也在尝试将新型汽车技术的功能和能力嵌入培训中。这在某种程度上超出了汽车设计的范畴，但却引起了越来越多驾驶标准机构的关注。

11.6.4 考虑使用"软自动化（Soft Automation）"和功能的动态分配

信任与驾驶人能否在系统中按期望行事具有紧密联系。这是信任的定义特征的一部分，也是反复被提及的一个主题。为了帮助避免系统缺陷导致误用、滥用和报复的发生，学者们提倡使用一种更"软"、更协同式的自动化形式来替代严格的、强制的自动化类型。"意图"是信任的一个重要方面；正确地传达自动化系统的意图，并避免它被视为一种"权力滥用"是非常重要的。

11.6.5 必须明白——对于驾驶人，怀疑难以克服，宽恕几乎不存在！

信任是脆弱的。在"软"自动化系统中，一旦信任无法产生，那么驾驶人将更有可能恢复到手动控制，从而彻底拒绝自动化系统进一步发挥功能的机会。在这一点上，"硬"自动化系统至少存在进一步展示价值和重获驾驶人信任的机会，但这时，驾驶人可能已经产生了报复行为的念头。同时，必须明白，驾驶人不太可能宽恕系统，更可能的后果是持续的失望、不满和认可缺失。

信任是复杂、多学科、多方位、多层次的（Tharaldsen，Mams 和 Knudsen，2010），因此对它的讨论必须慎重。本章从不同的文献中选出一些建立在适当的科学严谨性和深刻洞见基础上的观点。只有站在这种抽象的层级，才可以对设计工作提出现实的、实践性的、可操作的指导建议。然而，在信任研究领域仍有许多工作要做，例如明确车辆系统设计如何能更好地支持用户获取合适的信任水平，又例如研究不同设计对驾驶人信任和行为的影响。信任的普遍存在性往往掩盖了它未被充分研究这一事实，尽管我们已经知道，它对用户接受和使用新型车辆技术是至关重要的。信任是一个中介变量，它立足于心理学领域，更具体地说，它关注于驾驶人处理车辆及其系统的表现和效益的信息的方式。本章的目的是要表明，通过对信任机制的正确理解，设计师可以分步采取切实可行的措施。这些措施可以帮助车辆和系统适应信任的本质和动态性，并可通过启发性和智能化地运用人因工程学知识来直接影响信任本身。信任具有高度的环境依赖性、多维度性和非线性。因此，它给车辆设计带来的任何微小而充满智慧的解决方案都可能对驾驶人行为产生极大的积极影响。这是信任的"机遇"所在。

第 12 章 车辆自动化的系统观

12.1 引言

目前，人们对自动化系统的关注往往集中于它的失效问题，而非正常运行情况上。这种趋势也无可厚非，毕竟任何新技术的安全性都应该被谨慎考虑，但不可否认，这种做法也具有局限性。事实上，如果一直强调消极面而不考虑如何最好地实施新技术，那么必要的人为因素考量就可能被工程师忽略。基于这种现状，我们提倡设计一种前瞻性的解决方案，而不是在发生事故和系统失效后再做出反应。考虑到自动化系统将不可避免地嵌入车辆系统中，这就需要我们更深入地研究如何通过设计来优化自动化系统的效能，而这背后的疑问是：驾驶人心理的哪些方面是重要？众多的心理因素之间的相互关系如何？现在是时候将前几章涵盖的主题联系起来了。在本章中，我们将立足于 ACC 技术，探索车辆运行状态下驾驶人各种心理学因素之间的相互关系（如信任、情境意识、工作负荷等），以及将这些心理因素融为一体的自动驾驶心理模型。

驾驶人再次被要求在驾驶模拟舱中用手动和 ACC 两种模式完成驾驶。但这一次，统计结果将用于确定道路环境的工作负荷（即交通流量）⊖、心理变量（即控制点、信任、驾驶人工作负荷、应激、心理模型和情境意识），以及反馈（即 ACC 系统的反馈信息水平）的影响。这些因素的选取是基于人因工程学界对于哪些因素可以成为调查的积极选项的某种共识。本章的研究结果表明，控制点和信任不受 ACC 的影响，而情境意识、工作负荷和应激因为 ACC 的介入出现了下降。

12.2 驾驶人行为

前文已经介绍了 ACC 的运行特点，因此我们跳过这部分内容，直接探究其

⊖ 译者注：本章原文中，用 "工作负荷（workload）" 描述了两个不同的概念，为避免理解困难，译者分别用 "环境的" 工作负荷（即交通流量）以及 "驾驶人的" 工作负荷（第 7 章中陈述的概念）加以区分。

对驾驶人的潜在影响。如第 9 章所述，对驾驶行为中自动化影响的研究一般都在驾驶表现的度量（如速度、前车距离、车辆相对车道的参考位置等）的基础上，只研究 1~2 个心理学变量，如应激（Desmond，Hancock 和 Monette，1998）或工作负荷（De Waard 等，1999）。在本章中，我们将考虑所有 6 个心理变量。除了前文已经揭示的工作负荷和应激会受到 ACC 系统的影响外，我们还将考察控制点、信任、情境意识和心理模型的影响。对每个因素的研究将包含对其涉及的主要问题的简要概述和一个被定义的实验假设（H）。

12.2.1 控制点

驾驶人对其驾驶主动权明显丢失的反应（见上文）是 ACC 操作中最大的未知数之一。外部控制点可能会导致个体在自动化系统中扮演被动角色，而内部控制点则可能引导个人扮演积极角色。其他领域的研究表明，内控者通常比外控者的表现更理想（Rotter，1966；Parkes，1984）。我们感兴趣的是，实验中得到的外在性或内在性水平是否或多或少地受到了环境的影响。所以我们提出了第一点假设：相比手动驾驶，驾驶人在自动驾驶下将展现出更多的外在性（假设 1：H1）。

12.2.2 信任

Muir（1994）提出了人类与自动化系统间的信任模型。该模型可以被应用于车辆自动化场景中，它确定了信任的 3 个主要因素：可预期性、可依赖性以及信念。根据第 11 章所引用的材料，我们预测驾驶人可能对反馈水平更高的 ACC 系统产生更高的信任（假设 2：H2），因为反馈在信任校准和其他因素中起着重要作用。

12.2.3 情境意识

航空和过程控制领域中情境意识的研究表明，感知到的机器状态与实际机器状态如果存在偏差，将导致重大的操作问题（Woods，1988）。这一结论暗示着 ACC 和道路环境的情境意识对系统效能的优化将起到至关重要的作用。基于自动化和情境意识的文献（Woods，1988），我们似乎可以合理地预期，ACC 模式下驾驶人的情境意识将比手动驾驶时更低（假设 3：H3）。

12.2.4 心理模型

心理模型的概念与情境意识有关。两者之间的关系可以通过如下论述体现：对当前情境的理解依赖于某个真实的模型并且与系统元素的行为有关。关于设备行为的内部心理表征建立自曝光效应（exposure effect）。反过来，模型的准确性取决于系统界面的有效性和遇到情境的多样性。这些模型往往是粗略估计的、不完整的，但它们具有启发性（Payne，1991）。这些模型有时也确实不准确（Caramazza，McCloskey 和 Green，1981）。因此我们预期，ACC 系统的心理学模型的准确性可能会随着反馈水平的提高而提高（假设 4：H4），因为它会预示模型的发展，并帮助驾驶人解析正在发生的事情。

12.2.5　驾驶人工作负荷

ACC 是否可减轻驾驶人工作负荷仍存在争议。一些研究表明，激活 ACC 可以使驾驶人工作负荷降低（例如，Stanton 等，1997），而另一些研究却没有表明这种迹象（例如，Young 和 Stanton，1997）。其他领域的研究曾揭示自动化实际上增加了工作负荷（Reinartz 与 Gruppe，1993）。这种广泛的证据似乎暗示着某些重要的环境依赖的存在。无论对于哪种结论，ACC 驾驶都毫无疑问与传统巡航控制有巨大差异，因为这两项任务性质不同。ACC 消减了驾驶人踩制动踏板任务的同时，也增加了驾驶人为确保 ACC 有效运行的监测任务，两种任务一进一出。我们由此可以假设：ACC 情况下整体的工作负荷可能保持不变（假设 5：H5）。

12.2.6　应激

驾驶人应激在最近成为了一个备受关注的课题。本研究表明，驾驶人面临的最大的应激是由于缺少刺激导致的疲劳（即，任务负荷不足而非过度；Matthews 和 Desmond，1995 年，1995b；Matthews，Sparkes 和 Bygrave，1996）。Matthews，Sparkes 和 Bygrave（1996）报告道，当驾驶任务相对困难时，疲劳驾驶人的表现明显要比驾驶任务容易时好得多。Matthews 和 Desmond（1995a，1995b）则表示，车载系统设计应制造更多的注意力需求，而非减少此类需求。这似乎违背了汽车自动化旨在减少驾驶人工作负荷的研究初衷。从这一点我们可以假设：ACC 驾驶将会使应激加剧（假设 6：H6）；然而，在拥挤的交通中应激的增加可能会导致交通违规（Simon 和 Corbett，1996）。由此我们又可以推测，在大交通流量情况下，ACC 将减少应激（假设 7：H7）。

12.3　实验内容

12.3.1　参与者

我们为此项研究招募了 110 名参与者，他们大体上可以代表英国驾车人口的年龄与性别分布。40 名女性参与者平均年龄为 33.6 岁（最小 18 岁，最大 73

岁，标准差 12.7 岁）。参与者的年平均驾驶里程为 10500mile，标准差为 6600mile。参与者被随机分配与其年龄和性别匹配的实验条件。

12.3.2 实验设计

实验有 3 个自变量：自动化（包含两个受试者内等级：手动驾驶和 ACC 驾驶）、交通状况（包含 3 个受试者间等级：高、中、低交通流量）以及 ACC 反馈（包含 3 个受试者间等级：高、中、低 ACC 反馈）。有两个与驾驶行为相关的因变量（车速和横向位置），6 个与驾驶人心理相关的因变量（控制点、信任、工作负荷、压力、心理模型和情境意识）。参与者分配的不同实验条件见表 12.1。

表 12.1 参与者实验条件的分配（人数）

工作负荷/反馈	低	中	高
低	12	12	12
中	12	14	12
高	12	12	12

工作负荷通过每小时汽车吞吐量（Throughput of Vehicles per Hour，单位 VPH）度量，分为 3 个等级：800 VPH（低）、1600 VPH（中）和 2400 VPH（高）。反馈通过 ACC 系统提供的信息的等级度量，也分为 3 个等级：仅听觉反馈（低）、听觉反馈加上仪表内的 ACC 标准信息显示（中），以及听觉反馈加上仪表内的 ACC 标准信息显示加上抬头显示器（HUD）中同样信息的显示（高）。在手动驾驶时，由于 ACC 系统未被激活，因此没有反馈。

12.3.3 实验材料

实验中的因变量数据是使用以下工具采集的：
- 一个多维信任量表（基于 Muir（1994）的文献）。
- Rotter（1966）的控制点量表（Locus of Control Inventory，LOCI）。
- 驾驶行为内外控制量表（Driving Internality - Externality Scale，MDIE）。
- 主观多维工作负荷量表——NASA - TLX 量表。
- 邓迪压力状态问卷（Dundee Stress State Questionnaire，DSSQ）。
- 情境意识评定技术（Situation Awareness Rating Technique，SART）。
- 为该研究定制的关于 ACC 运行的两份问卷：一个是 10 项多选问卷；另一个是包含一系列"接下来发生什么"的场景问卷，需要自由形式的回答。
- 一个任务后口头报告，用于评价参与者对其驾驶过程中行动的解释的好坏。

12.3.4 实验过程

实验过程如下:

1) 参与者在计算机上完成 3 份问卷,在实验开始前得出初始分;3 份量表分别是:邓迪压力状态问卷(DSSQ),Rotter 的控制点量表,以及驾驶行为内外控量表(MDIE)。

2) 参与者被要求阅读 ACC 用户手册,熟悉其操作和行为。

3) 当参与者已理解 ACC 的运行方式后,被允许在驾驶模拟舱中使用 ACC 和手动驾驶各进行 5min 的练习。

4) 首先进行手动驾驶的参与者得到以下指示:

假设你正行驶在上班途中,包括一段 20min 的高速公路。请尽量将速度保持在 113km/h (70mile/h) 左右。请按照你习惯的驾驶方式驾驶。

5) 首先进行 ACC 驾驶的参与者得到以下指示:

假设你正行驶在上班途中,包括一段 20min 的高速公路行车。请尽量将速度保持在 113km/h (70mile/h) 左右。你应该尽快将 ACC 速度设定为 113km/h (70mile/h),并以此速度行驶余下的行程。请按照你习惯的驾驶方式驾驶。

6) 完成每次驾驶后,参与者在计算机上完成 NASA - TLX、SART 和 DSSQ 问卷。对于坚持用 ACC 模式走完全程的参与者,还需要再完成心理模型问卷和信任问卷。上述这些问卷都没有涉及手动驾驶情况。

12.3.5 实验分析方法

采用方差分析(ANOVA),检查 3 个自变量(自动化、交通状况和反馈)对因变量(驾驶变量:车速和横向位置;心理变量:控制点、信任、工作负荷、应激、心理模型和情境意识)的影响。

12.4 实验结果

道路环境的工作负荷(交通流量)的变化导致了驾驶人行为的变化。随着交通流量水平的增加,参与者的车速下降(图 12.1),同时出现了驶入超车道的趋势(图 12.2)。

总体信任水平没有显示出与交通状况以及反馈间显著的关联;控制点也是如此。驾驶人的工作负荷与之相反,对它的测量在 NASA - TLX 的各独立子量表的层面(即工作负荷所包含的脑力需求、体力需求、时间需求、绩效、努力程度,以及挫败感),以及累积的"总体工作负荷"的层面完成。结果发现与 ACC 相比,手动条件下驾驶人的总体工作负荷更高。同样的,总体工作负荷在中等交通

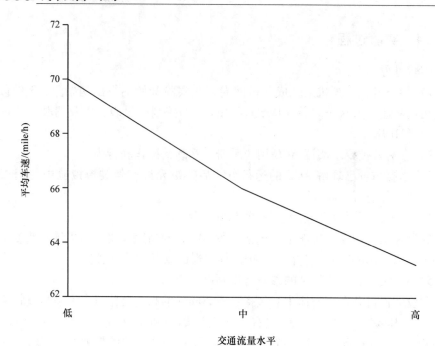

图 12.1 实验结果——车速

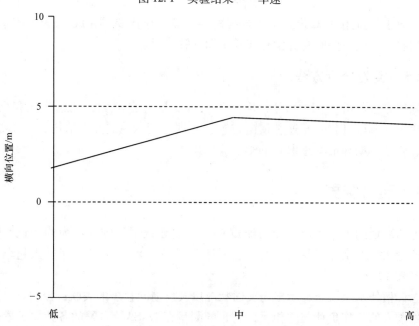

图 12.2 实验结果——车辆横向位置

流量条件下比低交通流量的情况更高,后者虽然已经非常接近,但还是没有超过前者的水平。NASA-TLX 的独立子量表显示,手动条件下的脑力需求显著高于 ACC 条件下的脑力需求。中等交通流量条件下的脑力需求也高于低交通流量条件下的脑力需求。在另一方面,自动化、交通状况和反馈水平之间存在复杂的三方交互作用。当交通流量较低时,低等或中等反馈水平的 ACC 对脑力的需求更高;而在高交通流量下,中等反馈水平的 ACC 对脑力的需求更低。对于工作负荷中剩余的测量变量,手动状态的体力需求、时间需求和努力程度都更高。交通流量和挫折感之间也存在统计上的显著差异,中等交通状况下的挫败感比低交通状况下更高;当且仅当中等交通流量情况下,手动驾驶的挫折感明显高于自动驾驶情况下。而 ACC 模式下,挫折感随着交通流量的增加而显著增加,如图 12.3 所示。

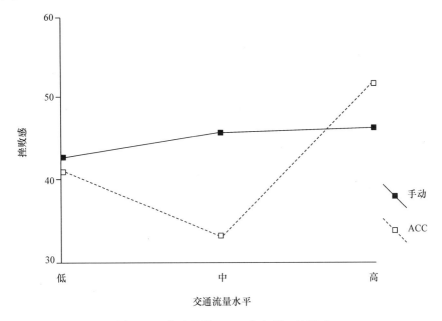

图 12.3　实验结果——工作负荷：挫折感

SART 问卷分为整体情境意识和如下 3 个分量表：对注意力资源的需求(进一步细分为情境不稳定、情境复杂性和情境可变性量表),注意力资源的供应(进一步细分为觉醒、注意力集中、分散注意力和剩余脑力能力)以及情境的理解(进一步细分为信息量、信息质量和情境熟悉度)。整体情境意识分析发现交通水平与反馈水平之间存在交互作用。奇怪的是,低反馈下的情境意识高于高反馈情况。此外,相比高交通流量,低交通流量下的情境意识也更高。这些结论如图 12.4 所示。这不禁让我们怀疑：是否现实世界的信息越少(即交通流量减少和系统反馈低），就越会产生更好的情境意识呢？这一结果似乎有违我们的预期，它们反映了一些更根本的概念和方法问题。比如：①形成情境意识的基本模型的本质；②驾驶前馈控制（feedforward control）和反馈之间的相互影响；③用自我报告法度量情境意识的固有问题［见第 8 章，以及文献（Salmon 等，2009）］。

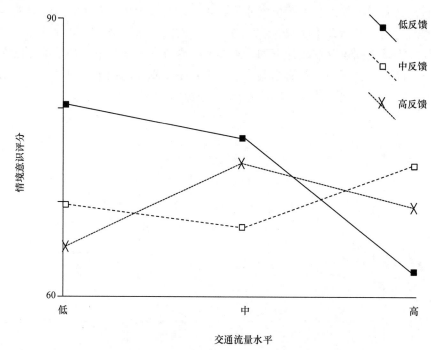

图 12.4　实验结果——整体情境意识

有趣的是，各种条件下的驾驶人心理表征并没有表现出统计学的显著性，这进一步体现了我面对上述更根本的概念和方法问题时面临的挑战。另一方面，对驾驶人应激的测量发现了一系列有趣的结果。DSSQ 可以被细分为若干个子量表，包括：愤怒、专注、控制和信心、快感度、动机、自尊、自我关注、与任务无关的干扰、与任务相关的干扰，以及紧张觉醒。除最后两个因素外，所有的因素在驾驶前预测试结果都显著高于驾驶过程中的结果。此外，我们还发现了一些影响较为复杂的规律。这些规律包括：在低交通流量下，越高的 ACC 反馈对专注的要求越高；中等交通流量下，越低的 ACC 反馈对专注的要求更高。与任务无关的干扰在 ACC 时比手动驾驶情况下更高；同时，紧张觉醒在手动情况下比驾驶前测量结果更高等。

而我们观察到的最主要的整体结论是，一旦系统边界和度量被拓展，交互的复杂性就会增加。表 12.2 尝试对这些结论进行了简化，并将它们与实验前的假设做了对比。这些假设扼要重述如下：

- 相比手动驾驶，驾驶人在自动驾驶下将展现出更多的外在性（假设 1：H1）。
- 驾驶人可能对反馈水平更高的 ACC 系统产生更高的信任（假设 2：H2）。
- ACC 模式下驾驶人的情境意识将比手动驾驶时更低（假设 3：H3）。
- ACC 系统的心理学模型的准确性可能会随着反馈水平的提高而提高（假设 4：H4）。
- ACC 情况下整体的工作负荷可能保持不变（假设 5：H5）。
- ACC 驾驶将会使应激加剧（假设 6：H6）。
- 在大交通流量情况下，ACC 将减少应激（假设 7：H7）。

表 12.2 实验结果

变量	结果总结	假设
车速	交通流量越高，车速越低	
车辆横向位置	中高交通流量时，车辆更可能变道	
控制点	在中交通流量时，与高或低交通流量相比，驾驶人的外在性分数更低，内在性分数更高	H1 = 不支持
信任	无统计学差异性	H2 = 不支持
情境意识	整体情境意识，低反馈在低交通流量下的情境意识高于高反馈情况，也高于高交通流量情况 手动驾驶对注意力资源的需求高于 ACC 手动情况下注意力资源的供应高于 ACC	H3 = 支持
心理模型	无统计学差异性	H4 = 不支持
工作负荷	手动情况下整体工作负荷高于 ACC 中高交通流量下的整体工作负荷高于低交通流量情况 手动驾驶的脑力需求高于 ACC 中高交通流量下的脑力需求高于低交通流量情况 手动驾驶的体力需求高于 ACC 手动驾驶的时间需求高于 ACC 手动驾驶的努力程度高于 ACC 中高交通流量下的挫败感高于低交通流量情况	H5 = 不支持
应激	相比驾驶前，驾驶过程中的应激更高 高交通流量下的应激高于低交通流量 手动驾驶下的愤怒高于 ACC ACC 下的任务相关干扰高于手动驾驶	H6 = 不支持 H7 = 支持

12.5　总结

　　本研究主要有6项发现。第一，交通密度的增加往往伴随着车速放缓以及车辆更频繁地进入超车道。这一结论不言自明，在此特别提出是为了给模拟实验的准确性提供可信度。第二，控制点量表高度稳定，这意味着控制点不受自动化系统的影响。第三，参与者在手动条件下经历了更高的工作负荷，这使我们确信，在正常驾驶时采用ACC将降低驾驶人工作负荷。第四，交通流量水平越高，工作负荷越高。第五，交通流量水平的提高也伴随着应激的增加。第四和第五点会让我们做这样的假设：可能在较高的交通流量水平上，驾驶人从ACC受益最大。最后，中等反馈（即仪表板上显示的ACC系统状态）情况下的情境意识最高。

　　控制点的稳定性与过去的研究结论一致。之前对手动驾驶的研究表明，具有外控点的人往往不太谨慎细心，比具有内部控制点的人更容易发生交通事故（Montag 和 Comrey，1987；Holland，1993；Lajunen 和 Summala，1995）。这种趋势可能会因为自动化的介入而恶化。解决这个问题的可能办法之一是制定强调内控点的驾驶人培训方案。研究人员已在高级驾驶人培训研究中看到了这种做法（例如，Stanton 等，2007）。

　　ACC条件下的工作负荷减少可能是低交通流量情况下需要注意的问题，因为在交通流量很高时，ACC将成为一个受驾驶人欢迎的缓解疲劳的手段。我们对工作负荷进行研究，目的是为其找到一个最优的水平，既没有负荷不足，也没有负荷过度（Parasuraman 和 Riley，1997）。时至今日，我们仍然很难想出一种可以根据交通流量水平变化来无缝切换手动和自动车距保持的方案。但考虑到ACC系统确实可以（在根据路况的繁忙程度得到的不同速度下）检测并捕获到其他车辆，将其与广泛的车载通信系统结合，确实可以使以客户为中心的设计目标受益。目前的技术中，ACC系统的激活仍然取决于驾驶人；退出ACC则已经可以做到"无缝切换"——驾驶人只需踩加速踏板或制动踏板即可。由于ACC系统具有监控车辆制动和加速的频率的潜质，我们可以将其设计为在驾驶人工作负荷很低时提醒驾驶人退出ACC，并在驾驶人工作负荷很高时建议激活ACC。

　　增加驾驶人情境意识是自动化系统成功的关键。在这项研究中，人们发现，同时使用抬头显示器（HUD）和仪表板来显示ACC状态实际上降低了驾驶人自我报告的情境意识。这一现象的原因之一也许是，通过仪表板显示器，驾驶人可以自行决定何时进行信息采样；而使用HUD时，数据始终会显示出来。因此，HUD可能使驾驶任务在视觉上更加复杂（滑稽的是，有些驾驶人为了阻止信息显示，会用板遮住投影设备，这又需要增加额外的工作量）。在低交通流量条件下，所有驾驶人报告中最高的情境意识出现在低反馈情况下（仅包含听觉警告，无视觉显示）。这时最简单的界面可能最为合适，因为它减少了驾驶人注意力的分散。在中高水平的交通流量下，中等反馈系统（包括听觉警告和嵌入仪表板的液晶显示）导致了最高水平的情境意识。讽刺的是，在设计时考虑情境意识的优化又可能对工作负荷产生负面影响，反之亦然。比如，简化界面可以提高情境意识，但也可能减少驾驶人的工作负荷，而考虑到系统的整体效能，工作负荷的降低也许并不是我们期望的效果。

ACC 系统确实能起到舒适和方便驾驶的作用，与手动驾驶相比，它减少了驾驶人的工作负荷和挫折感。ACC 的减压效果可能在高交通流量情况下（此时驾驶人的应激水平最高）最为显著。然而，这种效果并没有增加驾驶人对 ACC 下的情境理解。人们可能会认为，驾驶人工作负荷的降低与情境意识的增加存在关联，因为驾驶人潜在地具有更多寻找并处理周边信息的机会。然而这种机会被车辆纵向控制任务的剥夺所抑制了。在经典的人机工程学研究中，这被称为闭环外控制（out–of–the–loop control）。驾驶人不再需要关注反馈，因为他们不需要它来控制车辆。Bainbridge（1983）认为，从人类行为角度来看，驾驶人在监测自动驾驶中扮演的被动角色远不如在控制车辆中的主动角色令人满意。

驾驶行为作为自动技能（automatic skill）的典型例子，其特点是无意识地处理信息并作出适当的反应。自动化也同样将驾驶人从对驾驶任务的有意识控制中移除。如果任务需求发生了改变——可能是由于道路上的一些关键事件——人类驾驶行为的自动性和自动化系统都要求驾驶人恢复意识控制。然而，Young 和 Stanton（2005）认为，应对任务需求变化时相关知识的缺乏将对使用自动化系统的驾驶人产生损害。这意味着，自动化提供了某种"假的专业技能（false expertise）"，可能会让驾驶人产生一种虚假的安全感。这种感觉可延伸到他们的元认知能力（metacognitive ability），尤其是他们对情境意识的认知。在手动控制下，经验丰富的驾驶人时刻关注着大量刺激（stimuli），但事实上并没有真正意识到它们的存在。因此，可以认为驾驶人在没有参与到车辆纵向控制时，他们有更多的机会从真实世界进行信息取样，但他们可能对自己此时应该关注什么缺乏经验。

理想情况下，我们希望 ACC 系统可以在高交通流量密度条件下降低驾驶人工作负荷和应激，但又不能降低驾驶人的理解力。为了搞清楚如何实现这一目标，我们将研究主题转向了情境意识。当航空领域应用玻璃驾驶舱（glass cockpit）时，飞行员情境意识的降低也曾受到了关注（Jensen, 1997）。与飞行员一样，如果车辆驾驶人要维持足够的情境意识，就需要跟踪真实世界中的事件。情境意识的概念似乎特别适合驾驶，因为驾驶任务和其他关注情境意识的领域具有很多相同因素，如：多目标、多任务、时间压力下的表现；不良表现导致的负面后果等（Kaber 和 Endsley, 1997）。目前的 ACC 设计往往过于关注对系统状态信息的解析（例如：ACC 的模式中的信息——"巡航""跟车""待命"或"驾驶人干预"）。在使用时，驾驶人必须将这些信息与车辆外发生的情况相结合。Endsley（1995）认为，界面设计最好能提供情境概况、对未来事件的预测以及当前模式意识的线索。这一指导思想的实现要求 ACC 界面设计彻底背离传统车载界面。普通的车载界面中，单一系统往往只报告自己的状态，不会跨系统地进行数据整合，更不会提供任何预测信息。但这并不是说 ACC 界面难以实现这种建议，事实上，ACC 控制系统已经能够处理大量的此类信息了，只是没有将它们显示给驾驶人。

未来的 ACC 系统可能需要一种新的显示方式。这种方式能够帮助驾驶人识别需要关注的外界线索，并提供关于自己车辆运动轨迹的预测信息。设想一下，如果知道了自己车辆和对方车辆的运动轨迹预测信息，我们就能确定两车可能存在的冲突。例如，可以显示前方车辆的车速，或两车的速度差，或推荐的车距，或三者的结合。理想情况下，界面设计需要减少对驾驶人的依赖，它应该主动承担计算工作并使驾驶人的理解和预测更简便（Endsley，1995），更不用说给驾驶人的视觉注意力增加不必要的负担了。从根本上说，虽然我们可以对未来的设计给出预测，但本章节关注的是一些明显冲突的对象间是如何实现平衡的。这种冲突是在对众多不同因素全盘考虑下揭示的，而非仅针对其中个别项的优化。因此我们可以说，人因工程学和车辆自动化都是系统级别的问题。

致谢

本书是在如下文献的基础上小幅修改得到的：Stanton，N. A. and Young，M. S.（2005）. Driver behaviour with adaptive cruise control. Ergonomics，15（48），1294 – 313.

第 13 章　总结性讨论

13.1　昨天的明天

如果亨利·福特看到了现代汽车，也许会感到熟悉：汽车依然是 4 个轮子加 1 台发动机，甚至连流水线的原理都是他 100 年前建立的。但对于生活在 100 年前的人来说，现代汽车又是那么的陌生：百年间，人类对汽车的改造不仅仅是在福特 T 型车基础上提高了性能、操纵性、舒适度、精度和燃油效率，更有一些改进和创新是前人无法想象的，诸如线控技术、车载娱乐系统、品牌基因、软显示乃至自动驾驶。在老式汽车向现代汽车过渡的年代里，这些概念仿佛痴人说梦。

我们所经历的不仅是汽车在根本上改变了我们的日常生活，反过来我们作为用户，也改变了汽车。驾驶人和车辆自从 20 世纪末以来就组成了一个共同进化的螺旋体（co-evolutionary spiral），进而触发了"互惠的革命性进步"（Kelly，1994）。驾驶人只能"赶鸭子上架"，匆忙地适应着新型车辆，而新型车辆也"屈服"于驾驶人适应期间产生的新需求，然后又有更多的需求被创造出来，驾驶人再一次"赶鸭子上架"，车辆也再一次"屈服"，在这个共同进化的螺旋中循环往复，直到汽车变得面目全非。"每一项进步都把互为对手的两方拉得更近，最后两者相互依存，合二为一"（Kelly，1994，第 74 页）。一个引人注意的事实是，这个螺旋通向的并不是无序，而是有序。正因如此，亨利·福特才不会对今日汽车感到陌生；正因如此，驾驶对人类来说不再是难事；也正因如此，大量已经无关技术的行业规则和传统才会层出不穷。从 1905 年至今，汽车走过了 100 多年的发展历程，然而今天我们提出的以人为本的自动化车辆的设想，已经不允许我们再耗费百年的奢侈光阴。我们有捷径吗？人因工程学可以带给我们答案。

与汽车的浩瀚历史相比，我们在汽车人因工程领域 20 年的研究成果犹如沧海一粟，但这些研究成果在汽车发展过程中同样具有里程碑意义。我们的研究始于 1995 年，当时第一个应用于商业化现代汽车的自动驾驶技术——ACC 刚开始投入市场。我们以此为契机,打开了汽车人因工程学这扇大门。人因工程问题长久以来都存在于车辆设计中,但直到最近人们才将不同的人为因素结合起来考虑,将人因问题上升到战略高度。

本书的目的就是让读者了解这些问题,找到解决方案,并告诉读者,这些解决方案可以为车辆工程带来哪些贡献。在当今时代的背景下,汽车制造商想在功能、可靠性、制造成本上提升竞争力已经变得越来越困难。因此,单纯地发展车辆技术似乎是不够的。"你卖给顾客什么并不重要,重要的是你为他们做了什么。不要看车辆本身怎么样,要看它能连通什么,能做什么"(Kelly,1994,第27页)。人为因素正是这种车辆设计者努力寻找的优势的典型代表。

13.2 这不是一个常规的总结

像这样一本书,通常被读者寄予了回答一些问题的期望。我们用整本书尝试解答了这些问题,在行将完结之际,我们并不想用一个常规的总结收尾。何不再次使用对话的形式,和第1章做一个呼应呢?在第1章中,我们从Donald Norman的一些问题开始了探索之旅。回顾本书,我们回答了这些问题吗?

13.2.1 为什么要自动驾驶?

所以,我们再来回答第1章提出的问题:为什么要自动驾驶?

我们在第3章列出了一些赞成推广自动驾驶的理由:

主流论点主要有3种。第一种观点认为,"驾驶"是一个高度紧张的行为,如果可以在某些特定的驾驶工况下采用自动驾驶,将缓解驾驶人的疲劳,对驾驶人的身心健康有显著的改善。第二种观点与第一种类似,考虑到大多数交通事故是驾驶人的人为错误导致的,而自动驾驶技术恰恰将人为因素从驾驶行为的控制闭环中剥离,所以可以合理地推断,自动驾驶有助于减少交通事故,增加道路安全性。第三种是从经济学角度考虑的观点,首先,自动驾驶技术的应用必将丰富车辆零部件的多样性,增加整车的销售收入;其次,由于自动驾驶的介入,驾驶人的驾驶效率提升,这使得驾驶人可以在开车期间腾出手来从事一些经济生产工作。

很少有人仔细审视这些观点,若不是对第2章里所述技术的发展轨迹造成影响,他们根本不起眼。"技术轨迹"这种说法就能说明问题。我们只有在谨慎考虑后才会使用"人机互动的发展轨迹"或者"用户需求的发展轨迹"之类的说法,即便如此,我们也越来越清楚地意识到,是技术推动了这些改变,而不是改变推动了这些技术。

技术发展的循环通常首先是由一个被识别的缺陷推动的。这种缺陷被识别的方式通常是人类在使用该技术时感到了负担。这些明显的能力不足可以通过拓展车辆功能解决，而功能的拓展又要利用新技术带来的额外能力，由此一辆全新的也更复杂的汽车诞生了。Hollnagel 和 Woods（2005）解释了技术和复杂性是如何以此方式相互缠绕的。

一个前沿技术可以提供的额外的效用通常会被"占领"，进而将系统再次"推向安全性能范围的边缘"（Woods 和 Cook，2002，第 141 页）。以 ACC 为例，这项技术现在还没有成熟到可以应对各种情况，因此驾驶人仍要随时做好干预准备；从某种意义来说，它具有局限性并且很容易在被正常使用时就达到极限，这就是造成各种性能安全问题的原因。Hollnagel 和 Woods（2005）把这个循环称作"复杂性自我强化循环（Self‑reinforcing Complexity Cycle）"，如图 13.1 所示。

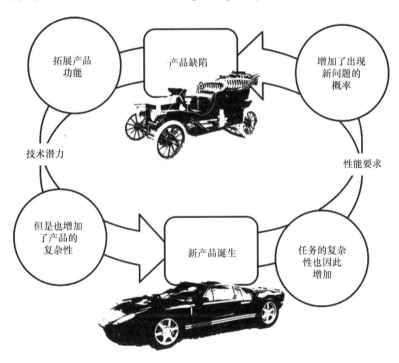

图 13.1　Hollnagel 和 Woods（2005）的复杂性自我强化循环

复杂性自我强化循环的重要特质是使用者经常要面对"任意的任务集合，但很少被给予支持完成这些任务的指导"（Bainbridge，1982，第 151 页）。系统的顺利运行需要人们的适应，结果则可能产生新的失效机会。Hollnagel 和 Woods（2005，第 5 页）对这一点做了澄清："这里的机会并不是说人们更容易犯错，而是说存在着行动出现非期望或与预期相反结果的更多可能"。我们应对此问题的一般方式是重新改进系统的功能。这是自我完善循环的最后一环。人因工程研究者对此抱怨颇多，他们说这不仅又产生了新的难题，还将新难题最大化了（例如 Norman，1990）。

这些支持自动化技术推广的原因清晰地描绘了技术发展轨迹，同时还让我们看到了一系列人因工程方面的问题。这些问题包括：驾驶人及时终止自动系统以避免事故发生的能力；驾驶人对车辆变化的感觉已经超过自己的认知；驾驶人对危险的认知和情境意识；自动化技术糟糕的信任校准，以及由此导致误用甚至滥用。从本书开始至终，我们一直在探索是否存在更好的论点来支持自动化技术。我们的答案是：是的，确实有。仅仅声称"我们支持自动系统，因为我们在技术上可以实现它"是不够的，我们应该探索驾驶的根本目标是什么。这是我们的研究想搞清楚的。

13.2.2 用户到底需要什么？什么才是技术真正需要解决的问题？

在第 5 章中，我们对该问题给出了简要的回答。这里提到的"需要解决的问题"都包含在了第 5 章的新驾驶错误分类法中（它是一个整合了大量关于人为错误和人为错误分类法得到的综合体系）。每一种错误都对应着一个技术解决方案。有一些错误比其他的错误更为普遍（见第 6 章），这就让我们确定了各技术解决方案的优先级。我们发现了两个明显的结论。

第一，驾驶人错误有时会和我们假设的不同。我们经常方便地假设驾驶人都是"高度理性"的，所以一旦他们出了差错，就归咎于不够熟练或者不够聪明，并认为需要通过更多的训练、警示或者更多的自动化设备"强迫"他们顺从。但事实却很可能相反。有相当一部分最重要和普遍的驾驶人错误是源于驾驶人过于训练有素的行为，他们对事件过于敏感，以至于触发了虽然模式正确但是用错了场合的行为。换言之，正是计算机无法复制的人类特质导致了问题的产生。所以，我们真正面临的挑战其实是，能否利用好人类和自动化系统两者的优势。我们在第 3 章关于航空领域类似经验以及功能分配的部分已经进行了详细论述。

第二点与"系统"有关。驾驶人处于一个互动系统中。这个系统由驾驶人本身、车辆、道路、其他车辆以及用于支撑其驾驶的驾驶经验组成。我们在第 12 章中集中讨论了该问题。驾驶行为中设计的行动的自由性决定了这些系统的元素可能会按照导致问题的方式组合，并且难以预测（在第 6 章中已清晰阐述）。正因如此，我们在第 5 章的结尾才会特别强调：将某种特定的技术应用于某种特定的错误并不能完全确保错误不发生，因为我们的分析只是建立在这种几乎和驾驶人可以和谐共处，并输出理想结果的基础之上的。要想确保错误不发生，需要进一步从人因工程的角度寻找答案。

针对什么是驾驶人的需求，我们已在第 4 章中已经通过新版和原版的驾驶层次任务分析详细给出了答案。绝大部分把安全放在首要位置的领域都会进行详尽的任务分析，为什么驾驶行为没有呢？答案似乎是驾驶太自由了：驾驶人在自行选择的时间，出于自行原则的目的，利用自行选择的车辆，在自行选择的路线上完成一段自行选择的行程。这是一项涉及 1600 个子任务和 400 个计划的任务分析。听起来很吓人，事实也确实如此。但是，我们通过层次任务分析法找到解决方案。不仅如此，层次任务分析法还能做一件我们"真正"想做的事情——"设计一种交互系统"。

在驾驶研究中，我们可能希望探索一种未曾出现也没有实体原型的技术的影响。它会导致什么样的错误？驾驶人需要什么信息？哪些驾驶任务可以被其替代，又有哪些仍需驾驶人手动执行？这种分配方式是建立在我们对于人类和技术各自的能力和局限的了解的基础上吗？驾驶将变成什么样子？对于安全性、效率和驾驶乐趣又意味着什么？我们可以将驾驶层次任务分析法和其他人因工程方法结合来分析此类问题。这种方法的独特性在于，它首先从用户需求出发，再寻求技术上的解决方法，从而让我们找到发展自动驾驶的最佳理由。

13.2.3 自动化的哪些问题才是关键？

在第 1 章中，Donald Norman 讲述了一个朋友发生 ACC 模式错误的案例，这样的案例我们还能找到很多。比如，驾驶人没有及时从 ACC 模式中重新接管车辆导致车祸的发生；比如运动型轿车的驾驶人可能有更好的情境意识；比如人们会对某技术是否应该被人还是机器控制有个预判，再通过这种预判的结果区别对待不同的自动化技术等。这些例子在本质上都反映了与人类产生联系的自动化系统没有让期望的效益"落地"。这些例子还有一个共同点是，他们都可以被统一追溯到一个更基础的问题，或自动化的"讽刺"上。我们有必要重述下面的一段话，这正是我们在此想陈述的观点：

自动化的存在本身没有问题，有问题的是不恰当的设计。很多自动化系统在正常运作的情况下表现良好，但问题出在，作为需要掌控整个任务全局的驾驶人，并没有从自动化系统得到足够的反馈和互动。一旦驾驶情景已经超过了自动化设备的掌控能力，反馈不足会让驾驶人更加难以掌控局势（Norman，1990，第 585 页）。

这一观点已经是司空见惯了，但时至今日却显得更加有意义。这些自动化的问题最早起源于过程控制和航空领域的研究，但随着它们渗透到汽车这一消费者领域，其受众群体大幅扩张。我们现在的操作仍处于"自动化过渡区间"，虽然技术还没有强大到提供给世人全自动驾驶的汽车，或允许我们和一个智人的完全模仿体进行互动，但它至少已经强大到"阶段性"地完成这些工作了。在无自动化和全自动化中间的区域是最危险的，但也恰恰是人因工程学方法能够发挥战略作用之处。本书为我们展示了人机交互不适当的程度问题以及反馈对驾驶人的影响，当然最重要的是，书中设计了一系列分析的工具和方法，使我们可以在解决这些自动化的问题的道路上迈了一大步。

13.2.4 我们如何解决这些问题

每个独立的章节都针对具体的问题给予了详细的分析、阐述、思考并提出了解决方案。现在让我们把镜头拉远，俯瞰全局。如果人为因素是一个关键的战略性问题，是一个可以定义车辆产品的"前沿"的东西，那么为什么还是有很多存在已久的问题和讽刺没有被解决呢？从某种意义上说，答案似乎是由于我们思维方式的固化。

福特 T 型车和现代汽车相比，是一件非常简单的发明。它的目标相对单一——成为一款没有多余功能的、价格便宜的个人移动工具。人们哪怕用最常规的方式使用它，就已经可以将其能力的极限全部发挥了（只有20hp）。它的设计、制造和用户使用方式都高度形式化。其背后的逻辑差不多是这样的：

其一和车辆一样，驾驶人被假设是可以理性行为的。存在一个明确定义的最终状态以及一个最优定义的状态达成方式，以供使用者理性和持续地去遵循。

整体等于每个部分的集合……输出和输入成正比……同样的行为会导致相同的结果……存在一个可重复和可预测的因果链（Smith，2006，第40页）。

其二最终状态、达到最终状态之路径、使用背景、用户需求和喜好是持久和静态的。换言之，时间维度实际上可以忽略。

我们是否已经麻木于被那些约定俗成地依赖于这些简单假设的设计范式所主宰了？我们是否已经习惯，一辆自闭的、官僚的、死板的、复杂的、科技加持的汽车，其实只是在让驾驶人耗费大量精力去做一些并无迫切需要的相对简单和随意的任务？确实，如果我们继续在这些习以为常的理念指导下设计汽车技术，会发生什么？其他技术领域的经验告诉我们，通常"被我们期望设计成高度理性的系统，最终都会发展到非常不理性"（Ritzer，1993，第22页）。这一观点在本书中反复出现，设计意图良好的技术要么没有发挥出原始设计的效能，要么甚至会时不时产生相反的效果。一个围绕人因工程学建立的新的内隐理论（implicit theory）似乎更能反映真实情况：

其三人们使用新汽车或系统，解析它、修正它，并做出他们认为合适且可行的调整（Clegg，2000，第467页）。他们会适应自身及系统来达成自己的需求和偏好（Hollnagel 和 Woods，2005），由此产生无法预期的新需求。

其四在驾驶人和车辆的互动过程中，经常会出现"由驾驶人和环境交互造成的非预期行为"（Johnson，2005，第1页）。

其五最终状态、达到最终状态之路径、使用背景、用户的需求和偏好是动态和可变的。从不同的初始状态达到相同目的的方法可以是多种多样的，并且不可以忽略时间维度。

这一内隐理论蕴含的巨大挑战性也许是人们为何仍坚持前一种简单假设的原因。然而，我们关注的不是这种理论所带来的额外复杂性（complexity），而是它处理设计复杂性的方式。换言之，传统范式可能带来更少的复杂性，但设计的匮乏可能导致这些复杂性主宰了使用者。而通过内因理论进行的设计，也许会带来更多的复杂性，但这种复杂性被设计得更加合理，且不会主宰使用者。有两种策略可以实现这一点。第一种是通过增加车辆内部复杂性来适应外部的复杂性（Sitter，Hertog 和 Dankbaar，1997，第 498 页）。这通常意味着新增更多功能或者增强现有功能。第二种是"通过'减少'内部控制和协作需求来'处理'外部的复杂性"（Sitter，Hertog 和 Dankbaar，1997）。我们可以把这种思路称为"完成复杂任务的简单车辆系统"。这似乎是一个悖论：在未来，一个优秀的汽车处理外界复杂性的方式不是相应地增加自身的复杂性（至少从用户体验来说），而实际上在简化。这该如何实现呢？

13.2.5 未来车辆设计的社会技术（Socio-technical）原则

设计原则（design principle）可以看做是一种启发式工具，可以把本书中的具体观点代入到更广义的背景和新的思维方式中。我们将要提出的原则曾在 Cherns（1976），Davis（1977）和 Clegg（2000）的著作中以不同形式呈现。虽然这些文献没有关注汽车设计问题，但其中有 3 条 "健康警告（health warnings）" 却与汽车相关：第一，这些原则和它们想要解决的问题一样，具有互联性。第二，它们和车辆设计一样，是不断进化和共同进化的；它们也是设计被不断推进的初始条件。所以，这些原则很有可能与我们的理解有所差距，而且它们不对未来做任何假设，也绝不能被视为完整的。第三，也是最重要的一点，车辆设计在应用过程中不是 "毫无瑕疵的"（Clegg，2000，第 464 页）。它们与车辆一样，并不是终极产品，它们也在持续地发展。

在现实中，使用这些原则的 "过程" 与原则本身一样重要。我们将原则罗列如下，供读者思考：

原则一	需要转变思维：优秀设计的衡量标准从原先的 "完美实现该部分" 变为 "完美实现不同部分间的互联"。这需要依赖多学科输入，并需要意识到技术不是孤立存在的。
原则二	存在一个基本要求，才能使设计方法、技术和未来汽车将面临的问题和环境的本质相匹配：**内因理论必须要得到真实验证**。有些问题需要自上而下的方法，有些则需要自下而上。尽早把人因工程融入设计过程有助于达到正确的平衡。
原则三	设计的选择需要视情况而定，不必追求普适的通法。适用于一种情境的方法未必适用于另一种。设计的选择自身可能造成非意图的结果，对设计造成不成比例扩大或缩小的效果。在复杂系统中，一种可行的解决方案是采用**自下而上的过程（BOTTOM-UP PROCESSES）**（也见原则二）。

原则四　设计的传统概念是回应"明确已知的需求"（例如：Clegg，2000，第466页），但未来汽车可能将客户陆陆续续发现的新需求具体化，使用者甚至都不是系统的预期受益者。**用户需求会共同进化**，并且只能通过使用过程进行自我挖掘。

原则五　使用者对新汽车或系统进行解析、修正，并做出其认为合适且可行的调整（Clegg，2000，第467页）。未来汽车和科技将会创造更多调整的机会，并且加快调整创造新的共同进化需求的速度。**因此，未来的设计应以适应和改变为目标。**

原则六　现实生活中一项有意义的任务会让用户体验一整套紧密衔接的活动，这一活动对系统整体至关重要并且具有动态闭合性（dynamic closure）（Trist 和 Bamforth，1951，第6页）。所以，**设计有用的、有意义的、完整的任务。**

原则七　"不要过度定义一个系统的运行方式……一个系统的终点应该被定义和细化，但是实现方式却不该如此"（Clegg，2000，第472页）。这里我们所指的是一种开放的、民主的、灵活的技术类型，客户可以对该技术量体裁衣，以适应其自己的需求和偏好。换言之，**将设计规范最小化。**

原则八　未来的汽车应该和已经存在的实践保持一致；与最新的科技所能提供的相比，这些实践可能偶尔体现出陈旧、落后的现象。一致性应该通过**来之不易的共同进化以及系统基因保证。**

原则九　**用户或"产销者（prosumer）"**说："我们作为新系统的用户，正在挖掘它的能力极限，从而帮助你们设计者提供给我们新的系统能力"（Clegg，2000，第472页）。从驾驶人把他们的汽车开上路、开始共同进化的那一刻起，有远见的设计者就知道，新一轮系统能力的设计大幕已经拉开。

原则十　**设计其自身是一个基于系统的实体**，我们需要在系统的级别考虑设计问题。如果我们将未来的汽车也视为一个系统，那么用"工业时代"的非系统原则完成设计显然是错误的。

13.3　未来可期

对我们而言，一切都始于1995年的那辆只有前半截的福特猎户座、一台Acorn计算机以及一台Casio投影仪。我们带着对于在广泛的工业领域中发展的人因工程学理论能否适用于新兴的车辆自动化的怀疑，开始了研究。时至今日，更精细的模拟设备出现了，采集道路数据的手段增多了，人们也越来越认识到对于很多该领域的关键问题可以通过一套强有力的系统方法进行研究。这些是好消息。而坏消息是，早在30年前就存在于人因工程研究范畴的自动化技术的基本讽刺现在仍然没有解决。并且，人因工程本身并没有足够早地应用于汽车领域。这本书尝试说明人因工程学提供了一种可靠的方法，它具有很强的分析性，与设计工程和质量的方法兼容，所以在汽车工程领域有广阔的应用前景。人因工程学方法在汽车设计过程中越早介入，就越有可能在设计物理原型建立之前诊断出问题和风险，也越有可能采取简单、巧妙、以用户为中心且低成本的干预，因此为设计带来巨大的增益！秉承着对话精神，同时避免枯燥地展示人因工程学尚未显现出的强大生机，就让经过重新设计的"Computer Car 2030"带我们走完最后的旅程吧。

未来的震撼
人机共同体为内燃机时代盖棺定论

我对另一辆待测试的 Computer Car 2030 不抱一丝希望，反正也不会有什么新意。但是我错了。**令人惊奇的事情刚刚在车辆设计上发生了**，如果未来真的是这样，那么请带上我。它让我们瞬间觉得，现代化的汽车变得如此过时、局限、妥协、粗糙，好像是前工业时代的产物。各位，欢迎来到未来。

Computer Car 2030 给人的第一印象相当惊艳。我本以为会看到一堆按钮和显示屏，但没有，取而代之的是圆滑的现代性和简洁性。**再仔细一看，所有技术都没变，但是感觉截然不同了**。这种感觉很难用言语表达，只能说这些技术放在了它们该在的地方，也发挥了它们该发挥的作用。这辆车是有生命的，它有自己的个性，尽管可能很奇怪，但它在对我说话。是的，它有语音激活系统，但又不限于此。它好像电视剧《霹雳游侠》中的那辆 KITT（而不是《2001 太空漫游》里那个恶毒的电脑 HAL）。当然，它也并不是"真的"像 KITT，**它更像一个副驾驶，一个"有用"的乘客，一个在我人性弱点暴露之时的支柱**。这与普通电控汽车的体验完全不同。首先它并不讨厌。**它好像能感知我的需求，让我仿佛触碰到道路表面，让我在长途中放松，它像是我的伙伴**。我不能相信它和我之前评测过的几乎是同一辆车。制造商告诉我这两辆车的工程开发完全相同，这让我难以置信。我感觉眼前的这辆车更快、更安全，各方面都更出色。测试结果显示，"客观上"它的性能并没有变化，但有趣的是，你现在可以更充分地利用它的性能了。工程师告诉我，他们借鉴了最新的人因工程学研究成果，把人类和机器融为了一体。我不知道人因工程学是什么（听上去依稀有点邪恶），但它确实很有"疗效"。我甚至喜欢它们创造出来的怪异而又动听的"发动机声浪"。

售价：5 000 000 比特币 在售

附　录

本附录中，我们将展示作者所设计的完整版的驾驶层次任务分析（Hierarchical Task Analysis of Driving，简称HTAoD）。它可以用于分析驾驶错误，定义情境意识需求、训练需求、感知能力、新技术带来的可能影响。它包含超过1600个子任务和400个计划，它是基于如下研究文献和文字材料设计而得：

- McKnight和Adams于1970年执行的任务分析。
- 最新版英国公路准则（UK Highway Code），根据1991年道路交通法案（Road Traffic Act）修订。
- 来自于英国驾驶标准局（UK Driving Standards Agency，简称DSA）颁布的信息和材料。
- Coyne于2000为交通警察/高级机动车驾驶人研究机构所著的驾驶人手册《驾驶技巧（Roadcraft）》。
- 我们早先对高级驾驶培训的研究成果：来自专业领域专家（如：警车驾驶者）的反馈。
- 覆盖海量普通驾驶人的道路观察研究。

驾驶层次任务分析法规范地建模了界定在英国的驾驶任务。其中许多的驾驶任务在其他国家都是相似的，但请注意英国道路靠左通行。举例而言，这意味着右转时车辆会与对面直行来车产生冲突；驾驶人坐在车内右侧；按照建模，这是一辆手动档汽车。由于该分析最初于2001年建立，我们对其进行了大量的确认和修正。但正如与之类似的其他层次任务分析，我们有多种方式来实现大量相似的子任务。该报告可供研究人员视自己需要使用或完善，也可用于更广泛的道路交通人因工程学研究。唯一需要遵守的是，在使用该分析，或将其作为他用时，请在"致谢"中提及对本书的引用。

这项分析采用了带有符号的列表形式展现。利用每行前的空格表示不同的层次任务层级，并区分上层目标；计划（PLAN）用逻辑运算符的形式表现，如：AND（和）、OR（或）、ELSE（否则执行）、IF（如果）、THEN（然后执行/那么执行）、WHILE（在执行xxx的同时）等；为了更有效地利用空间，同时为了避免重复列举反复发生的行为群集，分析者用记号"跳转到子任务"来引用其他任务内容；注意，这并不是中断层次任务分析。高级别的计划仍然按顺序捕捉低级别任务；跳转到子任务方法指示是为了避免重复。为了完整性，一旦出现"跳转到子任务"，意味着该子任务必须被完整地引用。

* *

驾驶任务分析 - 总结

* *

0 任务陈述

1 执行驾驶前任务（Pre Drive Tasks）
    1.1 执行预操作程序
    1.2 起动车辆

2 执行基本车辆控制任务（Basic Vehicle Control Tasks）
    2.1 使车辆从静止起步
    2.2 执行转向动作
    2.3 控制车速
    2.4 降低车速
    2.5 进行方向控制
    2.6 通过弯曲道路
    2.7 通过起伏道路
    2.8 倒车

3 执行驾驶操作任务（Operational Driving Tasks）
    3.1 从路边并入主线交通
    3.2 跟车
    3.3 行进间超车
    3.4 接近路口时的处理
    3.5 到达路口时的处理
    3.6 穿过路口时的处理
    3.7 驶离路口时的处理

4 执行战术驾驶任务（Tactical Driving Tasks）
    4.1 应对不同的道路类型/分类
    4.2 应对与道路有关的危险
    4.3 对其他交通工具的响应

4.4 紧急情况下的操作

5 执行战略驾驶任务（Strategic Driving Tasks）

5.1 执行检查

5.2 执行导航

5.3 遵守规则

5.4 响应环境

5.5 执行高级机动车驾驶研究所（Institute of Advanced Motorists，IAM）系统定义的汽车控制

5.6 展示对车辆/机械部件的呵护

5.7 展示适当的驾驶人举止和态度

6 执行驾驶后任务（Post Drive Tasks）

6.1 将车停在车位

6.2 使车辆安全

6.3 离开车辆

任务内容：驾驶车辆

条件要求：一个现代的、符合英国规范⊖要求的、中等大小的、前轮驱动的、可以在英国道路行驶（左侧通行）的汽车

执行准则：驾驶符合高速公路法规，采用警车的车辆控制系统

* *

0 任务陈述

在英国公路上驾驶一辆现代的、配置燃油喷射发动机的前轮驱动车，中等大小，符合高速公路法规，采用警车的车辆控制系统。

计划 0 - 执行 1，然后在执行 5 的同时执行 2 和 3 和 4，然后执行 6

* *

⊖ 规范包括：具有一个变速杆装在地板上的手动变速器，一个同样装于地板上的机械式驻车制动杆，以及一个燃油喷射式的发动机

附　录

****

1　执行驾驶前任务（Pre – Drive Tasks）

计划1 - 执行1然后执行2

****

1.1　执行预操作程序

计划1.1　依次执行如下次级任务

 1.1.1　进入车内

 计划1.1.1 - 依次执行如下次级任务

  1.1.1.1　车门解锁

  1.1.1.2　打开车门

  1.1.1.3　入座

  1.1.1.4　关车门

 1.1.2　执行驾驶前检查

 计划1.1.2 - 依次执行如下次级任务

  1.1.2.1　检查车辆状态

  计划1.1.2.1　执行1然后执行2

   1.1.2.1.1　检查驻车制动杆是否拉起

   1.1.2.1.2　检查档位是否在空档

  1.1.2.2　检查并调节座椅偏好

  计划1.1.2.2 - 执行1，如果驾驶座位的位置需要调节，那么执行2和/或3和/或4

   1.1.2.2.1　检查座椅位置

   1.1.2.2.2　调整纵向位置

   1.1.2.2.3　调整椅背

   1.1.2.2.4　调整头枕

  1.1.2.3　检查并调整后视镜

  计划1.1.2.3 - 执行1，如果后视镜需要调整，那么执行2和/或3

   1.1.2.3.1　检查后视镜的位置

   1.1.2.3.2　调整侧后视镜

   1.1.2.3.3　调整车内后视镜

 1.1.3　系上安全带

1.2　起动车辆

计划1.2 - 依次执行如下次级任务

1.2.1　使用钥匙完成点火

计划 1.2.1 – 依次执行如下次级任务

　　1.2.1.1　把钥匙插进点火开关管

　　1.2.1.2　把钥匙旋转到位置 1

　　1.2.1.3　松开转向锁

1.2.2　准备起动发动机

计划 1.2.2 – 在 6 的前提下，执行 1，2，3，4，5

　　1.2.2.1　切断不必要的电气系统

　　1.2.2.2　踩离合器踏板

　　1.2.2.3　再次确认档位挂在空档

　　1.2.2.4　把点火钥匙转到位置 2

　　1.2.2.5　等待喷油指示灯熄灭

　　1.2.2.6　加速踏板处于释放状态

1.2.3　起动发动机

计划 1.2.3 执行 1 然后执行 2 和 3. 如果发动机点火，那么执行 5. 如果发动机没有点火，那么执行 4，然后执行 5 然后执行 6 然后执行重复计划；如果在 8 次尝试后发动机仍不起动或蓄电池出现欠压，那么执行 7

　　1.2.3.1　把点火钥匙转到位置 3

　　1.2.3.2　钥匙停在 3 的位置

　　1.2.3.3　检查发动机是否已经点火

　　1.2.3.4　钥匙在位置 3 上保持 15s

　　1.2.3.5　把钥匙松开（返回到位置 2）

　　1.2.3.6　等 30s

　　1.2.3.7　放弃驾驶/寻求援助

1.2.4　缓慢松离合器踏板

1.2.5　检查警报灯和发动机状态

计划 1.2.5 –　同时执行如下子任务

　　1.2.5.1　检查点火和机油警报灯

　　计划 1.2.5.1 – 如果警报灯点亮超过 5s，那么执行 1；如果仍然点亮，那么执行 2；如果仍然点亮，那么执行 3

　　　　1.2.5.1.1　重踩加速踏板

　　　　1.2.5.1.2　发动机转速在 4s 内达到 3000r/min

　　　　1.2.5.1.3　放弃驾驶/寻求援助

　　1.2.5.2　检查安全气囊警报灯

计划 1.2.5.2 – 如果警报灯常亮，那么执行 1；如果仍然常亮，那么执行 2

1.2.5.2.1 等待30s

1.2.5.2.2 放弃驾驶/寻求援助

1.2.5.3 检查发动机状态

计划1.2.5.3 – 执行1，然后在执行3的过程中，如果发动机在800～1200r/min时没有异响，那么执行2；如果发动机异响，那么执行4

1.2.5.3.1 检查转速表

1.2.5.3.2 重踩加速踏板

1.2.5.3.3 检查发动机声音

1.2.5.3.4 放弃驾驶/寻求援助

1.2.6 操作车载系统

计划1.2.6 – 按要求执行1和/或2和/或3

1.2.6.1 操作采暖通风装置

1.2.6.2 操作收音机

1.2.6.3 操作其他车载装置

* *

2 执行基本车辆控制任务（Basic Vehicle Control Tasks）

计划2 – 如果车辆从停止状态起步，那么按照要求执行1，否则执行2；然后执行3和/或4和/或5和/或6和/或7和/或8

* *

2.1 车辆从静止起步

计划2.1 – 如果车辆从坡道起步，那么执行2；如果在光滑路面起步，那么执行3，否则执行1

2.1.1 车辆从水平路面起步

计划2.1.1 – 依次执行1，2，3

2.1.1.1 车辆起步准备就绪

计划2.1.1.1 – 执行1，2，3；如果档位无法挂入1档，那么执行4，5和重新从2开始执行操作.

2.1.1.1.1 左手放在变速杆上

2.1.1.1.2 左脚踩离合器踏板到底

2.1.1.1.3 用左手将变速杆从空档推入1档

2.1.1.1.4 将变速杆挂回到空档

2.1.1.1.5 完全松开离合器踏板

2.1.1.2 通过操纵和控制实现车辆起动

计划 2.1.1.2 – 在执行 1 的同时，执行 2；如果感受到发动机响声变化，那么执行 3 不超过 30s，与此同时按要求执行 4；达到 30s 后，执行 5 和 6；如果车辆未做好起动准备，那么重复执行 1；如果已经准备就绪且具备安全起动条件，那么执行 7 和 8，然后执行 9 和 10；如果发动机颤抖，那么执行 9

  2.1.1.2.1 右脚轻踩加速踏板
  2.1.1.2.2 缓慢抬离合器踏板
  2.1.1.2.3 保持离合器踏板的位置不动
  2.1.1.2.4 要求执行目检 << 跳转至子任务 5.1 "监视" >>
  2.1.1.2.5 踩离合器踏板
  2.1.1.2.6 释放作用于加速踏板的压力
  2.1.1.2.7 稍微松离合器踏板
  2.1.1.2.8 释放驻车制动杆
  计划 2.1.1.2.8 – 依次执行如下次级任务
    2.1.1.2.8.1 左手放在驻车制动杆上
    2.1.1.2.8.2 轻轻向上拉
    2.1.1.2.8.3 按下驻车制动杆锁止按钮
    2.1.1.2.8.4 把驻车制动杆放到最低
    2.1.1.2.8.5 手离开驻车制动杆
  2.1.1.2.9 缓慢踩加速踏板至更深
  2.1.1.2.10 缓慢松离合器踏板
 2.1.1.3 完成车辆起动
 计划 2.1.1.3 – 在执行 2 的过程中，执行 1
  2.1.1.3.1 把脚从离合器踏板上移开
  2.1.1.3.2 踩加速踏板使车辆达到预期的加速度

2.1.2 车辆从坡道起步
计划 2.1.2 – 如果是上坡，那么执行 1；如果是下坡，那么执行 2
 2.1.2.1 上坡起步
 计划 2.1.2.1 – 平稳地、缓慢地执行 1, 2, 3
  2.1.2.1.1 准备上坡起步
  计划 2.1.2.1.1 – 依次执行步骤 1, 2, 3, 如果发动机声响变化，那么执行步骤 4，保持 30s，然后执行步骤 5
   2.1.2.1.1.1 发动机转速升至 2000/3000r/min
   2.1.2.1.1.2 保持发动机转速
   2.1.2.1.1.3 松离合器踏板

2.1.2.1.1.4 保持离合器踏板在当前位置
2.1.2.1.1.5 按要求执行目检 << 跳转至子任务 5.1 "监视" >>

2.1.2.1.2 使用发动机和离合器将车稳定在坡道上

计划 2.1.2.1.2 – 执行 4 的同时，依次执行 1，2，3；执行 6 的同时，执行 5

2.1.2.1.2.1 把左手放到驻车制动杆上
2.1.2.1.2.2 轻抬驻车制动杆
2.1.2.1.2.3 按住驻车制动杆锁止按钮
2.1.2.1.2.4 轻踩加速踏板
2.1.2.1.2.5 稍微松离合器踏板
2.1.2.1.2.6 缓慢释放驻车制动杆

2.1.2.1.3 车辆在上坡起步

计划 2.1.2.1.3 – 执行 1；如果车速小于 9.6km/h，那么执行 2 和 3，然后执行 4

2.1.2.1.3.1 逐渐踩下加速踏板
2.1.2.1.3.2 缓慢松离合器踏板
2.1.2.1.3.3 踩加速踏板使车辆达到预期的加速度
2.1.2.1.3.4 将左脚从离合器踏板上移开

2.1.2.2 下坡起步

计划 2.1.2.2 – 按要求执行 1；［子任务 2，3，4，5，6 需要迅速执行］执行 2；如果感到车辆有轻微的驻车制动拉拽感，那么执行 3，4 和 5；如果车速小于 9.6km/h，那么执行 6，同时执行 7

2.1.2.2.1 按要求执行目检 << 跳转至子任务 5.1 "监视" >>
2.1.2.2.2 左脚开始松离合器踏板
2.1.2.2.3 释放驻车制动杆 << 跳转到子程序 2.1.1.2.8 "释放驻车制动杆" >>
2.1.2.2.4 缓慢踩加速踏板
2.1.2.2.5 逐渐释放离合器踏板直至完全松开
2.1.2.2.6 将左脚从离合器踏板上移开
2.1.2.2.7 控制加速踏板

2.1.3 在光滑路面起步（例如雪地或冰面）

计划 2.1.3 – 在执行 4 的同时，依次执行 1，2，3

2.1.3.1 准备在光滑路面起步

计划 2.1.3.1 – 依次执行如下次级任务

2.1.3.1.1 打正前轮
2.1.3.1.2 挂入 2 档 << 跳转至子任务 2.1.1.1 "车辆起步准备就绪"

－－在步骤 3：从空档挂入 2 档 >>

　　2.1.3.1.3　按要求执行目检 << 跳转至子任务 5.1 "监视" >>

2.1.3.2　开始执行光滑路面起步程序

计划 2.1.3.2－如果路面安全和/或适合起步，那么执行 1 和 2. 如果发动机声响变化，那么执行 3，4；执行 5 直到车速达到 12.8km/h（8mile/h）

　　2.1.3.2.1　非常缓慢地松离合器踏板

　　2.1.3.2.2　非常缓慢地踩加速踏板

　　2.1.3.2.3　释放驻车制动杆 << 跳转到子程序 2.1.1.2.8 "释放驻车制动杆" >>

　　2.1.3.2.4　将左手放回至转向盘

　　2.1.3.2.5　离合器缓慢滑摩

　　计划 2.1.3.2.5－执行 1 和 2

　　　　2.1.3.2.5.1　轻踩加速踏板

　　　　2.1.3.2.5.2　保持离合器踏板在当前位置

2.1.3.3　完成光滑路面起步程序

计划 2.1.3.3－如果 车速小于 12.8km/h 和车辆无轮胎打滑或失去抓地力，能够安全运动的情况下，那么在执行 3 的同时，依次执行 1，2；否则执行步骤 4 然后执行 5

　　2.1.3.3.1　离合器踏板全松

　　2.1.3.3.2　将左脚从离合器踏板上移开

　　2.1.3.3.3　非常缓慢地踩加速踏板，已达到一个非常平缓的加速度

　　2.1.3.3.4　离合器踏板踩到底

　　2.1.3.3.5　<< 跳转到子任务 2.1.3.2 "开始执行光滑路面起步程序" >>

2.1.3.4　避免过于僵硬或过于急促的操作

2.2　执行转向动作

计划 2.2－在执行 2 和 7 的同时，执行 1；如果有车辆转向需求，那么执行 3，此时如果车辆处于正常驾驶，那么执行 4；如果车辆需要紧急操作或转动装置不轻便，那么执行 5；如果在倒车，那么在必要时执行 6；如果踩了制动踏板/转向时地面有较深积水，那么执行 3 和 8；如果地面附着系数低，那么执行 9

　　2.2.1　轻握转向盘

　　2.2.2　双手放在转向盘中间偏上方位

　　2.2.3　握紧转向盘

　　2.2.4　利用推拉转向方法（pull-push steering method）实现车辆左右转向

计划 2.2.4－在执行 1 的同时，依次执行 2，3 和 4，5 和 6. 然后重复执行 2，3

和 4，5 和 6 完成转向；如果车头已经转正，那么在执行 8 的同时执行 7

 2.2.4.1 不允许双手反握转向盘（双手以转向盘 12 点钟方位为分界线，各管半边不越界）

 2.2.4.2 将左/右手滑动到转向盘的高水平位

 2.2.4.3 用手向下推动转向盘

 2.2.4.4 另一只手也向下滑动，与推动手保持水平，直到接近转向盘底部

 2.2.4.5 用另一只手（非推动手）开始向上拉动转向盘

 2.2.4.6 推动手沿转向盘向上滑动，与拉动手保持水平

 2.2.4.7 向相反的方向依次重复执行 2，3 和 4，5 和 6，以回正转向盘

 2.2.4.8 不允许松手让转向盘自动回正

2.2.5 利用旋转法实现车辆转向

计划 2.2.5 – 如果转角大于 120°，那么执行 1；如果转角小于 120°，那么依次执行 2，3，4；然后重复执行 2，3，4，完成转向；如果转角预期小于 120°，那么执行 5；如果车头已经转正，那么在执行 7 的同时执行 6

 2.2.5.1 将手固定在转向盘中间偏上处转动转向盘

 2.2.5.2 将另一只较低的手放在 12 点钟方位（此时两臂交叉）

 2.2.5.3 用放在 12 点钟方位的手继续平缓地转动方向盘

 2.2.5.4 另一只手继续放在转向盘顶部，继续转动

 2.2.5.5 在转向前，将惯用手放在转向盘的顶部

 2.2.5.6 使用相同样式的动作姿势，但是方向相反

 2.2.5.7 不允许松手让转向盘自动回正

2.2.6 执行倒车过程中的转向

计划 2.2.6 – 在执行 3 的同时，（如果有必要）执行 1 和 2，完成转向．

 2.2.6.1 将一只手放在转向盘顶部

 2.2.6.2 使用该手完成转向操作

 2.2.6.3 使用另一只手固定握住转向盘

 计划 2.2.6.3 – 如果另一只手在操作转向盘，需要允许转向盘从这只手穿过时，执行 1；如果另一只手打完一定角度后正在重新放回顶部，那么执行 2

  2.2.6.3.1 松弛地握住

  2.2.6.3.2 紧紧地握住

2.2.7 避免在车辆静止时转动转向盘

2.2.8 双手放在转向盘上

2.2.9 尽可能平缓地完成转向

2.3　车速控制

计划 2.3 – 在执行 5 的同时，如果车辆从静止状态加速，那么执行 1，如果车辆从当前车速加速到目标车速，那么执行 2；如果保持当前车速，那么执行 3；如果需要超低速行驶，那么执行 4

 2.3.1　从静止状态加速

 计划 2.3.1 – 执行 1 和 2

  2.3.1.1　使用加速踏板控制发动机转矩传输

  计划 2.3.1.1 – 执行 1；如果期望正常加速，那么执行 2；如果期望快速加速，那么执行 3；如果期望全负荷加速，那么执行 4，同时只使用 1 档、2 档或 3 档

   2.3.1.1.1　踩加速踏板使车辆达到预期的加速度

   2.3.1.1.2　升高档位前允许发动机转速达到大约 3500r/min

   2.3.1.1.3　升高档位前允许发动机转速达到大约 5000r/min

   2.3.1.1.4　升高档位前允许发动机转速达到大约 6500r/min

  2.3.1.2　升档

 计划 2.3.1.2 – 执行 1；在执行 2 的同时，执行 3，然后执行 4；在执行 5 的同时，通过执行 6 来尝试使换档后的发动机转速和车辆当前行驶速度相匹配；在执行 7 的同时，依次执行 8，9，10

   2.3.1.2.1　左手放在变速杆上

   2.3.1.2.2　左脚将离合器踏板踩到底

   2.3.1.2.3　释放作用于加速踏板的压力

   2.3.1.2.4　将变速杆移入更高的档位

   计划 2.3.1.2.4 – 执行 1 或 2 或 3 或 4

    2.3.1.2.4.1　将档位挂入 2 档

    2.3.1.2.4.2　将档位挂入 3 档

    2.3.1.2.4.3　将档位挂入 4 档

    2.3.1.2.4.4　将档位挂入 5 档

   2.3.1.2.5　缓慢踩离合器踏板

   2.3.1.2.6　增加作用于加速踏板的压力

   2.3.1.2.7　将左手放回转向盘

   2.3.1.2.8　离合器踏板全松

   2.3.1.2.9　踩加速踏板使车辆达到预期的加速度

   2.3.1.2.10　左脚从离合器踏板移开

2.3.2 从当前车速加速

计划 2.3.2 – 执行 1；如果需要更高的加速度和如果发动机转速高于 450r/min，那么执行 2，然后重复执行 1；如果加速度仍然没有达到预期，且发动机转速已经超过 4500r/min，那么重复执行 2

2.3.2.1 踩加速踏板使车辆达到预期的加速度

2.3.2.2 降档

计划 2.3.2.2 – 依次执行 1，2，3，按要求执行 4 或 5；如果感到换档十分困难，那么执行 6；然后在执行 10 的同时，执行 7 和 8 然后执行 9

2.3.2.2.1 左手放在变速杆上
2.3.2.2.2 左脚踩离合器踏板到底
2.3.2.2.3 右脚保持轻踩加速（在加速踏板上保持一定压力）
2.3.2.2.4 降一档
2.3.2.2.5 换入期望档位

计划 2.3.2.2.5 – 在执行 1 的同时，按要求执行 2 或 3 或 5. 如果车速大于 8km/h（5mile/h），那么按要求执行 4 或 6 或 7

2.3.2.2.5.1 给变速器同步器预留起动时间

计划 2.3.2.2.5.1 – 如果变速杆马上就要挂入档位，那么执行 1；如果换档的阻力快速减弱，那么执行 2，否则执行 3

2.3.2.2.5.1.1 持续保持力量推动变速杆挂入期望档位
2.3.2.2.5.1.2 经过决策后将变速杆挂入适当的档位

2.3.2.2.5.2 档位从 5 档挂入 3 档
2.3.2.2.5.3 档位从 5 档挂入 2 档
2.3.2.2.5.4 档位从 5 档挂入 1 档
2.3.2.2.5.5 档位从 4 档挂入 2 档
2.3.2.2.5.6 档位从 4 档挂入 1 档
2.3.2.2.5.7 档位从 3 档挂入 1 档

2.3.2.2.6 执行双踩离合器踏板（double – declutch）操作

（译者注：double – declutch 是一种为了解决从高档挂入低档位时，由于传动比增大，发动机转速和车速不匹配而导致顿挫感的操作方案）

计划 2.3.2.2.6 – 迅速并且平顺地依次执行如下次级任务

2.3.2.2.6.1 迅速挂入空档
2.3.2.2.6.2 稍微松离合器踏板
2.3.2.2.6.3 快速重踩加速踏板

计划 2.3.2.2.6.3 – 在执行 2 的同时，执行 1

2.3.2.2.6.3.1 踩加速踏板，并立刻松开

2.3.2.2.6.3.2　过程中保持左脚将离合器踏板踩至啮合点附近
2.3.2.2.6.4　快速踩离合器踏板
2.3.2.2.6.5　快速挂入期望档位
2.3.2.2.7　平缓地释放离合器踏板
2.3.2.2.8　使换档后的发动机转速和车辆当前行驶速度相匹配
计划 2.3.2.2.8 – 在执行 1 的同时，执行 2
　　2.3.2.2.8.1　稍微深踩加速踏板
　　2.3.2.2.8.2　提高发动机转速，以匹配当前的传动比
2.3.2.2.9　踩加速踏板使车辆达到预期的加速度
2.3.2.2.10　将左手放回转向盘

2.3.3　保持车速

计划 2.3.3 – 执行 1；如果施加在加速踏板上的压力无法维持车辆当前车速运行和如果发动机转速大于 4500r/min，那么执行 2，3；如果仍然无法维持当前车速，那么重复执行计划直到车辆达到期望加速或车辆达到最大加速度极限

2.3.3.1　增加作用于制动踏板上的压力，以维持当前车速
2.3.3.2　降档 << 跳转到子任务 2.3.2.2 "降档" >>
2.3.3.3　在加速踏板上施加足够的压力以达到期望车速

2.3.4　控制车辆保持超低速行驶（如堵车、停车时）

计划 2.3.4 – 执行 1，2，3，如果发动机声音出现变化，那么执行 4

2.3.4.1　<< 跳转到子任务 2.1.1.1 "车辆起步准备就绪" >>
2.3.4.2　稍微踩加速踏板
2.3.4.3　缓慢抬离合器踏板
2.3.4.4　离合器滑摩操作

计划 2.3.4.4 – 如果车速小于 8km/h (5mile/h)，那么执行 4；如果车速大于 8km/h，那么执行 3 和 1；如果发动机加速运转，那么执行 4 和 1（如有必要）；如果发动机颤抖，那么执行 2 和 3

　　2.3.4.4.1　稍微松离合器踏板
　　2.3.4.4.2　稍微踩离合器踏板
　　2.3.4.4.3　稍微踩加速踏板
　　2.3.4.4.4　稍微松加速踏板
2.3.4.5　避免作用于加速踏板的压力突然变化

2.4　车辆减速

计划 2.4 – 如果收小加速踏板或正常调节车速或保持车速缓慢降速，那么执行 1；如果将车速降至新的目标车速那么执行 1，2；如果车辆即将完全停稳，那么依

次执行1，2，3；如果需要在车辆完全停稳后等待，那么执行4

2.4.1 初步降速
计划2.4.1 – 执行1然后执行2.

  2.4.1.1 ＜＜跳转到子任务5.1.1.2"后方检查"＞＞

  2.4.1.2 右脚松加速踏板

2.4.2 减速
计划2.4.2 – 在执行1的同时，依次执行2，3，4，5

  2.4.2.1 双手握住转向盘

  2.4.2.2 右脚搭在制动踏板上

  计划2.4.2.2 – 执行1然后执行2

    2.4.2.2.1 将右脚放在制动踏板上方

    2.4.2.2.2 使制动踏板初步开始平缓地向下移动

  2.4.2.3 逐渐加力踩制动踏板

  2.4.2.4 控制车辆减速过程的速度变化率

  计划2.4.2.4 – 如果减速不足够快，那么执行1；如果减速过快，那么执行2

    2.4.2.4.1 逐渐增加踩制动踏板的压力

    2.4.2.4.2 稍微松离合器踏板

  2.4.2.5 释放踩制动踏板的压力，因为车速已经降低了

2.4.3 停稳
计划2.4.3 – 在执行1的同时，如果车速大于9.6km/h和/或发动机转速在1500r/min左右，那么依次执行2，3，4；如果车辆完全停稳，那么执行5

  2.4.3.1 保持双手握住转向盘中间偏上的位置

  2.4.3.2 踩离合器踏板保持发动机在抖动状态

  2.4.3.3 渐松制动踏板

  2.4.3.4 在车辆停稳瞬间释放踩制动踏板的压力

  2.4.3.5 重新踩制动踏板使车辆稳定于当前位置

2.4.4 保持停稳状态（等待）
计划2.4.4 – 在执行1的同时，执行2；如果等待时间超过15s，那么执行3

  2.4.4.1 保持对制动踏板的压力

  2.4.4.2 拉起驻车制动杆

  计划2.4.4.2 – 依次快速执行如下次级任务

    2.4.4.2.1 将左手放在驻车制动杆上

    2.4.4.2.2 用大拇指按下驻车制动杆锁止按钮

    2.4.4.2.3 用力拉起驻车制动杆

2.4.4.2.4　松开锁止装置

2.4.4.2.5　再将驻车制动杆上提一下

2.4.4.2.6　松开制动踏板

2.4.4.3　挂入空档

计划 2.4.4.3 – 依次执行如下次级任务

2.4.4.3.1　左手放在变速杆上

2.4.4.3.2　踩离合器踏板

2.4.4.3.3　变速杆挂入空档

2.4.4.3.4　离合器踏板全松

2.5　执行方向控制

计划 2.5 – 在执行 1 和 2 的同时，执行 3 和 4

2.5.1　保持眼睛关注前方估计转向修正幅度

2.5.2　缓慢修正行车过程中的方向错误

计划 2.5.2 – 在执行 1 的同时，执行 2 和 3

2.5.2.1　保持手握转向盘在中间偏上方位

2.5.2.2　渐渐地进行小幅度方向修正

2.5.2.3　随着车速的增加减小方向修正的幅度

2.5.3　修正方向后保持车辆直线行驶

计划 2.5.3 –　执行 1 否则如果有来车和/或路况迫使那么执行 2

2.5.3.1　将车辆保持在道路主线

2.5.3.2　将车偏向左边车道

2.5.4　处理路边的危险（如停在路边的车辆，马路沿，等）

计划 2.5.4 – 执行 1 否则如果没有来车，那么执行 2，否则执行 3

2.5.4.1　评估穿过障碍物的能力

2.5.4.2　移动位置以获得最大的通过间隙

2.5.4.3　紧靠左侧路况

2.6　通过弯曲道路

计划 2.6 – 依次执行如下次级任务

2.6.1　信息获取阶段

计划 2.6.1 – 如有必要，交替执行（1 和 2 和 5 和 6）或（3 和 4）

2.6.1.1　观察弯道警告牌

2.6.1.2　评估前方环境体现的弯道特征

计划 2.6.1.2 – 执行 1 和 2

2.6.1.2.1　观察前方道路如灌木丛或路灯的距离，提前得到路线和弯道弯曲度信息

2.6.1.2.2　观察前方道路自然阻拦物的距离，如河流或大路，暗示着前方弯道或道路路线的改变

2.6.1.3　评估前方交通状况 << 跳转到子任务 5.1"检查" >>

2.6.1.4　评估后方交通状况 << 跳转到子任务 5.1"检查" >>

2.6.1.5　评估路面情况

计划 2.6.1.5 – 执行 1 和 2

  2.6.1.5.1　观察路拱横坡（camber）和超高横坡（super elevation）

  2.6.1.5.2　观察可能影响轮胎附着力的因素

2.6.1.6　注视弯道

计划 2.6.1.6 – 执行 1 和 2（如果到达弯道后出现弯道没影点，那么说明是个急弯；如果到达弯道后弯道没影点在前方，那么说明弯道是展开的）

  2.6.1.6.1　观察弯道曲线特征

  2.6.1.6.2　观察弯道没影点

2.6.2　位置调整阶段

计划 2.6.2 – 执行 1 和 2

 2.6.2.1　使车辆处于可以在转弯期间获得最佳视野的位置

计划 2.6.2.1 – 如果是右转弯道，那么执行 1；如果是左转弯道，那么执行 2

  2.6.2.1.1　右转弯道时将车辆置于适当位置

  计划 2.6.2.1.1 – 执行 1 和 2

   2.6.2.1.1.1　使车辆偏向左侧空间

   2.6.2.1.1.2　避免和边道产生冲突，造成危险

   计划 2.6.2.1.1.2 – 当需要时执行 1 和/或 2 和/或 3 和/或 4 和/或 5

    2.6.2.1.1.2.1　与路边停车车辆保持安全间隙

    2.6.2.1.1.2.2　与行人道保持安全间隙

    2.6.2.1.1.2.3　与骑自行车者保持安全间隙

    2.6.2.1.1.2.4　检查视觉盲区

    2.6.2.1.1.2.5　避免道路倾斜和糟糕的边道道路表面状况

  2.6.2.1.2　左转弯道时将车辆置于适当位置

  计划 2.6.2.1.2 – 在执行 2 和 3 的同时执行 1

   2.6.2.1.2.1　车辆偏向中线的车道

   2.6.2.1.2.2　避免与对面来车产生冲突

2.6.2.1.2.3　移动车辆时避免误导其他驾驶人

2.6.2.2（通常情况下）避免越过车道中线

2.6.3　调整车速阶段

计划2.6.3－执行1；如果当前速度大于目标车速，那么执行2

2.6.3.1　评估车辆到弯道没影点间距离的制动能力

2.6.3.2　减速至目标车速 << 跳转到子任务2.4"车辆减速" >>

2.6.4　调整档位阶段

计划2.6.4－执行1否则执行2

2.6.4.1　选择适于达到目标车速的档位 << 跳转到子任务2.3.2.2"降档" >>

2.6.4.2　保持当前档位

2.6.5　加速阶段

计划2.6.5－在执行1和2和3的同时，执行4和5或6，否则执行7

2.6.5.1　与期望的转角成比例地转动转向盘 << 跳转到子任务2.2"转向" >>

2.6.5.2　自信看前方转向路线

2.6.5.3　在转向期间避免控制粗糙

2.6.5.4　转向期间踩加速踏板

计划2.6.5.4－如果没有危险和没影点开始消失和转向开始进入直线，那么执行1；如果转向继续保持直线和还没有达到车速限制或没有达到转向前的原车速或没有达到目标车速和/或无其他制约车速的考量，那么执行2以"追上弯道的没影点"

2.6.5.4.1　开始平缓加速

2.6.5.4.2　增加加速度

2.6.5.5　降低右转弯道的弯曲度

计划2.6.5.5－在执行4的同时，如果弯道全貌清晰可见和没有来车，那么执行1和2；如果已经通过了弯道的尖端，那么执行3

2.6.5.5.1　转弯的路线逐渐向中线靠拢

2.6.5.5.2　在弯道的尖端使车辆最贴近中线

2.6.5.5.3　逐渐使车辆回到原车道

2.6.5.5.4　确保不会对其他道路使用者造成风险

2.6.5.6　降低右转弯道的弯曲度

计划2.6.5.6－在执行5的同时执行1，如果前方视野开阔，那么执行2然后执行3然后执行4

2.6.5.6.1　保持车辆在中线

2.6.5.6.2 转弯的路线逐渐向路边靠拢

2.6.5.6.3 在弯道的尖端使车辆最贴近路边

2.6.5.6.4 逐渐使车辆回到原车道

2.6.5.6.5 确保不会对其他道路使用者造成风险

2.6.5.7 保持在正常车道完成转向

2.7 通过起伏道路

计划 2.7 – 按要求执行 1 或 2

2.7.1 通过上坡

计划 2.7.1 – 依次执行如下次级任务

2.7.1.1 到达上坡

计划 2.7.1.1 执行 1 和如果前方视野充足，那么执行 2；如果坡度大于 1:20 和发动机转速大于 3500r/min，那么执行 3 和 4（如果需要保持车速）；如果其他车辆在上坡减速，那么执行 5

2.7.1.1.1 观察指示前方道路起伏程度的指示牌

2.7.1.1.2 观察其他正在上坡的车辆

2.7.1.1.3 开始加速

2.7.1.1.4 《跳转到子任务 2.3.2.2 "降档"》

2.7.1.1.5 跟车时保持足够车距

2.7.1.2 爬坡

计划 2.7.1.2 – 在执行 1 和 2 的同时，按要求执行 3 和 4

2.7.1.2.1 《跳转到子任务 2.3.3 "保持车速"》

2.7.1.2.2 将发动机转速维持在 3500~5500r/min（选择该区间最低的发动机转速以确保爬坡期间发动机不会过度负荷）

2.7.1.2.3 在长坡期间监控发动机参数

计划 2.7.1.2.3 – 执行 1 和 2

2.7.1.2.3.1 监控发动机温度值

2.7.1.2.3.2 监控发动机声响

2.7.1.2.4 相应监控到的发动机参数

计划 2.7.1.2.4 – 如果发动机温度指针接近红色区域，那么执行 1 和 2，协助发动机降温；如果发动机温度指针到达红色区域，那么执行 3 和 4；如果发动机工作吃力和/或发出其他异响或异常响应，那么执行 2；如果仍然发出异响，那么执行 3 和 4

2.7.1.2.4.1 打开内部加热器

2.7.1.2.4.2 降低发动机工作负荷

计划 2.7.1.2.4.2 – 执行 1 和/或 2

  2.7.1.2.4.2.1 减小节气门开度

  2.7.1.2.4.2.2 <<跳转到子任务 2.3.2.2 "降档">>

 2.7.1.2.4.3 靠边停车

 2.7.1.2.4.4 寻求帮助

2.7.1.3 到达坡顶

计划 2.7.1.3 如果坡道足够陡峭以至于越过坡顶下坡会造成过快加速，那么执行 1；如果坡道造成了减速，那么执行 2 以达到目标车速，否则执行 3；如果道路变窄，那么执行 4 和 5（如有必要）

 2.7.1.3.1 适当减速

 2.7.1.3.2 <<跳转到子任务 2.3.2 "增加当前车速">>

 2.7.1.3.3 <<跳转到子任务 2.3.3 "保持当前车速">>

 2.7.1.3.4 紧靠左侧同行

 2.7.1.3.5 鸣笛以警告来车

2.7.2 通过下坡

计划 2.7.2 – 依次执行如下次级任务

2.7.2.1 到达下坡

计划 2.7.2.1 – 执行 1 和 2 如果交通指示牌或道路特征有提示，那么预先执行 3 和/或 4

 2.7.2.1.1 观察标识有下坡长度和坡度的指示牌

 2.7.2.1.2 检查下坡道路特征

计划 2.7.2.1.2 – 执行 1 和 2

  2.7.2.1.2.1 检查下坡长度

  2.7.2.1.2.2 检查下坡坡度

 2.7.2.1.3 <<跳转到子任务 2.3.2.2 "降档">>

 2.7.2.1.4 <<跳转到子任务 2.4 "车辆减速">>

2.7.2.2 沿坡道下降

计划 2.7.2.2 – 在执行 1 和 2 的同时，如果需要降低车速，那么执行 3；如果车速降低不足，那么执行 4；如果坡道非常陡峭，或如果还没有完成下降，那么执行 5

 2.7.2.2.1 保持匀速

 2.7.2.2.2 如果需要，保持右侧足够空间给对面车辆上坡

 2.7.2.2.3 降低作用于加速踏板的压力

 2.7.2.2.4 使用制动踏板

计划 2.7.2.2.4 – 如果下坡相对较短，那么按要求执行 1；如果下坡很长和/或非常陡峭，那么执行 2 然后依次执行 3，4，5 和在陡峭路段重复

  2.7.2.2.4.1 《跳转到子任务 2.4 "降速"》

  2.7.2.2.4.2 降低作用于加速踏板的压力

  2.7.2.2.4.3 在 6s 之内逐渐踩制动踏板以达到期望减速度

  2.7.2.2.4.4 在 2s 之内逐渐松制动踏板

  2.7.2.2.4.5 逐渐重新踩制动踏板以达到期望减速度

 2.7.2.2.5 《跳转到子任务 2.3.2.2 "降档"》

2.7.2.3 到达下坡底部

计划 2.7.2.3 – 如果下坡车速小于目标车速，那么执行 1；如果下坡车速大于目标车速，那么执行 2，否则执行 3

 2.7.2.3.1 《跳转到子任务 2.3.2 "增加当前车速"》

 2.7.2.3.2 《跳转到子任务 2.4 "降低车速"》

 2.7.2.3.3 《跳转到子任务 2.3.3 "保持车速"》

2.8 倒车

计划 2.8 – 依次执行如下次级任务

 2.8.1 准备倒车

计划 2.8.1 – 依次执行如下次级任务

 2.8.1.1 确保车辆已经完全停稳

 2.8.1.2 观察区域的合适性以及阻碍物

计划 2.8.1.2 – 以任意顺序执行

  2.8.1.2.1 瞥视车内后视镜

  2.8.1.2.2 向左后方转头查看

  2.8.1.2.3 向右后方转头查看

  2.8.1.2.4 通过车外两边后视镜查看

 2.8.1.3 挂入倒车档

计划 2.8.1.3 – 依次执行如下次级任务

  2.8.1.3.1 手放在变速杆上

  2.8.1.3.2 踩离合器踏板

  2.8.1.3.3 将档位（制造商定义的程序）挂入倒车档位置

 2.8.1.4 释放驻车制动杆《跳转到子任务 2.1.1.2.8 "释放驻车制动杆"》

 2.8.1.5 调整身体位置

计划 2.8.1.5 – 如果向右后方倒车，那么执行 3，否则执行 1 和 2

2.8.1.5.1　上半身转向车辆左侧
2.8.1.5.2　转头看后视镜
2.8.1.5.3　头向右肩偏转

2.8.2　倒退

计划 2.8.2 – 按要求执行 1 和 2 和 3

2.8.2.1　《跳转到子任务 2.3.4"停稳"》
2.8.2.2　打转向盘

计划 2.8.2.2 – 在执行 1 的同时，执行 2，然后执行 3

2.8.2.2.1　避免快速方向修正
2.8.2.2.2　握紧转向盘
2.8.2.2.3　转向

计划 2.8.2.2.3 – 在执行 3 和 4 的同时，执行 1 和 2

2.8.2.2.3.1　打转向盘直到车辆后方的侧边开始移动
2.8.2.2.3.2　《跳转到子任务 2.2.6"执行倒车过程中的转向"》
2.8.2.2.3.3　缓慢执行
2.8.2.2.3.4　按一定频率观察车辆前方情况

2.8.2.3　在可以增强视野处使用车内后视镜
2.8.3　完成倒车操作

计划 2.8.3 – 在执行 1 的同时，执行 2，3，4，5，如果车辆静止，那么执行 6

2.8.3.1　保证倒车期间可以有更长的制动距离
2.8.3.2　踩离合器踏板
2.8.3.3　立刻松加速踏板
2.8.3.4　踩制动踏板
2.8.3.5　挂入空档
2.8.3.6　拉起驻车制动杆《跳转到子任务 2.4.4.2"拉起驻车制动杆"》

* *

3　执行驾驶操作任务（Operational Driving Tasks）

计划 3 – 按要求执行 1 或 2 或 3，然后执行 4，然后执行 5，然后执行 6，然后执行 7

* *

3.1 从路边并入主线交通
计划 3.1 – 执行 1, 2, 3

3.1.1 观察交通状况
计划 3.1.1 – 在执行 1 的同时，执行 2, 3, 4, 5, 6

- 3.1.1.1 与后方来车保持距离
- 3.1.1.2 寻找交通车流中合适的间隙
- 3.1.1.3 选定并入的时机
- 3.1.1.4 交通检查 《跳转到子任务 5.1 "检查"》
- 3.1.1.5 扭头瞥视检查视觉盲区
- 3.1.1.6 适当时机打开转向灯

3.1.2 并入主干道
计划 3.1.2 – 执行 1 然后执行 2，如果从道路右侧起步，那么执行 3

- 3.1.2.1 《跳转到子任务 2.1 "车辆从静止起步"》
- 3.1.2.2 平稳加速驶入主干道 《跳转到子任务 2.3.1 "从边道加速"》
- 3.1.2.3 转向盘打足以确保车辆可以穿过大跨度转角

3.1.3 车辆并入新车道后调整
计划 3.1.3 – 按要求执行 1 和 2 和 3

- 3.1.3.1 转向盘回正
- 3.1.3.2 确认转向灯关闭
- 3.1.3.3 快速加速以达到交通流整体速度 《跳转到子任务 2.3.2 "增加当前车速"》

3.2 跟车
计划 3.2 – 执行 1 和 3 然后按要求执行 2

3.2.1 保持安全的跟车距离
计划 3.2.1 – 执行 1 和 2 以评估安全距离；如果在快车道行驶，那么执行 3，然后执行 4，如果车辆先后通过相同路标的时间大于 2s，那么执行 5 并在必要时重复 3；如果前车是大型车辆/公共服务车辆（或其他经常会停车的车辆）/两轮车辆/行驶轨迹不规律的车辆和/或能见度低/在夜晚/交通交叉处，那么执行 5

- 3.2.1.1 使用公路准则中提供的关于安全制动距离的知识
- 3.2.1.2 在估算中将设想的制动距离和时机的制动距离实体化
- 3.2.1.3 留心前车通过处两边明显的参考路标
- 3.2.1.4 数两秒
- 3.2.1.5 增加跟车间隙（使车头时距超过 2s/车）

3.2.2 在前方车辆速度变化时调整自己的车速

计划 3.2.2 – 执行 1，如果检测到跟车距离快速缩小和/或前方车辆给出车速降低的提示，那么执行

3.2.2.1 检查前方车辆车速降低的提示

计划 3.4.2.1 – 执行 1 和 2 和 3 和 4 和 5 和 6（5 和 6 可作为假设性的辅助措施来判断前车车速的降低）

3.4.2.1.1 测量车距的缩小/两车相对的速度差
3.4.2.1.2 观察前车转向灯
3.4.2.1.3 观察前车制动灯
3.4.2.1.4 观察前车驾驶人指示车辆减速的手势
3.4.2.1.5 观察前车的前方路面情况以清楚其制动的原因
3.4.2.1.6 观察前车灯排气管（如冒出浓烟），这可能是前方车辆节气门刚刚非正常关闭的信号

3.2.2.2 <<跳转到子任务 2.4 "降低车速">>

3.2.3 观察特定的交通状况以预测前方车速可能的改变

计划 3.2.3 – 执行 1 和 2 和 3；如果交通状况迫使前车减速，那么执行 4 和 5

3.2.3.1 检查前方车辆前的车辆情况
3.2.3.2 监控前方车辆是否因为到达交叉路口减速
3.2.3.3 监控前方车辆是否因为道路布局的改变而减速
3.2.3.4 准备减速
3.2.3.5 <<跳转到子任务 2.4 "降低车速">>

3.3 行进间超车

计划 3.3 – 在执行 1 的同时，执行 2，然后执行 3，然后执行 4，然后执行 5，然后执行 6；如果超过一连排的汽车，那么执行 7，然后执行 6

3.3.1 一般情况下避免从左侧超车
3.3.2 <<跳转到子任务 3.2 "跟车">>
3.3.3 评估交通情况，寻找安全超车时机

计划 3.3.3 – 在执行 1 的同时，执行 2 和 3 和 4 和 5，然后执行 6 和 7；如果任何参数可能会导致对超车行为完成的犹豫和不安全，那么执行 8

3.3.3.1 观察迎面车流

计划 3.3.3.1 – 执行 1 和 2 和 3 和 4 和 5

3.3.3.1.1 评估与第一辆迎面车辆间的距离
3.3.3.1.2 评估前车相对车速
3.3.3.1.3 评估超车过程需要的时间

　　　　3.3.3.1.4　评估可用的穿越距离是否足够完成超车

　　　　3.3.3.1.5　观察紧紧卡在较慢来车后方的"潜伏者"（译者注：即对面来车也可能有超车需求）

　　3.3.3.2　评估道路情况

　　计划3.3.3.2 – 执行1和2和3和4

　　　　3.3.3.2.1　预测可能从靠近路缘一侧（左侧）车辆交汇口起步的车辆，如：公路岔口的紧急停车带、公交车站、农场入口、私人车道、乡间小路等

　　　　3.3.3.2.2　预测可能从外侧（右侧）交汇口起步的车辆，如：公路岔口的紧急停车带、公交车站、农场入口、私人车道、乡间小路等

　　　　3.3.3.2.3　观察可能阻碍视野的道路特征，如桥梁、弯道、上坡等

　　　　3.3.3.2.4　观察道路表面，如车辙、洞、路拱横坡和超高横坡，或道路表面的水

　　3.3.3.3　检查前方车辆不会立刻改变车速

　　计划3.3.3.3 – 执行1和2和3

　　　　3.3.3.3.1　观察前车的前方是否有道路阻碍

　　　　3.3.3.3.2　观察可能导致前车加速的道路特征

　　　　3.3.3.3.3　根据前车驾驶人先前行为衡量下一步驾驶行为

　　3.3.3.4　评估前车前方的间隙

　　3.3.3.5　预测前车行驶路线

　　计划3.3.3.5 – 执行1和2和3

　　　　3.3.3.5.1　检查前车没有打转向灯或转向

　　　　3.3.3.5.2　检查前车没有穿过自行车或动物等区域

　　　　3.3.3.5.3　根据前车驾驶人先前行为衡量下一步驾驶行为

　　3.3.3.6　使用自己车辆速度和性能的存储心理学表征

　　3.3.3.7　评估需要禁止超车的可用安全范围

　　3.3.3.8　决定不超车

3.3.4　调整超车位置

计划3.3.4 – 执行1，然后执行2和3，然后执行4

　　3.3.4.1　信息获取阶段

　　计划3.3.4.1 – 在执行1和2的同时，如果出现超车机会，那么执行3和4

　　　　3.3.4.1.1　继续观察前方路况 <<跳转到子任务5.1"检查">>

3.3.4.1.2　继续周期性地观察后方路况 << 跳转到子任务5.1 "检查" >>

3.3.4.1.3　计划超车行动

3.3.4.1.4　考虑是否需要打指示灯

3.3.4.2　位置调整阶段

计划3.3.4.2 – 在执行1的同时，如果前方车辆大小适中和前方视野清晰，那么执行2；如果前方是大型车辆，那么如果需要得到清晰的视野，则执行3和4

3.3.4.2.1　移入超车位置

计划3.3.4.2.1 – 在执行1的同时，执行2和按要求执行3或4以获取最佳视野；如果在偏向右的弯道上超车，那么执行5以得到清晰视野，然后执行6；如果在偏向左的弯道上超车，那么执行7以得到清晰视野，然后执行8

3.3.4.2.1.1　保持足够的对前方道路的视野

3.3.4.2.1.2　在常规的跟车情境下缩短车距

3.3.4.2.1.3　将车辆移向该车道左侧的可用空间偏移

3.3.4.2.1.4　将车辆移向该车道右侧的可用空间偏移

3.3.4.2.1.5　使车辆贴住该车道左侧边缘

3.3.4.2.1.6　在接近弯道顶点时追上前车

3.3.4.2.1.7　保持当前位置，以获取前车左侧的清晰视野

3.3.4.2.1.8　向该车道的右侧可用空间偏移

3.3.4.2.2　在没有危险的情况下继续缩短车头间距

3.3.4.2.3　增大车头间距以得到足够清晰的视野

3.3.4.2.4　将车稍微向左右偏移以通过前方阻挡车辆两侧增强视野

3.3.4.3　车速调整阶段

计划3.3.4.3 – 在执行1的同时，执行2

3.3.4.3.1　避免紧紧跟住前车并对前车造成恐慌

3.3.4.3.2　缓慢将车速调节至与前车保持一致

计划3.3.4.3.2 – 如果前车速度大于自己的车速，那么执行1；如果前车车速小于自己的车速，那么执行2

3.3.4.3.2.1　<< 跳转到子任务2.3.2 "增加当前车速" >>

3.3.4.3.2.2　<< 跳转到子任务2.4 "降低车速" >>

3.3.4.4　档位调整阶段

计划3.3.4.4 – 执行1否则执行2

3.3.4.4.1　挂入最适合完成超车操作的档位
计划 3.3.4.4.1 – 执行 1 然后执行 2
　　3.3.4.4.1.1　根据当前道路情况和档位评估自身车辆的速度和性能
　　3.3.4.4.1.2　<<跳转到子任务 2.3.2.2"降档">>
3.3.4.4.2　保持当前档位

3.3.5　执行超车操作
计划 3.3.5 – 执行 1 然后执行 2 然后执行 3
　3.3.5.1　信息获取阶段
　计划 3.3.5.1 – 执行 1 和 2 和 3 和 4，然后执行 5
　　3.3.5.1.1　再次检查沿着特定的道路延伸有足够的视野
　　3.3.5.1.2　再次检查在超车后前车的前方有足够空间供自己并入
　　3.3.5.1.3　再次检查任何接近车辆的车速
　　3.3.5.1.4　再次检查自己车辆和前方即将超过的车辆的相对车速
　　3.3.5.1.5　再次检查后方道路情况
　　计划 3.3.5.1.5 – 执行 1 和 2，如果后方视野需要增强，那么执行 3；在即将进入位置调整阶段时执行 4
　　　3.3.5.1.5.1　瞥视车内后视镜
　　　3.3.5.1.5.2　瞥视右侧后视镜
　　　3.3.5.1.5.3　瞥视左侧后视镜
　　　3.3.5.1.5.4　向右快速转头查看视觉盲区
　3.3.5.2　位置调整阶段
　计划 3.3.5.2　在执行 1 的同时，执行 2，然后执行 3，然后执行 4，如果最终的安全检查结果无法确保操作的完成，那么执行 5 和 6
　　3.3.5.2.1　保持当前车速
　　3.3.5.2.2　使用适当的指示灯
　　3.3.5.2.3　将车辆完全移到右侧
　　3.3.5.2.4　快速评估与超车相关的新的安全信息 <<跳转到子任务 5.1"检查">>
　　3.3.5.2.5　缓慢移回左车道
　　3.3.5.2.6　放弃操作
　3.3.5.3　车速调整阶段
　计划 3.3.5.3 – 在执行 1 和 2 的同时，执行 3
　　3.3.5.3.1　双手握转向盘
　　3.3.5.3.2　通常情况下避免在超车过程中换档

3.3.5.3.3　果断快速地加速超过前车

计划 3.3.5.3.3 – 在执行 1 的同时,执行 2

3.3.5.3.3.1　按要求使用发动机全性能范围

计划 3.3.5.3.3.1 – 在执行 1 和 2 的同时,如果要求安全地完成操作,那么执行 3 和 4

3.3.5.3.3.1.1　操作期间保持发动机转速超过 3500r/min

3.3.5.3.3.1.2　不要提前升档

3.3.5.3.3.1.3　允许发动机转速到达 6500r/min

3.3.5.3.3.1.4　加速踏板踩到底

3.3.5.3.3.2　<<跳转到子任务 2.3.2"增加当前车速">>

3.3.6　完成超车操作

计划 3.3.6 – 在超车位置时执行 1;如果没有进一步超车行动,那么执行 2,然后执行 3

3.3.6.1　考虑进一步超车的机会

计划 3.3.6.1 – 执行 1;如果可以安全地执行进一步超车和如果想在超车后达到目标车速必须要执行进一步超车,那么视具体情况执行 2 或 3

3.3.6.1.1　<<跳转到子任务 3.3.4.1"信息获取阶段">>

3.3.6.1.2　<<跳转到子任务 2.3.3"保持车速">>

3.3.6.1.3　<<跳转到子任务 2.3.2"增加当前车速">>

3.3.6.2　进入在之前信息获取阶段识别出的间歇

计划 3.3.6.2 – 在空隙接近时执行 1 和 2,然后执行 3,然后执行 4,然后执行 5,然后执行 6

3.3.6.2.1　评估与汽车车辆的相对速度

3.3.6.2.2　调整车速

计划 3.3.6.2.2 – 按要求执行 1 或 2,以使车辆无缝出现在靠路缘侧车流中

3.3.6.2.2.1　<<跳转到子任务 2.4"降低车速">>

3.3.6.2.2.2　<<跳转到子任务 2.3.3"保持车速">>

3.3.6.2.2.3　<<跳转到子任务 5.1"检查">>

3.3.6.2.2.4　使用适当的指示灯

3.3.6.2.2.5　逐渐移至左边车道

3.3.6.2.2.6　占据正常的车道位置

3.3.6.3　在正常行车道恢复目标车速

计划 3.3.6.3 – 如果超车操作的结果是积极的,那么在执行 3 的同时执行 1,否则执行 2

3.3.6.3.1　<<跳转到子任务 2.4 "降低车速">>

3.3.6.3.2　<<跳转到子任务 2.3.3 "保持车速">>

3.3.6.3.3　观察标示的道路限速

3.3.7　超过连排的车辆

计划 3.3.7 – 执行 1 和 2 和 3

3.3.7.1　考虑一排车中最前方车辆可能的行动

3.3.7.2　考虑一排车中跟随头车的车辆可能的行动

3.3.7.3　在超车过程中，确保在超越每一辆车的阶段都有一个合适的"脱险路线"

计划 3.3.7.3 – 在执行 5 的同时，如果没有迎面来车或迎面来车接近的速度对完成超车没有威胁，那么执行 1；如果迎面来车快速接近或其他交通或道路情况使安全性减弱，那么执行 2；如果头车在左侧车道持续前进，那么执行 3 然后执行 4，并在超车过程中重复 3 和 4

3.3.7.3.1　保持在右侧车道

3.3.7.3.2　寻找机会准备并入左侧车道

3.3.7.3.3　保持在右侧车道的位置，与左侧存在的车辆间隙平行

3.3.7.3.4　前进到与左侧车道前一个间隙平行的位置

3.3.7.3.5　避免切入左侧车道

3.4　接近路口时的处理（交叉路口，十字路口等）

计划 3.4 – 如果路口出现在视野中，那么执行 1；如果离路口距离大于 50m 或路口信息指示灯清晰可见和/或存在路口道路指示牌，那么执行 2；如果路口有让牌或由其他路口状况决定和由其他交通状况决定，那么执行 3

3.4.1　信息获取阶段

计划 3.4.1 – 执行 1，然后执行 2 和 3，然后执行 4

3.4.1.1　使用车内后视镜评估后方状况 <<跳转到子任务 5.1 "检查">>

3.4.1.2　评估路口道路特征

计划 3.4.1.2 – 在可获取相应信息时，执行 1, 2, 3, 4, 5, 6, 7

3.4.1.2.1　评估路口的布局

3.4.1.2.2　评估汇入路口道路的条数

3.4.1.2.3　评估汇入路口道路的宽度

3.4.1.2.4　评估汇入路口道路的状况

3.4.1.2.5　评估汇入路口道路的大致坡度

3.4.1.2.6　评估穿过的、与正在行驶的道路相关的支路的相对重

要性

  3.4.1.2.7 考虑正穿过的支路的能见度

 3.4.1.3 评估路口的交通特性

计划3.4.1.3 – 执行1和2和3

  3.4.1.3.1 考虑其他路口使用者的存在

  3.4.1.3.2 靠近路口的过程中评估道路指示灯

  3.4.1.3.3 靠近路口的过程中评估道路指示牌

 3.4.1.4 为处理路口情况做战略计划

计划3.4.1.4 – 依次执行适宜于行驶状况的1，2，3，4，5，6，7

  3.4.1.4.1 考虑改变车辆在道路上位置的必要

  计划3.4.1.4.1 – 执行1和/或2和/或3和/或4

   3.4.1.4.1.1 评估路径引导指示灯

   3.4.1.4.1.2 评估车道选择指示灯

   3.4.1.4.1.3 评估路径指导路标

   3.4.1.4.1.4 评估车道选择路标

  3.4.1.4.2 考虑响应相关信号灯或者交通控制的必要

  3.4.1.4.3 考虑响应停止信号灯的必要

  3.4.1.4.4 考虑响应让路信号灯或者让路车道的必要

  3.4.1.4.5 考虑路口的哪一条道路最繁忙

  3.4.1.4.6 考虑是否有显而易见的停车必要

  3.4.1.4.7 考虑是否要继续前进直到停车的必要显而易见

3.4.2 执行车镜 – 信号 – 操作常规

计划3.4.2 – 执行1然后执行2然后执行3，如果（基于上面的4.4.1.4）条件决定，那么执行4和5或4然后执行5或5然后执行4；如果车辆在路口中，那么执行6

 3.4.2.1 使用车内后视镜评估后方交通状况 << 跳转到子任务5.1 "检查" >>

 3.4.2.2 检查视觉盲区

 计划3.4.2.2 – 如果计划向右边操作，那么执行1；如果计划向左边操作，那么执行2

  3.4.2.2.1 通过右肩瞥视

  3.4.2.2.2 通过左肩瞥视

 3.4.2.3 打开左转向灯或者右转向灯

 3.4.2.4 调整位置阶段

 计划3.4.2.4 – （基于上面的4.4.1.4，为驶过路口选择正确的位置）

执行1，然后执行2

  3.4.2.4.1 开始换入新位置/新车道的操作（缓慢地）

  3.4.2.4.2 果断换入新位置/新车道

计划 3.4.2.4.2 – 如果在单行道上行驶和需要进行右转，那么执行1；如果在单行道上行驶和需要保持直行，那么执行2；如果在单行道上行驶和需要进行左转；那么执行3；如果在路口转向需要进行变道，那么执行4；如果接近转盘环岛，那么执行5

    3.4.2.4.2.1 使车辆靠近路中央

    3.4.2.4.2.2 使车辆在当前车道中央

    3.4.2.4.2.3 使车辆靠近当前车道左侧

    3.4.2.4.2.4 使车辆在新车道中央

    3.4.2.4.2.5 接近转盘环岛前选择正确的车道

计划 3.4.2.4.2.5 – 执行1，否则如果想向左转或者从转盘环岛前面的出口驶出，那么执行2；如果往前行驶那么执行2，否则在左侧车道已满时执行3；如果转盘环岛只有两条车道入口和希望从前方直线出口驶出，那么执行4否则执行3。如果希望从后面的出口驶出或希望从右边的出口驶出，那么执行4

      3.4.2.4.2.5.1 根据道路指示灯和指示牌行驶

      3.4.2.4.2.5.2 选择左侧车道（除非另有指出）

      3.4.2.4.2.5.3 选择中间车道（除非另有指出）

      3.4.2.4.2.5.4 选择右侧车道（除非另有指出）

3.4.2.5 调整车速阶段

计划 3.4.2.5 – 如果受到交通状况或道路状况支配，那么执行1或3；如果靠近让路类型的路口，那么执行2

  3.4.2.5.1 增加当前车速 << 跳转到子任务 2.3.2 "增加当前车速" >>

  3.4.2.5.2 降低当前车速 << 跳转到子任务 2.4 "降低当前车速" >>

  3.4.2.5.3 保持车速 << 跳转到子任务 2.3.3 "保持车速" >>

3.4.2.6 观察交通状况

计划 3.4.2.6 – 在执行1的同时执行2，然后执行3，然后执行4

  3.4.2.6.1 注意前方路况 << 跳转到子任务 5.1 "检查" >>

  3.4.2.6.2 向左看

  3.4.2.6.3 向右看

  3.4.2.6.4 检查视觉盲区（快速）

计划3.4.2.6.4 – 如果左转，那么执行1；如果右转，那么执行2

  3.4.2.6.4.1 向左瞥视

  3.4.2.6.4.2 向右瞥视

 3.4.3 制动直到车辆停止 << 跳转到子任务2.4.2"车辆减速">>

3.5 到达路口时的处理

计划3.5 – 按要求执行1或2或3或4

 3.5.1 匝道口的处理

 计划3.5.1 – 执行1或2

  3.5.1.1 通过上匝道

  计划3.5.1.1 – 执行1然后执行2然后执行3；如果没有安全进入主车道的机会，那么在执行4的同时执行5，然后执行6，然后在执行7的同时执行8；如果有安全进入主车道的机会，那么执行9

   3.5.1.1.1 进入上匝道

   计划3.5.1.1.1 – 在执行1的同时执行2和3和4和5，然后执行6和7

    3.5.1.1.1.1 观察标示的道路限速

    3.5.1.1.1.2 观察减速牌或者让牌

    3.5.1.1.1.3 观察上匝道/主车道的整体布局

    3.5.1.1.1.4 勘察主车道上的交通状况

    计划3.5.1.1.1.4 执行1然后执行2；如果从右侧驶入交通道或匝道上不只一条车道，那么执行3

     3.5.1.1.1.4.1 检查车镜

     3.5.1.1.1.4.2 通过右肩观察

     3.5.1.1.1.4.3 通过左肩观察

    3.5.1.1.1.5 评估车辆前方车辆的位置和车速

    3.5.1.1.1.6 根据上匝道进入主车道的布局调整初始车速 << 跳转到子任务2.3"车速控制">>

    3.5.1.1.1.7 根据观察到的交通状况调整初始车速 << 跳转到子任务2.3"车速控制">>

   3.5.1.1.2 准备进入主车道

   计划3.5.1.1.2 – 执行1然后执行2；如果出现合适的间隙/机会，在执行4和5和6的同时执行3；如果匝道上车道小于2条，那么执行7

    3.5.1.1.2.1 使用合适的转向灯

3.5.1.1.2.2 寻找主车道上合适的间隙使车辆在不影响其他车辆行驶的情况下完成驶入

计划 3.5.1.1.2.2 – 执行 1 和 2

    3.5.1.1.2.2.1 通过车内后视镜评估主车道交通状况

    3.5.1.1.2.2.2 通过合适的侧后视镜评估主车道交通状况

3.5.1.1.2.3 采用符合间隙的、能让车辆驶入主车道的车速

计划 3.5.1.1.2.3 – 执行 1 或 2 否则执行 3

    3.5.1.1.2.3.1 增加车速 <<跳转到子任务 2.3.2 "从当前车速加速">>

    3.5.1.1.2.3.2 减少车速 <<跳转到子任务 2.4 "车辆减速">>

    3.5.1.1.2.3.3 保持现有车速 <<跳转到子任务 2.3.3 "保持车速">>

3.5.1.1.2.4 定期重复观察主车道

计划 3.5.1.1.2.4 – 在执行 3 的同时执行 1 和/或 2 选择最清楚的视野

    3.5.1.1.2.4.1 使用车内后视镜

    3.5.1.1.2.4.2 使用合适的侧后视镜

    3.5.1.1.2.4.3 偶尔向后方瞥视

3.5.1.1.2.5 重新检查上匝道上的交通状况和车辆位置

3.5.1.1.2.6 尝试操作前确保前车能进入主车道

3.5.1.1.2.7 避免在匝道上超车

3.5.1.1.3 进入主车道

计划 3.5.1.1.3 – 执行 1，如果出现进入主车道的机会，那么执行 2 然后执行 3 然后执行 4 然后执行 5；在执行 6 的同时执行 7

    3.5.1.1.3.1 选择允许车辆驶入到主车道上的，而且不影响其他车辆行驶的间隙

    3.5.1.1.3.2 最后观察检查

计划 3.5.1.1.3.2 – 如果从左侧进入主车道，那么执行 1；如果从右侧进入主车道，那么执行 2；如果匝道上不只一条车道，那么执行 1 然后执行 2

        3.5.1.1.3.2.1 通过左肩检查

        3.5.1.1.3.2.2 通过右肩检查

    3.5.1.1.3.3 观察间隙前的车辆

3.5.1.1.3.4　通过后视镜重新观察间隙后方的车辆

3.5.1.1.3.5　稍微调整车速以匹配间隙后第一辆车的车速

3.5.1.1.3.6　避免突然插入到间隙后面的车辆前

3.5.1.1.3.7　果断引导车进入主车道的相邻车道（平稳地）

3.5.1.1.4　保持转向灯打开

3.5.1.1.5　在匝道上减速 << 跳转到子任务 2.4 "车辆减速" >>

3.5.1.1.6　在匝道结束前提前停车 << 跳转到子任务 2.4.3 "停稳" >>

3.5.1.1.7　偶尔向前看

3.5.1.1.8　转头

3.5.1.1.9　坚决加速驶入主车道 << 跳转到子任务 2.1 "车辆从静止起步" >>

3.5.1.2　通过下匝道

计划 3.5.1.2 – 执行 1 然后执行 2

3.5.1.2.1　进入下匝道前的减速车道

计划 3.5.1.2.1 – 在执行 1 的同时执行 2 然后执行 3 然后在执行 5 的同时执行 4

3.5.1.2.1.1　引导车辆平稳进入下匝道

3.5.1.2.1.2　估计下匝道的长度和弯曲度

3.5.1.2.1.3　计划下匝道上的减速范围

3.5.1.2.1.4　降低车速 << 跳转到子任务 2.4 "车辆减速" >>

3.5.1.2.1.5　瞥视车速表确保减速合适

3.5.1.2.2　使用下匝道

计划 3.5.1.2.2 – 在执行 1 和 2 和 3 的同时执行 4 和 5，按要求执行 6

3.5.1.2.2.1　保持车辆在车道中间，没有固定的障碍物

3.5.1.2.2.2　观察匝道的整体布局

3.5.1.2.2.3　如果有限速标志，观察限速标志

3.5.1.2.2.4　根据匝道布局和配置采用合适的车速

3.5.1.2.2.5　瞥视车速表确保减速/车速合适

3.5.1.2.2.6　观察道路引导指示牌

3.5.2　交叉路口处理

计划 3.5.2 – 如果车辆在道路右侧和正在直行，那么执行 1 否则执行 2 或 3

3.5.2.1　穿过交叉路口

计划 3.5.2.1 – 在执行 1 和 2 的同时，执行 3 和 4 和 5；如果路口有黄

色影线标记（黄色方格路口）那么执行 6

 3.5.2.1.1 保持方向

 3.5.2.1.2 保持车速 << 跳转到子任务 2.3.3 "保持车速" >>

 3.5.2.1.3 观察其他交通状况

 计划 3.5.2.1.3 – 执行 1 和 2 和 3 和 4 和 5

  3.5.2.1.3.1 观察前方交通状况

  3.5.2.1.3.2 观察迎面来车的情况

  3.5.2.1.3.3 观察交叉路口的交通状况

  3.5.2.1.3.4 观察行人

  3.5.2.1.3.5 注意任何额外的危险

 3.5.2.1.4 在交叉路口一般避免改变路线

 3.5.2.1.5 在交叉路口一般避免停车

 3.5.2.1.6 不要停在交叉路口

3.5.2.2 左转

计划 3.5.2.2 – 如果车辆不得不让路和在让路道停车，那么执行 1 然后执行 2 然后执行 3 然后执行 4；如果车辆在车道右侧，那么执行 2 然后执行 3 然后执行 4

 3.5.2.2.1 观察交叉路口的交通状况

 计划 3.5.2.2.1 – 执行 1 然后执行 2 然后执行 1 然后执行 3；如果出现安全间隙那么执行 4

  3.5.2.2.1.1 检查右侧情况

  计划 3.5.2.2.1.1 – 在执行 3 的同时执行 1 和 2

   3.5.2.2.1.1.1 评估与最接近的车辆间的距离

   3.5.2.2.1.1.2 在前进前等待充分大小的间隙

   3.5.2.2.1.1.3 一般不要以迎面来车的左转向灯作为转向的意图

  3.5.2.2.1.2 检查左侧视觉盲区（快速）

  3.5.2.2.1.3 检查预定的路线是否清晰

  3.5.2.2.1.4 起步 << 跳转到子任务 2.1 "车辆从静止起步" >>

 3.5.2.2.2 对迎面而来的，希望进行相同转向的车辆做出响应

计划 3.5.2.2.2 – 执行 1 否则执行 2 或 3 以允许迎面来车的驾驶人有安全间隙驶过，然后执行 4 或如果光线较暗或能见度较低，那么执行 5 然后执行 6；如果车辆停止，那么执行 7

  3.5.2.2.2.1 在任何迎面来车转向前果断进行转向

3.5.2.2.2.2　降低当前车速 << 跳转到子任务 2.4 "降低当前车速" >>

　　　3.5.2.2.2.3　停车

　　　3.5.2.2.2.4　只对迎面来车的驾驶人做出手势信号

　　　3.5.2.2.2.5　车灯变灰两次

　　　3.5.2.2.2.6　允许迎面而来的转向车辆在车辆前方通行

　　　3.5.2.2.2.7　起步 << 跳转到子任务 2.1 "车辆从静止起步" >>

　　3.5.2.2.3　开始转向
　　计划 3.5.2.2.3 – 在执行 1 和 2 和 3 的同时执行 4

　　　3.5.2.2.3.1　避免鹅颈状转向（足够转向以免占据右车道）

　　　3.5.2.2.3.2　小心不要用车辆触碰削角

　　　3.5.2.2.3.3　转向时避免换档

　　　3.5.2.2.3.4　手动迅速操纵转向盘 << 跳转到子任务 2.2.4 "利用'推拉转向方法'实现车辆左右转向" >>

　　3.5.2.2.4　完成转向
　　计划 3.5.2.2.4 – 在执行 1 和 2 的同时，执行 3 然后执行 4

　　　3.5.2.2.4.1　转向时稍微加速

　　　3.5.2.2.4.2　转向盘回正

　　　3.5.2.2.4.3　关闭转向灯

　　　3.5.2.2.4.4　加速至期望车速 << 跳转到子任务 2.3.2 "从当前车速加速" >>

3.5.2.3　右转
计划 3.5.2.3 – 执行 1，如果在相连道路的让路线后面和如果交通安全间隙增大，那么执行 3 然后执行 4 然后执行 5；如果在马路中间或交叉路口中间等待右转，那么执行 1 然后执行 5；在执行 7 和 8 的同时执行 6

　　3.5.2.3.1　观察交叉路口的交通状况
　　计划 3.5.2.3.1 – 如果在交叉路口中间等待，那么执行 1；如果在让路线之后，那么执行 2 和 3 和 4；在执行 5 和 6 的同时执行 7 然后执行 8；

　　　3.5.2.3.1.1　保持在中心线的右边

　　　3.5.2.3.1.2　保持在让路线之后

　　　3.5.2.3.1.3　保持车轮正直向前

　　　3.5.2.3.1.4　持续踩下制动踏板

　　　3.5.2.3.1.5　评估迎面来车是否有合适的空隙

3.5.2.3.1.6 一般不要以迎面而来的车辆的转向灯作为转向的意图

3.5.2.3.1.7 观察后方情况 << 跳转到子任务 5.1.1.2 "后方检查" >>

3.5.2.3.1.8 观察右侧确保预定路径清晰

3.5.2.3.2 观察前方交通状况

计划 3.5.2.3.2 – 执行 1 如果迎面来车期望右转，那么在执行 4 的同时，执行 2 和（在合适的时候）3

3.5.2.3.2.1 观察即将右转的迎面来车

3.5.2.3.2.2 观察来车转向意图

3.5.2.3.2.3 按右侧、左侧、右侧的顺序观察

3.5.2.3.2.4 果断地进行操作

3.5.2.3.3 起步并部分进入十字路口 << 跳转到子任务 2.1 "车辆从静止起步" >>（迅速地）

3.5.2.3.4 在到达交叉路口中心前开始右转

3.5.2.3.5 转入预定行驶方向的左车道 << 跳转到子任务 2.2.4 "利用推拉转向方法（pull – push steering method）实现车辆左右转向" >>

3.5.2.3.6 关闭转向灯

3.5.2.3.7 转向盘回正 << 跳转到子任务 2.2.4 "利用'推拉转向方法'实现车辆左右转向" >>

3.5.2.3.8 加速至期望车速 << 跳转到子任务 2.2.4 "利用'推拉转向方法'实现车辆左右转向" >>

3.5.3 转盘环岛处理

计划 3.5.3 – 执行 1 然后执行 2

3.5.3.1 进入转盘环岛

计划 3.5.3.1 – 在执行 1 和 2 和 3 的同时执行 4；如果出现交通安全间隙，那么执行 5；如果在环岛不到一半处就要驶出和除非被道路指示灯引导至反方向和/或除非被道路指示牌引导至反方向，那么执行 6；如果第一个出口驶出，那么执行 9 否则执行 10；如果在环岛接近一半的出口驶出和除非被道路指示灯引导至反方向和/或除非被道路指示牌引导至反方向，那么在执行 10 的同时执行 7 或 6；如果从远超环岛一半的出口驶出和除非被道路指示灯引导至反方向和/或除非被道路指示牌引导至反方向，那么在执行 10 的同时执行 8

3.5.3.1.1 让路给从环岛右侧驶来的、已经在环岛内的车辆

3.5.3.1.2 避免与其他车辆发生冲突

计划 3.5.3.1.2 – 执行 1 和 2 和 3

 3.5.3.1.2.1 保持在车道上的精确位置（行车规定）

 3.5.3.1.2.2 保持安全行车距离

 3.5.3.1.2.3 预计其他车辆的移动

3.5.3.1.3 观察方向信息

计划 3.5.3.1.3 – 执行 1 和 2

 3.5.3.1.3.1 仔细观察提供道路信息的指示灯

 3.5.3.1.3.2 仔细观察提供车道/路线信息的指示牌

3.5.3.1.4 观察前方道路是否清晰（前面的所有车辆是否都已经完成了起步操作）

3.5.3.1.5 （迅速地）起步 << 跳转到子任务 2.1 "车辆从静止起步" >>

3.5.3.1.6 保持在转盘环岛车道的外侧

3.5.3.1.7 进入转盘环岛的中间车道

3.5.3.1.8 进入内侧车道（除非另有指引）

3.5.3.1.9 打开左转向灯

3.5.3.1.10 打开右转向灯

3.5.3.2 驶出转盘环岛

计划 3.5.3.2 – 在执行 1 和 2 和 3 的同时，如果不从第一个左侧出口驶出和如果没有已经在外侧车道，那么在到达期望出口前的出口后执行 4，然后执行 5 然后在执行 7 的同时执行 6 然后执行 8；如果从第一个出口驶出，然后在执行 7 的同时执行 5 然后执行 8；如果错过出口，那么执行 9 或 10 并重复计划（折回之前步骤，重新获取所需的路线）

 3.5.3.2.1 观察转盘环岛上其他车辆的移动

 3.5.3.2.2 << 跳转到子任务 3.5.3.1.2 "避免与其他车辆发生冲突" >>

 3.5.3.2.3 << 跳转到子任务 3.5.3.1.3 "观察方向信息" >>

 3.5.3.2.4 打开左转向灯

 3.5.3.2.5 观察左侧视觉盲区（向左瞥视）

 3.5.3.2.6 在出口前进入外侧车道（除非另有指引）

 3.5.3.2.7 换入外侧车道过程中观察进入转盘环岛的交通情况

 3.5.3.2.8 驶出

 3.5.3.2.9 继续绕转盘环岛行驶

 3.5.3.2.10 从下一个出口驶出

3.5.4 由交通灯控制的路口处理

计划 3.5.4 – 如果交通灯为红色箭头,那么执行 2;如果交通灯为绿色箭头和车辆在移动,那么执行 4 否则执行 6;如果交通灯保持一段时间的绿色箭头,那么在执行 4 的同时执行 1;如果交通灯变黄色和如果有安全的停车距离,那么执行 2 否则执行 4;如果交通灯同时显示红色和黄色,那么执行 5 然后执行 6

3.5.4.1　准备停车

3.5.4.2　在路口停车 << 跳转到子任务 2.4 "车辆减速" >>

计划 3.5.4.2 – 如果在停车车队里排在首位,那么在执行 3 和 4 的同时执行 1,否则在执行 3 和 4 的同时执行 2

3.5.4.2.1　在停车线后停车

3.5.4.2.2　在其他排队的车辆后面留下足够大的空隙以便进行操作

计划 3.5.4.2.2 – 在执行 1 的同时执行 2

3.5.4.2.2.1　避免减速时离队列中前方车辆过近

3.5.4.2.2.2　确保前车后轮可见,作为一个理想的距离一个指示

3.5.4.2.3　确保交通灯清晰可见

3.5.4.2.4　观察所有停在前方的车辆

3.5.4.3　等待 << 跳转到子任务 2.4.4 "保持停稳状态(等待)" >>

3.5.4.4　继续通过路口(果断地)

计划 3.5.4.4 – 执行 1 和 2

3.5.4.4.1　观察 << 跳转到子任务 5.1 "检查" >>

3.5.4.4.2　准备停车

3.5.4.5　准备起步

3.5.4.6　起步 << 跳转到子任务 2.1 "车辆从静止起步" >>

3.6　穿过路口时的处理

计划 3.6 – 在执行 5 的同时执行 1 或 2 或 3 或 4

3.6.1　穿过斑马线时的处理(斑马线灯)

计划 3.6.1 – 执行 1,如果行人表现出需要使用路口的需求,那么在执行 4 的同时执行 2 然后执行 3;如果行人已经在路口中那么在执行 4 的同时执行 3

3.6.1.1　注意路边的要通过交叉路口的行人

3.6.1.2　<< 跳转到子任务 2.4 "车辆减速" >>

3.6.1.3　为行人让路

3.6.1.4　不要挥手让行人过马路

3.6.2　可控人行横道的处理

计划 3.6.2 – 执行 1（与正常的交通灯之间唯一的区别是可控人行横道在红灯过后闪烁黄灯）如果闪烁黄灯和路口没有被使用/使用完毕和车前方是空的那么执行 2；如果路口中有交通岛那么执行 3

3.6.2.1　<<跳转到子任务 3.5.4 "由交通灯控制的路口处理" >>

3.6.2.2　小心行驶

3.6.2.3　作为一个路口处理

3.6.3　犀鸟线的处理

计划 3.6.3 – 执行 1 和 2（与其他没有闪烁黄灯的、由交通灯控制的路口通行方式相同，允许骑自行车者和行人通过）

3.6.3.1　<<跳转到子任务 3.5.4 "由交通灯控制的路口处理" >>

3.6.3.2　观察从路口旁边出现的骑自行车者

3.6.4　铁路道口的处理

计划 3.6.4 – 如果闪烁红灯和声音警告和栅栏被放下，那么执行 1；如果闪烁黄灯和声音警告和此时停车不安全，那么在执行 5 的同时执行 2；如果火车已经通过和栅栏没有升起和灯仍然闪烁和仍有声音警告，那么执行 3；如果声音警告停止和栅栏升起和灯停止闪烁，那么在执行 5 的同时执行 4

3.6.4.1　<<跳转到子任务 2.4 "车辆减速" >>

3.6.4.2　果断穿过轨道

3.6.4.3　继续等待

3.6.4.4　<<跳转到子任务 2.1 "车辆从静止起步" >>

3.6.4.5　不要在轨道上停车（确保前方路况清晰）

3.6.5　执行通常的穿过路口任务

计划 3.6.5 – 在执行 1 和 2 和 3 的同时执行 4

3.6.5.1　绝不在路口停车

3.6.5.2　观察看起来需要或者希望通过路口的人/动物/车辆的运动

3.6.5.3　<<跳转到子任务 5.1 "检查" >>

3.6.5.4　遵守信号灯

计划 3.6.5.4 – 如果是红灯，那么执行 1；如果是黄灯，那么执行 1 否则执行 2；如果是绿灯，那么执行 3

3.6.5.4.1　停车

3.6.5.4.2　如果停车不安全，继续行驶通过路口

3.6.5.4.3　小心继续行驶通过路口

3.7 驶离路口时的处理（交叉路口）

计划 3.7 – 在执行 4 和 5 的同时执行 1 和 2 和 3

 3.7.1 关闭转向灯 << 跳转到子任务 2.1"车辆从静止起步" >>

 3.7.2 观察指示灯以获取进一步的路线/车道指引

 3.7.3 观察指示牌以获取进一步的路线/车道指引

 3.7.4 调整车速

 计划 3.7.4 – 在执行 1 或 2 和 3 的同时执行 4 或 5 或 6

  3.7.4.1 观察限速指示牌

  3.7.4.2 从道路类型推断出合适的限速 << 跳转到子任务 5.3"遵守规则" >>

  3.7.4.3 评估交通流的相对车速

  3.7.4.4 提高车速 << 跳转到子任务 2.3.2"从当前车速加速" >>

  3.7.4.5 降低车速 << 跳转到子任务 2.4"车辆减速" >>

  3.7.4.6 保持当前车速 << 跳转到子任务 2.3.3"保持车速" >>

 3.7.5 继续正常/到达路口前的行驶操作

* *

4 执行战术驾驶任务

计划 4 – 执行 1 和 2 和 3，然后按要求执行 4

* *

4.1 应对不同的道路类型/分类

计划 4.1 – 如果在城市道路行驶或在其他环境中遇到城市道路特征，那么执行 1；如果在乡村公路行驶或在其他环境中遇到乡村公路特征，那么执行 2；如果在主干道行驶或在其他环境中遇到主干道特征，那么执行 3；如果在高速公路行驶或在其他环境中遇到高速公路特征，那么执行 4

 4.1.1 在城市道路环境行驶

 计划 4.1.1 – 在执行 6 的同时执行 1 和 2 和 3 和 4 和 5

  4.1.1.1 观察城市环境中其他道路使用者

  计划 4.1.1.1 – 在执行 1 的同时，如果需要考虑其他道路使用者的移动，那么按要求执行 2

   4.1.1.1.1 观察其他道路使用者的移动

   计划 4.1.1.1.1 – 在执行 4 的同时执行 1 和/或 2 和/或 3 然后根据对相关特征的观察执行 5

    4.1.1.1.1.1 观察其他车辆

计划 4.1.1.1.1.1 – 相关特征出现时执行 1 和 2 和 3 和 4
    4.1.1.1.1.1.1　观察停靠在路边的车辆队列
    4.1.1.1.1.1.2　观察在车站停靠的公交车
    4.1.1.1.1.1.3　观察贸易车辆
    4.1.1.1.1.1.4　观察冰淇淋车/流动商店/校车等

4.1.1.1.1.2　观察骑自行车者的移动

计划 4.1.1.1.1.2 – 相关特征出现时执行 1 和 2 和 3 和 4
    4.1.1.1.1.2.1　观察经验不足的骑车者是否做任何不稳定的事
    4.1.1.1.1.2.2　观察路边会导致骑车者突然转向的危害
    4.1.1.1.1.2.3　观察右后方的骑车者
    4.1.1.1.1.2.4　观察任何强风/阵风
    4.1.1.1.1.2.5　观察年轻的骑车者做的危险的事（自行车前轮离地特技等）

4.1.1.1.1.3　观察行人

计划 4.1.1.1.1.3 – 相关情况的出现时执行 1 和 2
    4.1.1.1.1.3.1　观察行人的移动
    4.1.1.1.1.3.2　观察行人行为（例如招呼出租车/看两边）

4.1.1.1.1.4　观察大致的城市道路环境

计划 4.1.1.1.1.4 – 当相关的道路/环境出现时执行 1 和 2 和 3 和 4
    4.1.1.1.1.4.1　观察侧弯
    4.1.1.1.1.4.2　观察驶入车辆/加油站入口/停车场等
    4.1.1.1.1.4.3　观察驶出车辆/加油站出口/停车场等
    4.1.1.1.1.4.4　预计/准备与任何道路使用者会以期望的车速/轨迹发生冲突

4.1.1.1.2　其他道路使用者的处理

计划 4.1.1.1.2 – 如果改变车速能避免与其他道路使用者发生冲突那么执行 1 或 2 否则执行 3
    4.1.1.1.2.1　增加车速 << 跳转到子任务 2.3.2 "从当前车速加速" >>
    4.1.1.1.2.2　减少车速 << 跳转到子任务 2.4 "车辆减速" >>
    4.1.1.1.2.3　采取规避动作 << 跳转到子任务 4.4.1 "采取规避动作" >>

4.1.1.2 观察道路指示灯

计划4.1.1.2-在执行1和2的同时执行3

  4.1.1.2.1 观察道路限速的指示灯

  4.1.1.2.2 观察指明前面危险的指示灯

  4.1.1.2.3 观察提供道路信息的指示灯

4.1.1.3 观察车道指示牌

4.1.1.4 预计路口/交叉口/十字路口交通情况

4.1.1.5 交通舒缓措施的处理

4.1.1.6 车道使用

计划4.1.1.6-在执行1和2和3的同时，如果需要超过前车那么执行4否则执行5和使用此车道通行

  4.1.1.6.1 在偏左的车道行驶

  4.1.1.6.2 将车处于车道中心位置

  4.1.1.6.3 尽量待在车道上

  4.1.1.6.4 使用右侧车道超车

  4.1.1.6.5 假设在道路上的位置与合适的路线相对应

4.1.2 在乡村公路环境行驶

计划4.1.2-在执行1和2和3和4的同时执行5然后按要求执行6

 4.1.2.1 在乡村环境行驶时观察

 计划4.1.2.1-相关特征出现时执行1和2和3和4和5

  4.1.2.1.1 观察乡村环境中的其他车辆

  计划4.1.2.1.1-按要求执行1和/或2和/或3

   4.1.2.1.1.1 观察在狭窄路面上行驶的大型汽车

   4.1.2.1.1.2 观察移动缓慢的大型农用机械

   4.1.2.1.1.3 观察移动缓慢/不确定路线的旅游车辆

  4.1.2.1.2 观察乡村公路环境中其他的道路使用者

  计划4.1.2.1.2-当情况出现时执行1和2

   4.1.2.1.2.1 观察远足者/路人

   4.1.2.1.2.2 观察休闲道路使用者（如骑马者/骑车者等）

  4.1.2.1.3 观察相关的道路特征

  计划4.1.2.1.3-当提示前方有路口时执行1，当提示前方有侧弯时执行2，当提示有马/农场机器等时执行3；在前方不远可能遇到和道路容易打滑

   4.1.2.1.3.1 观察前方路灯

   4.1.2.1.3.2 观察道路一侧的路灯

   4.1.2.1.3.3 观察道路上的新泥浆或其他放置物

4.1.2.1.4　观察道路指示灯

计划 4.1.2.1.4 – 执行 1 和/或 2

  4.1.2.1.4.1　观察表示道路弯曲的道路指示

  4.1.2.1.4.2　观察表示道路坡度的道路指示

4.1.2.1.5　观察道路上的动物

4.1.2.2　预计道路行程

计划 4.1.2.2 – 当提示道路将改变方向（也可能提示改变至什么方向）时执行 1 和 2 和 3

  4.1.2.2.1　观察前方道路旁的树间是否有空隙

  4.1.2.2.2　检查道路是否与铁路线平行

  4.1.2.2.3　观察自然障碍（如河流、大山丘等）

4.1.2.3　适当使用车道

计划 4.1.2.3 – 除非有引导否则在执行 1 的同时执行 2；如果接近其他车辆和道路很窄，那么执行 3；如果仍然没有足够的通行空间，那么执行 4 和如果必要，执行 5

  4.1.2.3.1　保持车辆在行驶车道的中间

  4.1.2.3.2　在左侧车道行驶

  4.1.2.3.3　移动至车道左侧

  4.1.2.3.4　靠边停车

  4.1.2.3.5　停车 << 跳转到子任务 2.4 "车辆减速" >>

4.1.2.4　观察道路标志牌

4.1.2.5　预计/准备与任何道路使用者会以期望的车速/轨迹发生冲突

4.1.2.6　<< 跳转到子任务 4.1.1.1.2 "其他道路使用者的处理" >>

4.1.3　在主干道上行驶

计划 4.1.3 – 在执行 1 的同时执行 2 和 3

  4.1.3.1　<< 跳转到子任务 4.1.2 "在乡村公路环境行驶" >>

  4.1.3.2　主干道环境中其他车辆的处理

计划 4.1.3.2 – 在执行 1 的同时执行 2 和 3 和 4；如果出现危险和需要穿过危险，那么执行 5 和 6 否则按要求执行 7

  4.1.3.2.1　预计很大的车速差异（由于允许使用主干道的车辆范围很大）

  4.1.3.2.2　观察超车车辆

  4.1.3.2.3　观察从路口/侧弯出现的车辆

  4.1.3.2.4　观察骑自行车者

  4.1.3.2.5　行驶到道路中间

  4.1.3.2.6　变道至右侧的慢车道的使用者之前

4.1.3.2.7 《跳转到子任务3.3"行进间超车"》

4.1.3.3 主干道特征的处理

计划4.1.3.3 – 执行1和2和3和4

    4.1.3.3.1 对车速限制变化的响应

    4.1.3.3.2 对主干道环境（开放道路/城市环境）的变化作出响应

    计划4.1.3.3.2 – 执行1和/或2和/或3和/或4

        4.1.3.3.2.1 计划需要调整的跟车距离

        4.1.3.3.2.2 计划超车的机会

        4.1.3.3.2.3 计划为了更好的视野需要调整的车辆位置/速度

        4.1.3.3.2.4 合理地对一般的交通情况/危险作出响应

    4.1.3.3.3 对道路指示牌的变化作出响应

    4.1.3.3.4 对车道结构的变化作出响应

4.1.4 在高速公路或双向隔离车道上行驶

计划4.1.4 – 在执行1和2的同时如果因其他道路使用者/危险需要使用慢速车道，那么执行3

    4.1.4.1 考虑道路交通情况

    计划4.1.4.1 – 执行1和2和3和4和5

        4.1.4.1.1 预测可能的交通流量

        4.1.4.1.2 预计道路施工或其他延误的可能性

        4.1.4.1.3 评估前方道路交通状况是否良好

        4.1.4.1.4 提前做好操作计划

        4.1.4.1.5 注意特定的高速公路（双向隔离车道）危险

        计划4.1.4.1.5 – 执行1和2和3

            4.1.4.1.5.1 观察按照期望速度和轨道会发生冲突的其他车辆的车道变化操作

            4.1.4.1.5.2 观察太晚进行驶离高速公路操作的车辆

            4.1.4.1.5.3 通常避免三辆车并排超车，否则没有回旋操作的余地

    4.1.4.2 展示道路纪律

    计划4.1.4.2 – 执行1和2；如果右侧车道有排队现象，那么执行3 如果车辆所在队列的移动速度较快

        4.1.4.2.1 通常在左侧车道行驶

        4.1.4.2.2 通常只在右侧车道超车

        4.1.4.2.3 通过左侧车道超过右侧车队

4.1.4.3　高速公路上超车（双向隔离车道）

计划 4.1.4.3 – 执行 1，如果超车机会出现，那么执行 2 然后执行 3 然后执行 4 然后执行 5

4.1.4.3.1　信息获取阶段

计划 4.1.4.3.1 – 执行 1 和 2 和 3 和 4 和 5

4.1.4.3.1.1　观察车前方正变道驶出的较慢车辆

4.1.4.3.1.2　观察车后方靠近的较快车辆

4.1.4.3.1.3　观察与其他驾驶人间的相对车速

4.1.4.3.1.4　观察其他驾驶人头/身体的移动

4.1.4.3.1.5　观察车辆从车道中心向白色车道标志的移动

4.1.4.3.2　调整车速阶段

计划 4.1.4.3.2 – 如果需要超车的机会，那么执行 1 或 2 否则执行 3

4.1.4.3.2.1　<<跳转到子任务 2.3.2"从当前车速加速">>

4.1.4.3.2.2　<<跳转到子任务 2.3.3"保持车速">>

4.1.4.3.2.3　<<跳转到子任务 2.4"车辆减速">>

4.1.4.3.3　给其他道路使用者提供信息

计划 4.1.4.3.3 – 执行 1，如果要对前车驾驶人提供靠近警示，那么执行 2

4.1.4.3.3.1　打开左/右转向灯足够长时间让驾驶人作出响应

4.1.4.3.3.2　额外让车前灯闪烁

4.1.4.3.4　变更新车道

计划 4.1.4.3.4 – 在执行 1 的同时执行 2 和 3

4.1.4.3.4.1　确保车道变更完成（逐步）

4.1.4.3.4.2　<<跳转到子任务 3.3.5.1.5"再次检查后方道路情况">>

4.1.4.3.4.3　避免猛烈/突然的操作

计划 4.1.4.3.4.3 – 执行 1 然后执行 2 并允许车辆开始穿越分道线；如果两个前轮都越过了中央车道分界线，那么执行 3 直到达到正常/中央车道位置，然后执行 2

4.1.4.3.4.3.1　执行初始转向输入（非常缓和）

4.1.4.3.4.3.2　回正转向盘

4.1.4.3.4.3.3　执行校正的转向输入（非常缓和）

4.1.4.3.5　关闭转向灯

4.2 应对与道路有关的危险
计划 4.2 – 执行 1 和/或 2 和/或 3
    4.2.1 不同类型路面的处理
    计划 4.2.1 – 执行 1 和 2 和 3
        4.2.1.1 观察汽车行驶时路面材料的性质
        4.2.1.2 根据路面性质的调整车辆移动
        计划 4.2.1.2 – 执行 1 和 2 和 3 和 4
            4.2.1.2.1 行驶速度要比在公路/碎石路上慢很多
            4.2.1.2.2 避免大幅度的转向移动
            4.2.1.2.3 通常避免猛烈的制动动作
            4.2.1.2.4 增加跟车距离
        4.2.1.3 观察路面材料的特定状况
        计划 4.2.1.3 – 如果在普通路面行驶，那么执行 1；如果在没有成形的路上行驶，那么执行 2；如果在碎石上行驶，那么执行 3；如果在鹅卵石/砖上行驶，那么执行 4
            4.2.1.3.1 预计混凝土或沥青路面平整度
            4.2.1.3.2 观察松散的土壤条件和危险物体，如嵌在道路上的岩石、玻璃、尖锐物体
            4.2.1.3.3 观察松散的碎石
            4.2.1.3.4 观察孔、凸块、裂纹、松动的砖块和会滑动的点
    4.2.2 路面不平度的处理
    计划 4.2.2 – 执行 1，如果道路状况有缺陷，那么执行 2；如果检测到特别严重的路况或坑槽，那么必要时执行 3
        4.2.2.1 观察由天气和/或正常道路恶化引起的路面表面缺陷和不平
        4.2.2.2 降低车速
        4.2.2.3 避免/减轻车轮撞击坑槽的影响
        计划 4.2.2.3 – 在执行 4 的同时执行 1 否则执行 2 然后执行 3
            4.2.2.3.1 调整车辆位置跨过坑槽
            4.2.2.3.2 降低车速 <<跳转到子任务 2.4 "车辆减速">>
            4.2.2.3.3 当车轮下降到坑槽内时松开制动踏板（使悬架完全卸重，提供更多的悬架行程来吸收颠簸/反弹）
            4.2.2.3.4 握紧转向盘
    4.2.3 障碍物的处理
    计划 4.2.3 – 执行 1 和/或 2
        4.2.3.1 道路上物体的处理

计划 4.2.3.1 – 按要求执行 1 和 2
  4.2.3.1.1 观察危险的物体
  计划 4.2.3.1.1 – 执行 1 和 2 和 3
    4.2.3.1.1.1 观察水坑、小溪，特别是在排水不畅时
    4.2.3.1.1.2 观察石头碎片
    4.2.3.1.1.3 观察其他碎片
  4.2.3.1.2 对危险物体做出响应
  计划 4.2.3.1.2 – 在执行 1 和 2 的同时按要求执行 3
    4.2.3.1.2.1 保持较慢车速直到道路上没有危险物体
    4.2.3.1.2.2 不要和迎面来车发生冲突
    4.2.3.1.2.3 <<跳转到子任务 4.4.1 "采取规避动作">>
 4.2.3.2 道路工程和路障的处理
 计划 4.2.3.2 – 执行 1 和 2 和 3 和 4
  4.2.3.2.1 观察道路工程的指示灯/标志
  4.2.3.2.2 降低车速行驶
  4.2.3.2.3 如果必要准备停车
  4.2.3.2.4 保持对人员和工程机械移动的警惕性

4.3 对其他交通工具的响应
计划 4.3 – 如果需要执行 1 和 2 和 3
 4.3.1 对其他车辆做出响应
 计划 4.3.1 – 执行 1 和/或 2 然后按要求执行 3 和/或 4 和/或 5 和/或 6
  4.3.1.1 对路边停车车辆做出响应
  计划 4.3.1.1 – 如果在靠近或在停放的车辆旁边行驶，那么执行 1 和 2 和 3 和 4 然后执行 5；如果前车准备进入或离开停车位或对动物/行人/打开着的车门/在停放车辆之间的人做出响应，那么按要求执行 6 或 7
    4.3.1.1.1 驶近或在停放的车辆旁边行驶时以较慢的速度行驶
    4.3.1.1.2 观察行人或动物从车前或停放车辆之间进入道路上
    4.3.1.1.3 观察车门打开的车辆
    4.3.1.1.4 观察准备从路边起步的车辆
    计划 4.3.1.1.4 – 执行 1 和 2 和 3 和 4
      4.3.1.1.4.1 观察车内有驾驶人的车辆
      4.3.1.1.4.2 通过尾气观察发动机运行的车辆
      4.3.1.1.4.3 观察转向灯、尾灯或停车灯
      4.3.1.1.4.4 观察前轮向外转的车辆

4.3.1.1.5 提供道路上有车辆的指示灯/警告

计划 4.3.1.1.5 - 执行 1 和/或 2

  4.3.1.1.5.1 鸣笛

  4.3.1.1.5.2 闪烁车前灯

4.3.1.1.6 在前方车辆即将离开或进入停车位时准备停车/换车道

计划 4.3.1.1.6 - 在执行 1 和 2 的同时，如果车辆正在停车，那么按要求执行 3，执行 4；如果其他车辆在平行停车，那么执行 5

  4.3.1.1.6.1 在车前方留出足够安全间隙确保驾驶人在不拥挤的情况下完成操作

  4.3.1.1.6.2 确保停好车/正在停车车辆的驾驶人知道车辆的存在 <<跳转到子任务 4.3.1.1.5 "提供道路上有车辆的指示灯/警告">>

  4.3.1.1.6.3 小心变换车道

  4.3.1.1.6.4 确保前方有足够安全间隙

  4.3.1.1.6.5 在平行停车的车辆之间留出大于整车宽度的距离

4.3.1.1.7 <<跳转到子任务 4.4.1 "采取规避动作">>

4.3.1.2 对下面情况做出响应

计划 4.3.1.2 - 如果车辆减速和/或停止那么在执行 1 的同时执行 2 和 3；如果希望改变方向，那么在执行 3 的同时执行 1（周期性的）；如果后方车辆驶过或超车，那么执行 4 否则在执行 6 的同时执行 5

  4.3.1.2.1 对后车驾驶人做出清楚的示意信号

  计划 4.3.1.2.1 - 执行 1 和 2

    4.3.1.2.1.1 在操作前使用转向灯

    4.3.1.2.1.2 使用制动灯

  4.3.1.2.2 平稳、逐渐地停车

  计划 4.3.1.2.2 - 执行 1 和 2

    4.3.1.2.2.1 观察前方道路交通，预测停车要求

    4.3.1.2.2.2 提早减速（逐步地）

  4.3.1.2.3 观察车内后视镜（频繁地）

  4.3.1.2.4 观察后车超车速度

  4.3.1.2.5 观察后车转向灯，确认超车意图

  4.3.1.2.6 小心紧跟的车辆

计划 4.3.1.2.6 - 在执行 4 的同时执行 1 否则执行 2 示意后车超车；如果在双向隔离车道/高速公路的超车道上行驶，那么执行 3

4.3.1.2.6.1 保持车速

4.3.1.2.6.2 逐渐减速

4.3.1.2.6.3 在安全时变至左侧车道

4.3.1.2.6.4 避免突然操作

4.3.1.3 被超车时的响应

计划 4.3.1.3 – 执行 1 和 2 和 3 和 4 否则执行 5 和 6 和 7 和 8，如果超车车辆出现问题，那么执行 9

4.3.1.3.1 频繁观察车内后视镜

4.3.1.3.2 使用余光观察超车/过往车辆

4.3.1.3.3 观察前方判断其他车辆是否可以安全完成超车

4.3.1.3.4 保持车辆位于车道中间

4.3.1.3.5 稍微调整位置以提供额外的超车安全间隙

4.3.1.3.6 保持车速（不要加速）

4.3.1.3.7 注意超车车辆准备在前方急转的信号或其他指示灯

4.3.1.3.8 准备好减速为车辆超车后提供更大的变道空间

4.3.1.3.9 对超车车辆出现的问题做出响应

计划 4.3.1.3.9 – 在执行 2 和 3 的同时如果超车车辆难以完成操作，那么必要时执行 1 或 5 使超车车辆以最小的难度换入左侧车道

4.3.1.3.9.1 必要时减速

4.3.1.3.9.2 计划"脱险路线"

4.3.1.3.9.3 保持握紧转向盘

4.3.1.3.9.4 <<跳转到子任务 4.4.1"采取规避动作">> 使用"脱险路线"

4.3.1.3.9.5 快速加速让后方超车驾驶人撤回超车动作

4.3.1.4 对迎面来车的响应

计划 4.3.1.4 – 执行 1 和 2 和 3 和 4 和 5 的同时，如果即将与来车相撞，那么执行 6

4.3.1.4.1 可能的情况下通常使用左侧车道

4.3.1.4.2 驶过来车时保持精确的控制

4.3.1.4.3 快速对阵风、路面不平等做出反应

4.3.1.4.4 观察来车是否要穿过道路中心线的标志

计划 4.3.1.4.4 – 执行 1 和 2 和 3 和 4 和 5 和 6

4.3.1.4.4.1 观察靠近车辆的转向信号

4.3.1.4.4.2 观察紧跟来车的车辆，提示（来车）期望超车

4.3.1.4.4.3 观察慢行或停下的车辆，预计起步的情况

4.3.1.4.4.4　观察退出停车位的车辆
4.3.1.4.4.5　注意以曲线穿过车道中心的驾驶人
4.3.1.4.4.6　观察卡在大车后方的"潜伏者"

4.3.1.4.5　观察可能导致来车车辆变换至车辆车道的道路情况
计划 4.3.1.4.5 – 执行 1 和 2 和 3 和 4

4.3.1.4.5.1　观察易滑道路路面
4.3.1.4.5.2　小心车辙
4.3.1.4.5.3　小心坑洼
4.3.1.4.5.4　小心其他障碍物（碎片、道路施工等）

4.3.1.4.6　在将与来车碰撞过程中的反应
计划 4.3.1.4.6 – 执行 1 然后执行 2 然后如果必要执行 3

4.3.1.4.6.1　降低车速或停车 <<跳转到子任务 2.4 "车辆减速"＞＞

4.3.1.4.6.2　示意其他驾驶人 <<跳转到子任务 4.3.1.1.5. "提供道路上有车辆的指示灯/警告"＞＞

4.3.1.4.6.3　采取规避/避免动作 <<跳转到子任务 4.4.1 "采取规避动作"＞＞

4.3.1.5　对前车的响应
计划 4.3.1.5 – 执行 1；如果车速 > 前车车速，那么执行 2 然后执行 3 否则如果道路/交通状况允许和（超车）需求或希望存在，那么执行 4 或 5 否则执行 6

4.3.1.5.1　决定靠近前车的速度
计划 4.3.1.5.1 – 在执行 1 的同时执行 2 和 3 和 4

4.3.1.5.1.1　评估靠近速度
4.3.1.5.1.2　预计典型的移动缓慢的车辆，如农场机器、上坡时的货车等
4.3.1.5.1.3　预计经常停车的车辆，如公共汽车、邮政车等
4.3.1.5.1.4　预计进行转弯的、进出道路、接近路口的车辆

4.3.1.5.2　<<跳转到子任务 2.4 "车辆减速"＞＞
4.3.1.5.3　<<跳转到子任务 3.2 "跟车"＞＞
4.3.1.5.4　超车
4.3.1.5.5　<<跳转到子任务 3.3 "行进间超车"＞＞
4.3.1.5.6　降低车速根据前车情况独立操作

4.3.1.6　对特殊车辆的响应
计划 4.3.1.6 – 如果遇到公共汽车那么执行 1；如果遇到警车/应急车那

么执行 2 否则在执行 3 的同时按要求执行 4 和 5 或 6 或 7 或 8

 4.3.1.6.1 对公共汽车的响应

计划 4.3.1.6.1 – 执行 1；如果公共汽车正在停车，那么执行 2，3；在执行 4 的同时执行 5

  4.3.1.6.1.1 观察公共汽车将要停车的标志

  计划 4.3.1.6.1.1 执行 1 和 2 和 3 和 4 和 5

   4.3.1.6.1.1.1 观察转向灯

   4.3.1.6.1.1.2 观察制动灯

   4.3.1.6.1.1.3 观察乘客起身并向前移动

   4.3.1.6.1.1.4 观察公共汽车站的人群

   4.3.1.6.1.1.5 观察公共汽车站的标志

  4.3.1.6.1.2 在公共汽车后面安全距离处完全停车 << 跳转到子任务 2.4 "车辆减速" >>

  4.3.1.6.1.3 保持停车 << 跳转到子任务 2.4.4 "保持停稳状态（等待）" >>

  4.3.1.6.1.4 观察刚在路边下车的乘客

  4.3.1.6.1.5 起步 << 跳转到子任务 2.1 "车辆从静止起步" >>

 4.3.1.6.2 对警车/应急车的响应

计划 4.3.1.6.2 – 如果听到但没有看到应急车那么执行 1 和 2；在执行 3 的同时，如果看到/发现应急车，那么执行 4 然后执行 5 或 6；如果在应急车后面，那么在执行 7 的同时执行 8 否则执行 9

  4.3.1.6.2.1 定位警笛声

  4.3.1.6.2.2 通过交叉/十字路口时极度小心

  4.3.1.6.2.3 不能成为障碍

  4.3.1.6.2.4 靠边停车

  4.3.1.6.2.5 确保应急车通过后再继续行驶

  4.3.1.6.2.6 保持停车，等待警察/消防员/救护人员等的进一步指示

  4.3.1.6.2.7 保持极度小心

  4.3.1.6.2.8 准备好停车

  4.3.1.6.2.9 跟随应急车的距离 < 500ft

 4.3.1.6.3 保持安全的距离

 4.3.1.6.4 计划需要调整的车辆速度/方向/轨迹

 4.3.1.6.5 << 跳转到子任务2.4 "车辆减速" >>

4.3.1.6.6 <<跳转到子任务3.2"跟车">>

4.3.1.6.7 超过其他车辆

4.3.1.6.8 <<跳转到子任务3.3"行进间超车">>

4.3.2 对行人和其他道路使用者做出响应

计划4.3.2–1和2和3

4.3.2.1 观察行人

计划4.3.2.1–执行1和2和3和4

4.3.2.1.1 观察十字路口、可控人行横道和斑马线附近的行人

4.3.2.1.2 观察行人将穿过车道的标志

4.3.2.1.3 观察乱穿马路的人/正在跑步的或分心的人

4.3.2.1.4 观察小孩

4.3.2.2 穿过行人

计划4.3.2.2–在执行1的同时执行2；必要时执行3，警告汽车靠近的行人

4.3.2.2.1 准备停车

4.3.2.2.2 穿过行人时保证最大的安全间隙

4.3.2.2.3 鸣笛

4.3.2.3 注意路上的动物（家养的和野生的）

计划4.3.2.3–在执行3的同时执行1和如果动物没有察觉车辆的靠近，那么按要求执行2；如果能安全穿过动物，那么执行4

4.3.2.3.1 进入动物穿越的区域或注意到动物在道路上/旁时减速

4.3.2.3.2 鸣笛警告动物车辆接近

4.3.2.3.3 如果动物进入道路，准备停止或转弯 <<跳转到子任务4.4.1"采取规避动作">>

4.3.2.3.4 穿过动物

计划4.3.2.3.4–执行1和2

4.3.2.3.4.1 保证较大的穿越安全间隙

4.3.2.3.4.2 避免制造过度噪声

计划4.3.2.3.4.2–执行1和2（除非动物特别顽固）

4.3.2.3.4.2.1 避免用力踩加速踏板

4.3.2.3.4.2.2 通常避免鸣笛

4.3.2.4 观察骑自行车者

计划4.3.2.4–在执行1的同时执行2和3然后必要时执行4警告骑车者

4.3.2.4.1 小心评估速度（自行车可以达到30+mile/h）

4.3.2.4.2　注意年轻的骑车者

4.3.2.4.3　注意不自信、不稳定、粗心鲁莽的骑车者

4.3.2.4.4　鸣笛

4.3.2.5　穿过骑自行车者

计划4.3.2.5 – 执行1然后执行2然后执行3或当合适时执行4

4.3.2.5.1　《跳转到子任务5.1"检查"》

4.3.2.5.2　提示

4.3.2.5.3　穿过骑车者时留下足够空间

4.3.2.5.4　《跳转到子任务3.3"行进间超车"》

4.3.2.6　适当地对摩托车做出响应

计划4.3.2.6 – 执行1和2如果表现出超车的意图，那么执行3

4.3.2.6.1　非常小心地检查相对车速

4.3.2.6.2　特别注意观察

4.3.2.6.3　调整车道内的位置，让摩托车安全通过

4.3.3　对事故/紧急场景做出响应

计划4.3.3 – 依次执行如下次级任务

4.3.3.1　接近事故或紧急场景

计划4.3.3.1 – 在执行1的同时执行2和3和4

4.3.3.1.1　如果需要准备停车

4.3.3.1.2　在受影响区域前减速

4.3.3.1.3　观察现场交通官员或其他人员

4.3.3.1.4　观察有关车辆通过受影响区域的指示或指令

计划4.3.3.1.4 – 执行1和2；如果事故后第一时间驶进现场和现场无人管理，那么执行3然后执行4

4.3.3.1.4.1　观察现场交通控制人员的信号

4.3.3.1.4.2　寻找指出穿过该区域的路线轮廓的指示灯/锥形警示标或其他警告装置

4.3.3.1.4.3　在事故现场的安全地点停车（如果可能的话，完全远离道路）

4.3.3.1.4.4　按需要提供援助

4.3.3.2　经过或穿过紧急区域

计划4.3.3.2 – 执行1和2和3然后执行4

4.3.3.2.1　减速行驶

4.3.3.2.2　注意意料不到的车辆移动和路上的行人

4.3.3.2.3　不要"伸长脖子看"（不必要地减速或停车查看紧急

现场活动）

4.3.3.2.4　只有在完全穿过紧急区域后才恢复正常车速

4.4　紧急情况下的操作

计划 4.4 – 执行 1 或 2

4.4.1　采取规避动作

计划 4.4.1 – 在执行 1 和 2 的同时按要求执行 3 和/或 4 和/或 5 避免碰撞；如果碰撞不能被避免，那么执行 6

4.4.1.1　紧握转向盘

4.4.1.2　考虑转向/转弯/制动抓地力的均衡

4.4.1.3　必要时用力操纵转向盘完成操作

4.4.1.4　充分转向避免碰撞

计划 4.4.1.4 – 在执行 1 和 2 的同时如果操作发生在车速 >40mile/h 时那么按要求执行 3 或 4 完成操作，否则如果车速 <40mile/h 那么通常避免执行 3

4.4.1.4.1　转向进入计划好的"脱险路线"

4.4.1.4.2　按要求使用极限侧向抓地力来完成操作

计划 4.4.1.4.2 – 执行 1 和 2 如果轮胎发出尖锐声和回正力矩减小，那么达到转弯极限；如果轮胎持续发出尖锐声（大声地）或转向回正力矩消失，那么执行 3

4.4.1.4.2.1　检查轮胎发出的"唧唧"的尖锐声

4.4.1.4.2.2　（通过触觉）检查迅速减小的转向回正力矩

4.4.1.4.2.3　《跳转到子任务 4.4.2.3"打滑检测"》

4.4.1.4.3　保持手的位置在转向盘轮缘中间偏上处

4.4.1.4.4　《跳转到子任务 2.2.5"利用旋转法实现车辆转向"》

4.4.1.5　充分踩制动踏板以避免碰撞

计划 4.4.1.5 – 在执行 1 的同时执行 2

4.4.1.5.1　对制动踏板施加压力（快速逐步地）

4.4.1.5.2　尽力保持车轮在抱死的边缘

计划 4.4.1.5.2 – 执行 1 如果听到"唧唧"的尖锐声，那么执行 3 直到停车；如果车速 >40mile/h 和/或以相对直线行驶，那么在执行 3 的同时执行 2 否则执行 4

4.4.1.5.2.1　注意听轮胎与道路间断断续续的"唧唧"声（而不是连续的尖锐声/摩擦声）

4.4.1.5.2.2　忽略抱死的后轮

4.4.1.5.2.3　保持制动踏板上的压力

4.4.1.5.2.4　<< 跳转到子任务 4.4.2.4.2 "按节奏制动" >>

4.4.1.6　碰撞缓解

计划 4.4.1.6 – 在执行 1 的同时执行 2

4.4.1.6.1　尽量正面撞击障碍物（车辆在纵向平面上提供最佳防撞保护）

4.4.1.6.2　准备好碰撞

4.4.2　打滑控制

计划 4.4.2 – 依次执行步骤 1~3；如果检测到打滑/滑动那么执行 4 否则执行 5

4.4.2.1　预测侧滑情况

计划 4.4.2.1 – 执行 1 和 2 和 3 和 4 和 5 和 6

4.4.2.1.1　避免超出道路状况的车速

4.4.2.1.2　避免超出道路状况的加速度

4.4.2.1.3　避免过度制动

4.4.2.1.4　避免突然制动

4.4.2.1.5　避免粗野的/粗糙的转向操作

4.4.2.1.6　观察低附着系数道路状况（例如，结冰、下雨、漏油等）

4.4.2.2　避免在动态情况下使车辆不平衡的操作

计划 4.4.2.2 – 执行 1 和 2 和 3 和 4 和 5

4.4.2.2.1　避免突然的/严重的制动

4.4.2.2.2　避免滞后的/突然的加速操作

4.4.2.2.3　通常避免转弯时松开加速踏板

4.4.2.2.4　通常避免在弯道中间制动

4.4.2.2.5　避免在弯道中间重度加速

4.4.2.2.6　通常避免突然的或过于急促的操作

4.4.2.3　检测打滑的存在

计划 4.4.2.3 – 执行 1 和/或 2 和/或 3；如果检测到转弯时打滑，那么执行 4；如果检测到制动时打滑，那么执行 5

4.4.2.3.1　通过视觉检查期望车速/轨迹和实际车速/轨迹之间的差异

4.4.2.3.2　通过听觉检查轮胎和轮面间的尖锐声/摩擦声

4.4.2.3.3　通过触觉感受转向盘传递的轮胎和路面的摩擦

4.4.2.3.4　通过触觉感受转向盘上迅速减小的回正力矩

4.4.2.3.5　通过本体感觉感受车轮抱死时座椅上的颠簸

4.4.2.4　纠正打滑

计划 4.4.2.4 – 如果车轮在转动那么执行 1；如果车轮在制动的情况下抱死，那么执行 2；如果车辆转向不足那么执行 3；如果车辆过度转向那么执行 4；如果因过度制动产生轮胎打滑，那么执行 5，否则执行 6

4.4.2.4.1　纠正车轮打滑

计划 4.4.2.4.1 – 执行 1 然后执行 2；如果车轮打滑发生在从静止位置出发时，那么执行 3 然后执行 4 和 2；如果发动机响声变化那么执行 5 和 6 然后执行 7 和 8；如果发动机颤抖那么重复执行 3

4.4.2.4.1.1　松开加速踏板（快速地）

4.4.2.4.1.2　重新踩下加速踏板（平稳地）

4.4.2.4.1.3　踩下离合器踏板（迅速地）

4.4.2.4.1.4　松开离合器踏板

4.4.2.4.1.5　保持离合器踏板位置

4.4.2.4.1.6　增加加速踏板上的力

4.4.2.4.1.7　完全松开离合器踏板（平稳地、逐渐地）

4.4.2.4.1.8　按一定比例松开加速踏板，在不打滑的情况下增加车速

4.4.2.4.2　按节奏制动（cadence braking）

计划 4.4.2.4.2 – 如果检测到车轮抱死/打滑那么执行 1，然后执行 2；如果车轮再次抱死那么重复执行计划；如果正在执行紧急制动操作，那么在重复计划前执行 3

4.4.2.4.2.1　松开制动踏板（快速地）

4.4.2.4.2.2　重新踩下制动踏板（快速但平稳地）

4.4.2.4.2.3　允许车轮抱死片刻

4.4.2.4.3　应对转向不足

计划 4.4.2.4.3 – 执行 1 然后执行 2；如果 1 消除了转向不足那么执行退出

4.4.2.4.3.1　消除转向不足的原因

计划 4.4.2.4.3.1 – 执行 1 或 1 和 2

4.4.2.4.3.1.1　松开加速踏板

4.4.2.4.3.1.2　完全踩下离合器踏板（快速地）

4.4.2.4.3.2　纠正转向不足的状况

计划 4.4.2.4.3.2 – 如果情况允许那么执行 2；如果转向不足停止那么执行 3 和 4 否则执行 1 然后执行 4

4.4.2.4.3.2.1　（大力）转向恢复原来的方向

4.4.2.4.3.2.2　转向驶入打滑的方向

4.4.2.4.3.2.3　转向驶入原来的方向

4.4.2.4.3.2.4　踩下加速踏板（轻轻地）

计划 4.4.2.4.3.2.4 – 如果消除转向不足时离合器踏板被踩下，那么执行1；如果发动机响声改变，那么执行2和3然后执行4和5否则执行5

4.4.2.4.3.2.4.1　松开离合器踏板

4.4.2.4.3.2.4.2　保持离合器踏板位置

4.4.2.4.3.2.4.3　增加加速踏板上的力

4.4.2.4.3.2.4.4　完全松开离合器踏板（平稳地、逐渐地）

4.4.2.4.3.2.4.5　按一定比例松开加速踏板达到期望的加速度

4.4.2.4.4　应对转向过度

计划 4.4.2.4.4 – 执行1，如果转向过度消失，那么执行退出否则执行2

4.4.2.4.4.1　<<跳转到子任务 4.4.2.4.3.1"消除转向不足的原因">>

4.4.2.4.4.2　纠正转向过度

计划 4.4.2.4.4.2 – 在执行3的同时执行1；如果转向过度消失，然后执行2和4

4.4.2.4.4.2.1　转向驶入打滑的方向

4.4.2.4.4.2.2　转向驶入原来的方向

4.4.2.4.4.2.3　避免过度转向打滑的方向

4.4.2.4.4.2.4　踩下加速踏板（轻轻地）

4.4.2.4.5　应对因过度制动产生的轮胎打滑

计划 4.4.2.4.5 – 执行1然后执行2和3；如果轮胎打滑消失，那么执行4

4.4.2.4.5.1　释放制动踏板

4.4.2.4.5.2　<<跳转到子任务 4.4.2.4.3.1"消除转向不足的原因">>

4.4.2.4.5.3　转向驶入期望的方向

4.4.2.4.5.4　踩下加速踏板（轻轻地）

4.4.2.4.6　执行通常的打滑纠正操作

计划 4.4.2.4.6 – 执行 1 和 5（如果需要）；如果需要执行 5 和道路较滑，那么执行 4；如果需要执行 5 和道路不滑，那么执行 3 直到恢复转向控制；如果不需要执行 4，那么执行 2

  4.4.2.4.6.1 消除打滑的原因

  计划 4.4.2.4.6.1 – 执行 1 和/或 2

    4.4.2.4.6.1.1 松开加速踏板

    4.4.2.4.6.1.2 松开离合器踏板

  4.4.2.4.6.2 保持制动踏板上的力

  4.4.2.4.6.3 松开制动踏板

  4.4.2.4.6.4 使用按节奏制动 << 跳转到子任务 4.4.2.4.2 "按节奏制动" >>

  4.4.2.4.6.5 使用转向来避免碰撞

4.4.2.5 << 跳转到子任务 4.4.1.6 "碰撞缓解" >>

****

5 执行战略驾驶任务

计划 5 – 在执行 7 的同时执行 1 和 2 和 3 和 4 和 5 和 6

****

5.1 执行检查

计划 5.1 – 执行 1 和 2 和 3 和 4 和 5

  5.1.1 执行视觉检查

  计划 5.1.1 – 执行 1 和 2（定期地），如果在执行操作前遇到紧急情况，那么执行 3

    5.1.1.1 普通前方视觉检查

    计划 5.1.1.1 – 在执行 4 的同时执行 1 和 2 和 5

      5.1.1.1.1 不断观察周围的环境，频繁变换视线

      5.1.1.1.2 仔细看前方

      5.1.1.1.3 调整相对于速度和道路位置的焦距

      计划 5.1.1.1.3 – 如果在主路上行驶，那么执行 1；如果在城市行驶，那么执行 2；如果在乡村行驶，那么执行 3

        5.1.1.1.3.1 注意力集中在更远的距离

        5.1.1.1.3.2 观察前方下一个路口前的道路

        5.1.1.1.3.3 在乡村地区仔细观察前方道路布局/环境

      5.1.1.1.4 避免只注视车前方一点点的道路

5.1.1.1.5 注意到路面的相关危害（坑洼、漏油等）

5.1.1.2 执行后方检查

计划 5.1.1.2 – 执行 1 和/或 2 和/或 3 并重复任何增加道路视野的组合

5.1.1.2.1 通过车内后视镜瞥视/看

5.1.1.2.2 通过右侧后视镜瞥视/看

5.1.1.2.3 通过左侧后视镜瞥视/看

5.1.1.3 检查视觉盲区

计划 5.1.1.3 – 执行 1 和/或 2 并重复任何增加道路视野的组合

5.1.1.3.1 通过右肩瞥视

5.1.1.3.2 通过左肩瞥视

5.1.2 执行听觉检查

计划 5.1.2 – 执行 1 和 2 和 3

5.1.2.1 注意车辆的声音

计划 5.1.2.1 – 执行 1 和 2 和 3

5.1.2.1.1 注意发动机/变速器/排气的声音

5.1.2.1.2 注意轮胎的声音

5.1.2.1.3 注意其他与车辆相关的声音

5.1.2.2 注意环境/其他声音

计划 5.1.2.2 – 执行 1 和 2 和 3

5.1.2.2.1 注意由其他车辆发出的声音

5.1.2.2.2 注意其他道路相关事件发出的声音

5.1.2.2.3 注意与非道路事件相关的声音

5.1.2.3 努力识别异常声音的来源

计划 5.1.2.3 – 执行 1 和/或 2/或 3 和/或 4

5.1.2.3.1 观察噪声来源的方向

5.1.2.3.2 打开车窗促进听力

5.1.2.3.3 注意噪声是连续的还是间歇性的

5.1.2.3.4 注意强度是否增加或减少（作为车辆通过噪声源的标志）

5.1.3 执行嗅觉检查

计划 5.1.3 – 执行 1 和 2

5.1.3.1 检查外部来源的标志

计划 5.1.3.1 – 任意顺序执行

5.1.3.1.1 检查前方车辆排气管放出的烟/蒸汽

5.1.3.1.2 检查有任意来源标志时的外界实时环境

5.1.3.2　检查内部来源的标志

计划5.1.3.2 – 任意顺序执行

 5.1.3.2.1　检查仪表板上的烟（电气故障的标志）

 5.1.3.2.2　检查是否没有放下驻车制动杆

 5.1.3.2.3　检查发动机温度仪表

5.1.4　观察其他驾驶人的行为

计划5.1.4 – 执行1和2和3和4和5和6和7

 5.1.4.1　注意频繁换道的驾驶人

 5.1.4.2　注意频繁改变车速的驾驶人

 5.1.4.3　注意忽略信号的驾驶人

 5.1.4.4　注意突然制动的驾驶人

 5.1.4.5　注意不自信不确定的驾驶人

 5.1.4.6　注意激进的驾驶人

 5.1.4.7　注意注意力不集中的驾驶人

5.1.5　执行自己车辆的检查

计划5.1.5 – 执行1和2和3

 5.1.5.1　检查仪表板显示器（定期），以了解车辆运行特性

 计划5.1.5.1 – 频繁执行1和加速时执行2否则定期执行2和3和需要时执行4

  5.1.5.1.1　观察车速表

  计划5.1.5.1.1 – 在执行1的同时按要求执行2，3，4

   5.1.5.1.1.1　定期观察车速表

   5.1.5.1.1.2　每当限速变化时检查车速

   5.1.5.1.1.3　持续高速后频繁检查车速

   5.1.5.1.1.4　在城市地区特别注意车速

  5.1.5.1.2　观察转速表

  5.1.5.1.3　定期观察燃油表

  5.1.5.1.4　注意发动机温度表

  5.1.5.1.5　注意警示灯

 5.1.5.2　注意汽车运行中的任何异常表现 << 跳转到子任务5.1"检查" >>

 5.1.5.3　对车内任何对驾驶性能不利的事情做出反应

5.2　执行导航

计划5.2 – 如果已经行驶过当前路线，那么执行1，否则执行2和/或3或4

5.2.1 使用之前的经验/地域经验来最大化优势

5.2.2 提前计划路线

5.2.3 使用地图册/街道地图

5.2.4 听从有经验乘客的指导

5.3 遵守规则

计划 5.3 – 执行 1 和 2

5.3.1 根据公路法规提供的建议/指示/规则/指导执行

5.3.2 对警察/被授权人员的指引/指示做出响应

5.4 响应环境

计划 5.4 – 1 和/或 2

5.4.1 响应天气状况

计划 5.4.1 – 在执行 1 和 7 的同时按要求执行 2 和/或 3 和/或 4 和/或 5 和/或 6 来应对特定天气

5.4.1.1 能见度有限的处理

计划 5.4.1.1 – 在执行 1 的同时按要求执行 2 和/或 3 和/或 4

5.4.1.1.1 执行通常的驾驶调整

计划 5.4.1.1.1 – 执行 1 和 2 和 3 和 4

5.4.1.1.1.1 行驶速度远比通常情况下慢

5.4.1.1.1.2 增加跟车距离来弥补能见度的降低

5.4.1.1.1.3 在车道内行驶保证与对向来车更大的横向间隔

5.4.1.1.1.4 增加注意力

5.4.1.1.2 风窗玻璃能见度有限的处理

计划 5.4.1.1.2 – 按要求执行 1 和 2

5.4.1.1.2.1 因下雨导致低能见度的处理

计划 5.4.1.1.2.1 – 执行 1 和 2；如果雨小和风窗玻璃脏/油腻，那么执行 3

5.4.1.1.2.1.1 打开刮水器

5.4.1.1.2.1.2 选择合适的刮水器速度

计划 5.4.1.1.2.1.2 – 执行 1 和 2

5.4.1.1.2.1.2.1 确保刮水器能充分清除风窗玻璃上的水

5.4.1.1.2.1.2.2 避免造成刮水器刮雨时发出

尖锐声

  5.4.1.1.2.1.3 使用风窗玻璃洗涤器

 5.4.1.1.2.2 因冷凝导致低能见度的处理

 计划 5.4.1.1.2.2 – 执行 1 然后执行 2 然后执行 3；如果除雾器清除水雾速度缓慢，那么执行 4 否则执行 5

  5.4.1.1.2.2.1 在内加热控制器选择除雾

  5.4.1.1.2.2.2 打开内部加热风扇

  5.4.1.1.2.2.3 调整控制器增加除雾效果

  5.4.1.1.2.2.4 稍微打开车窗

  5.4.1.1.2.2.5 用合适的布擦去厚重的水雾

5.4.1.1.3 后风窗玻璃能见度有限的处理

计划 5.4.1.1.3 – 如果冷凝在后风窗玻璃的内侧，那么执行 1；如果在后风窗玻璃的外侧，那么执行 2；如果后风窗玻璃脏或视线另有限制，那么执行 2 和 3

 5.4.1.1.3.1 打开后除雾器

 5.4.1.1.3.2 打开后刮水器

 5.4.1.1.3.3 打开后风窗玻璃洗涤器

5.4.1.1.4 侧窗能见度有限的处理

计划 5.4.1.1.4 – 如果车窗内部有雾，那么执行 1 和 2（加速除雾）否则执行 3；如果车窗外部有雾，那么执行 4 否则执行 3

 5.4.1.1.4.1 打开内部加热器

 5.4.1.1.4.2 稍微打开车窗

 5.4.1.1.4.3 使用布擦除水雾

 5.4.1.1.4.4 将车窗摇到底再上升至顶部

5.4.1.2 下雨或起雾的处理

计划 5.4.1.2 – 在执行 1 的同时按要求执行 2

 5.4.1.2.1 因下雨或起雾导致低能见度的处理

 计划 5.4.1.2.1 – 在执行 1 的同时按要求执行 2 和 3；如果雾气严重和看不见后面的车辆，那么执行 4；如果雨/雾非常严重和将能见度限制在危险范围内，那么执行 5

  5.4.1.2.1.1 降低速度以免超过能见度的范围

  5.4.1.2.1.2 使用道路标记和其他车辆的车灯作为附加的纵向和横向提示

  5.4.1.2.1.3 打开汽车前照灯

5.4.1.2.1.4　使用高强度后雾灯
5.4.1.2.1.5　停在路边等待暴雨/严重的雾结束
5.4.1.2.2　湿滑道路的处理
计划 5.4.1.2.2 – 执行 1 和 2 和 3 然后按要求执行 4
5.4.1.2.2.1　至少使用两倍的制动距离
5.4.1.2.2.2　如果干旱的道路后是潮湿的道路，要特别小心
5.4.1.2.2.3　通常避免大水坑/积水
5.4.1.2.2.4　车辆打滑的处理
计划 5.4.1.2.2.4 – 在执行 1 的同时执行 2
5.4.1.2.2.4.1　尽量保持直线行驶
5.4.1.2.2.4.2　<<跳转到子任务 4.4.2"打滑控制">>

5.4.1.3　刺眼阳光的处理
计划 5.4.1.3 – 执行 1 和/或 2 和/或 3
5.4.1.3.1　调整遮阳板来保护眼睛同时不妨碍视野
5.4.1.3.2　佩戴墨镜
5.4.1.3.3　朝车前方的地面看（不直接看太阳）

5.4.1.4　极端温度的处理
计划 5.4.1.4 – 执行 1 或 2
5.4.1.4.1　过热情况的处理
计划 5.4.1.4.1 – 执行 1，如果发动机过热，那么执行 2
5.4.1.4.1.1　观察温度表，注意过热的标志
计划 5.4.1.4.1.1 – 执行 1 和 2 和 3
5.4.1.4.1.1.1　观察当前温度
5.4.1.4.1.1.2　观察发动机温度变化的速度
5.4.1.4.1.1.3　避免发动机处于高负荷状况
计划 5.4.1.4.1.1.3 – 执行 1 和 2
5.4.1.4.1.1.3.1　使用高档位
5.4.1.4.1.1.3.2　轻踩加速踏板
5.4.1.4.1.2　发动机过热的处理
计划 5.4.1.4.1.2 – 执行 1 然后执行 2 然后执行 3；如果发动机仍然过热并且正在等待交通无法熄火，那么执行 4；如果发动机仍然过热，那么执行 5 然后执行 6 然后执行 7
5.4.1.4.1.2.1　用高档位行驶
5.4.1.4.1.2.2　打开车窗
5.4.1.4.1.2.3　运行内部加热器散热

5.4.1.4.1.2.4　以比怠速稍快的转速运行发动机

5.4.1.4.1.2.5　靠边停车

5.4.1.4.1.2.6　打开前舱盖

5.4.1.4.1.2.7　关闭点火开关前运行几分钟发动机

5.4.1.4.2　过冷情况的处理

计划5.4.1.4.2－在执行1的同时执行3和4，如果发动机在正常温度运行，那么执行2，在执行5的同时执行6（每天驾驶准备好执行6的次数比正常时多很多）

5.4.1.4.2.1　观察路面上结冰的/易滑的地方

5.4.1.4.2.2　按要求打开内部加热器

5.4.1.4.2.3　制动时极度小心

5.4.1.4.2.4　转弯时极度小心

5.4.1.4.2.5　雪地的处理

计划5.4.1.4.2.5－在执行1的同时按要求执行2和3，然后执行4（对车速的感知在有雪/低能见度的情况下会变差）；在执行5的同时，如果道路特别滑，理所当然地执行6和7

5.4.1.4.2.5.1　避免使用远光（雪会将光反射到驾驶人的眼睛里）

5.4.1.4.2.5.2　使用汽车前照灯

5.4.1.4.2.5.3　使用刮水器

5.4.1.4.2.5.4　<<跳转到子任务5.1.5.1.1"观察车速表">>

5.4.1.4.2.5.5　（情况允许时）让车辆轮胎轨迹横跨未压实的雪堆中心

5.4.1.4.2.5.6　<<跳转到子任务4.4.2.4.2"按节奏制动">>

5.4.1.4.2.5.7　减小驱动轮的发动机转矩

计划5.4.1.4.2.5.7－在1执行的同时如果从静止状态起步，那么执行2否则执行3

5.4.1.4.2.5.7.1　避免大的/突然的节气门开度

5.4.1.4.2.5.7.2　用2档起步

5.4.1.4.2.5.7.3　同状况下使用比通常情况下更高的档位

5.4.1.4.2.6　<<跳转到子任务4.4.2"打滑控制">>

5.4.1.5　大风情况的处理

计划 5.4.1.5 – 在执行 1 的同时执行 2

    5.4.1.5.1　以比通常情况慢的车速行驶

    5.4.1.5.2　车辆在阵风作用下"侧倾转向"倾向的处理

计划 5.4.1.5.2 – 在执行 1 的同时执行 2 和 3 和 4

        5.4.1.5.2.1　紧握转向盘

        5.4.1.5.2.2　当阵风改变车辆横向位置时朝着风转向

        5.4.1.5.2.3　避免阵风作用下的转向过度

        5.4.1.5.2.4　当风被山/建筑物/大型车辆挡住时，预计修正转向的必要性

  5.4.1.6　观察"微气候"

计划 5.4.1.6 – 执行 1 和 2 和 3 和 4 和 5

    5.4.1.6.1　观察谷底（可能有雾/冰的残留）

    5.4.1.6.2　观察背阳的山坡/斜坡

    5.4.1.6.3　观察树阴遮盖的大片区域

    5.4.1.6.4　观察散落的雾

    5.4.1.6.5　在桥上观察路况（在周围道路不结冰时，桥的两侧可能有冷却效应，因此结冰）

  5.4.1.7　避免处在对应条件时驾驶不当

计划 5.4.1.7 – 执行 1 然后执行 2 和 3

    5.4.1.7.1　考虑在当前的环境下车辆有多大的抓地力

    5.4.1.7.2　执行适合当前环境条件的转向盘/加速踏板/制动踏板操作

    5.4.1.7.3　用能见度确保能够提供足够停车距离的车速行驶

5.4.2　夜间行驶

计划 5.4.2 – 在执行 1 的同时如果在城市环境行驶，那么执行 2；如果在乡村环境行驶，那么执行 3；如果在黄昏行驶，那么执行 4

  5.4.2.1　执行通常的夜间行驶任务

计划 5.4.2.1 – 执行 1 和 2 和 3 和 4 和 5 和 6 和 7 和 8 和 9

    5.4.2.1.1　开启汽车前照灯行驶

    5.4.2.1.2　采用合适的车速

计划 5.4.2.1.2 – 执行 1 和 2

        5.4.2.1.2.1　相似情况下车速要比白天慢很多

        5.4.2.1.2.2　保持可以在车灯照亮的距离内停车的车速

    5.4.2.1.3　注意道路上黑或暗的物体

    5.4.2.1.4　超出车灯范围的观察（缓慢移动/没开灯的车/弯道/

道路障碍/缺陷/行人/动物）

5.4.2.1.5　在操作中允许比白天更大的安全裕度

计划 5.4.2.1.5 – 执行 1 和 2

  5.4.2.1.5.1　增加跟车距离

  5.4.2.1.5.2　可接受的超车机会需要更多的距离和时间

5.4.2.1.6　使用其他车辆的前灯作为接近车辆行驶方向的指示

5.4.2.1.7　使用反光灯/反光标志来测量道路的方向和危险的存在

5.4.2.1.8　保持汽车通风良好

5.4.2.1.9　长时间开车时每大约 2h 停一次车

5.4.2.2　城市夜间行驶

计划 5.4.2.2 – 在执行 1 的同时执行 2 和 3

  5.4.2.2.1　不要使用远光灯

  5.4.2.2.2　检查前照灯是否亮（因为黄色灯光很容易被忽略）

  5.4.2.2.3　注意行人/没开灯的车辆/在路上/路边的物体

5.4.2.3　乡村夜间行驶

计划 5.4.2.3 – 在执行 1 的同时执行 2 和 3；如果后车灯光眩目，那么执行 4；执行 5，如果检测到危险和需要规避动作来避免碰撞或危险，那么执行 6

  5.4.2.3.1　通常使用远光灯

  计划 5.4.2.3.1 – 如果有车辆跟随，那么执行 1；如果有来车，那么执行 1 和 2，如果来车车灯非常亮，那么执行 3 和/或 4

    5.4.2.3.1.1　保持使用近光灯

    5.4.2.3.1.2　避免直视来车车前灯

    5.4.2.3.1.3　将视线集中在来车左侧道路上

    5.4.2.3.1.4　来车靠近时闭上一只眼睛并保持直到车辆通过

  5.4.2.3.2　使用前车尾灯测量靠近的速度

  5.4.2.3.3　保持安全的跟车距离

  5.4.2.3.4　调整车内后视镜至较暗位置

  5.4.2.3.5　注意路上或路边的行人/动物/没开灯的车辆

  5.4.2.3.6　<<跳转到子任务 4.4.1"采取规避动作">>

5.4.2.4　在黄昏/黎明/黑暗的情况下开车

计划 5.4.2.4 – 在执行 1 的同时执行 2；如果戴着墨镜，那么执行 3；如果非常暗，那么执行 4

  5.4.2.4.1　行驶速度放慢，增加对交通状况的注意力

  5.4.2.4.2　使用前侧灯

5.4.2.4.3　摘掉墨镜

5.4.2.4.4　使用汽车前照灯

5.5　执行 IMA 规定的系统车辆控制

计划 5.5 – 在执行 1 和 2 的同时如果由于危险需要改变车辆位置，那么执行 3；如果由于危险需要改变车速，那么执行 4；如果需要改变车速或预计加速度需要未来车速的变化，那么执行 4；如果车速改变或预期的车速变化需要，那么执行 5；如果 1 需要，那么重叠执行 4 和 5；在离开/退出危险的同时执行 6

5.5.1　灵活使用系统

5.5.2　信息获取阶段

计划 5.5.2 – 根据道路交通情况和危险/潜在危险的性质执行 1 和 2 和 3

5.5.2.1　从行驶环境中获取信息

5.5.2.2　使用信息（危险检测/预计）

5.5.2.3　提供信息（给其他道路使用者）

5.5.3　位置调整阶段

计划 5.5.3 – 在执行 1 的同时执行 2

5.5.3.1　考虑其他道路使用者

5.5.3.2　采取允许危险通过/安全处理的位置

5.5.4　调整车速阶段

计划 5.5.4 – 在执行 1 的同时执行 2

5.5.4.1　充分利用加速感觉（车辆速度/相对速度的感知）

5.5.4.2　调整车速以便安全完成操作（平稳地）

5.5.5　调整档位阶段

计划 5.5.5 – 在执行 3 和 4 的同时执行 1；如果潜在的危险或者操作需要如此，那么执行 2

5.5.5.1　为车速选择正确的档位以确保安全（顺利）地避免危险

5.5.5.2　制动之前变换档位

5.5.5.3　（通常）避免晚制动

5.5.5.4　（通常）避免抢档操作

5.5.6　加速阶段

计划 5.5.6 – 在执行 1 的同时如果情况允许，那么执行 2

5.5.6.1　考虑前方道路和交通状况

计划 5.5.6.1 – 执行 1 和 2

5.5.6.1.1　考虑当前车速

5.5.6.1.2　考虑其他道路使用者的车速

5.5.6.2　安全（平稳地）加速驶离危险

5.6　展示对车辆/机械部件的呵护

计划 5.6 – 执行 1 和 2 和 3 和 4 和 5

5.6.1（正常情况下）避免使车辆发动机进入过度负荷区间

计划 5.6.1 – 执行 1 和 2 或 3 和 4 和 5

5.6.1.1　避免持续的节气门全开操作

5.6.1.2　避免发动机在大于 5750r/min 的转速下持续运行

5.6.1.3　避免发动机持续运行在用户手册提到的转速下

5.6.1.4　避免高负荷运行时发动机转速大于 2000r/min

5.6.1.5　避免突然踩下加速踏板

5.6.2　（正常情况下）避免使车辆离合器进入过度负荷区间

计划 5.6.2 – 在执行 4 的同时执行 1 和 2 和 3（除非需要从静止状态获得全功率加速）

5.6.2.1　不要在坡道上通过离合滑摩保持车辆静止

5.6.2.2　避免离合滑摩时间超过 15s

5.6.2.3　通常避免离合在发动机转速小于 4000r/min 时滑摩

5.6.2.4　轻快（平稳地）接合离合器

5.6.3（正常情况下）避免使车辆变速器进入过度负荷区间

计划 5.6.3 – 在执行 1 的同时执行 2 和 3 和 4 和 5 和 6 和 7；如果发动机转速与车速差别很大那么在执行 4 的同时执行 8 否则执行 9 然后执行 8

5.6.3.1　通过感觉将变速杆换入所需档位的位置

5.6.3.2　在换档时完全踩下离合器踏板

5.6.3.3　避免不使用离合器换档

5.6.3.4　避免强制将变速杆换入所选的档位

5.6.3.5　千万不要在车辆运动时换入倒档

5.6.3.6　避免发动机转速与车速差别很大时换档

5.6.3.7　避免车轮打滑

5.6.3.8　执行两脚离合（double – declutch）降档

5.6.3.9　制动至期望车速

5.6.4　（正常情况下）避免使车辆悬架系统进入过度负荷区间

计划 5.6.4 – 执行 1 和 2 和 3

5.6.4.1　避免轮胎损耗过多

计划 5.6.4.1 – 执行 1 和 2 和 3

5.6.4.1.1　车辆不要超载

5.6.4.1.2 不要在车辆完全静止时转向

5.6.4.1.3 通常避免车辆动力性上的频繁高载

计划 5.6.4.1.3 – 执行 1 和/或 2 和/或 3

5.6.4.1.3.1 避免频繁重踩制动踏板

5.6.4.1.3.2 避免频繁重踩加速踏板

5.6.4.1.3.3 避免频繁大力打转向盘

5.6.4.2 避免悬架损耗过度

计划 5.6.4.2 – 执行 1 和 2 和 3

5.6.4.2.1 避免持续在公路边缘行驶

5.6.4.2.2 避免高速通过崎岖的地形

5.6.4.2.3 避免车辆过载

5.6.4.3 避免悬架损坏

计划 5.6.4.3 – 执行 1 和 2 和 3

5.6.4.3.1 千万不要将车开上马路沿

5.6.4.3.2 避免坑洼/其他道路缺陷

5.6.4.3.3 千万不要让车辆悬架降至最低点

5.6.5 （正常情况下）避免使车辆制动进入过度负荷区间

计划 5.6.5 – 执行 1 和 2 和 3 和 4 然后如果安全的话执行 5

5.6.5.1 避免将制动系统带入到"制动失灵"的状态

5.6.5.2 在车辆的运动过程中千万不要使用驻车制动

5.6.5.3 避免持续制动的时间小于 40s

5.6.5.4 （防止制动盘变形）在持续/大力制动后松开制动踏板

5.6.5.5 车辆停稳后使用驻车制动保持车辆静止

5.7 展示适当的驾驶人举止和态度

计划 5.7 – 在执行 3，4，5 的同时，执行 1 和 2

5.7.1 展示良好的通用技能特征

计划 5.7.1 – 执行 1 和 2 和 3 和 4 和 5 和 6 和 7

5.7.1.1 时刻将注意力保持在较好水平

5.7.1.2 进行精确观察

5.7.1.3 使车速和行驶轨迹与周围情境相匹配

5.7.1.4 对潜伏在特定道路交通情况下的风险保持高度警惕意识

5.7.1.5 预测风险和潜在危险

5.7.1.6 采用适当的行动将已识别的风险最小化

5.7.1.7 娴熟地进行车辆控制

5.7.2 展示积极向上的通用态度特征
计划 5.7.2 – 执行 1 和 2 和 3 和 4 和 5
 5.7.2.1 保持对其他道路使用者的积极态度
 计划 5.7.2.1 – 执行 1 和 2 和 3 和 4 和 5
  5.7.2.1.1 避免自私行为
  5.7.2.1.2 避免攻击性行为
  5.7.2.1.3 确保采用了对其他道路使用者考虑周全和有益的方法
  5.7.2.1.4 始终保持忍让
  5.7.2.1.5 保持对他人安全的责任心
 5.7.2.2 始终保持耐心
 5.7.2.3 严肃地保持对自己驾驶能力极限的自知之明
 5.7.2.4 保持对车辆能力极限的意识
 5.7.2.5 保持对自身安全的责任心
5.7.3 避免极度愤怒
5.7.4 专心于驾驶任务
5.7.5 保持放松和从容不迫
5.7.6 带着自信

****

6 执行驾驶后任务（Post Drive Task）

计划 6 – 依次执行
****

6.1 将车停在车位
计划 6.1 – 按要求执行 1 或 2 或 3 或 4
 6.1.1 倒车停车
 6.1.2 侧方停车
 6.1.3 前方停车
 6.1.4 倒入车库

6.2 使车辆安全
计划 6.2 – 执行 1，然后执行 2，然后执行 3；如果车在斜坡上，那么依次执行 4，5，6，7，8
 6.2.1 使用制动踏板将车辆完全停止
 6.2.2 拉起驻车制动杆 << 跳转到子任务 2.4.4.2 "拉起驻车制动杆" >>

6.2.3 松制动踏板

6.2.4 调整前轮

6.2.5 熄火

6.2.6 拔下钥匙

6.2.7 转向盘锁止

6.2.8 解除安全带

6.3 离开车辆

计划6.3 – 执行1和2；如果此时开门不安全，那么等待直到安全，否则依次执行3，4，5，6，7，8，9，10

6.3.1 关闭车辆电子系统

6.3.2 检查开门是否安全

6.3.3 操作内部门把手

6.3.4 将门推开

6.3.5 将脚从搁脚空间（footwell）移出到路面上

6.3.6 下车

6.3.7 关车门

6.3.8 锁车门

6.3.9 确保其他车门也关闭了

6.3.10 离开

进一步阅读

Harvey, C. and Stanton, N. A. (2013). *Usability Evaluation for In-vehicle Systems*. Boca Raton, FL: CRC Press.

Salmon, P. M., Stanton, N. A., Lenne, M., Jenkins, D. P., Rafferty, L. and Walker, G. (2011) *Human Factors Methods and Accident Analysis: Practical Guidance and Case Study Applications*. Farnham: Ashgate.

Salmon, P. M., Stanton, N. A., Walker, G. H. and Jenkins, D. P. (2009). *Distributed Situation Awareness: Advances in Theory, Measurement and Application to Teamwork*. Farnham: Ashgate.

Stanton, N. A., Salmon, P. M.., Walker, G. H., Baber., C. and Jenkins, D. P. (2013). *Human Factors Methods: A Practical Guide for Engineering and Design*, 2nd edn. Farnham: Ashgate.

参 考 文 献

Aberg, L. and Rimmo, P. (1998). Dimensions of aberrant driver behaviour. *Ergonomics*, 41(1), 39–56.

Ackerman, R.K., 2005. Army intelligence digitizes situational awareness. *Signal* [online]. Available at: http://sncorp.com.

Adams-Guppy, J. R. and Guppy, A. (1995). Speeding in relation to perceptions of risk, utility and driving style by British company car drivers. *Ergonomics*, 38(12), 2525–35.

Ajzen, I. (1991). The theory of planned behaviour. *Organizational Behaviour and Human Decision Processes*, 50(2), 179–211.

Allen, R. E. (ed.). (1984). *The Pocket Oxford Dictionary of Current English*. Oxford: Oxford University Press.

Annett, J. (2002). Target paper: Subjective rating scales: Science or art? *Ergonomics*, 45(14), 966–87.

Annett, J., Duncan, K. D., Stammers, R. B. and Gray, M. J. (1971). *Task Analysis. Department of Employment Training Information Paper 6.* London: HMSO.

Annett, J. and Kay, H. (1957). Knowledge of results and skilled performance. *Occupational Psychology*, 31(2), 69–79.

Annett, J. and Stanton, N. A. (1998) Research and developments in task analysis. *Ergonomics*, 41(11), 1529–36.

——. (2000). *Task Analysis*. London: Taylor & Francis.

Arthur J, W. and Doverspike, D. (1992). Locus of control and auditory selective attention as predictors of driving accident involvement: A comparative longitudinal investigation. *Journal of Safety Research*, 23, 73–80.

Ashleigh, M. J. and Stanton N. A. (2001). Trust, key elements in human supervisory control domains. *Cognition, Work and Technology*, 3(2), 92–100.

Automobile Association. (2000). *2020 Vision: What the Drivers of Today's Cars Think Motoring Will Be Like Twenty Years from Now*. Basingstoke: Automobile Association.

Baber, C. and Stanton, N. A. (1994). Task analysis for error identification: A methodology for designing error tolerant consumer products. *Ergonomics*, 37(11), 1923–41.

Bailly, B., Bellet, T. and Goupil, C. (2003). Drivers' mental representations: Experimental study and training perspectives. In L. Dorn (ed.), *Driver Behaviour and Training*. Aldershot: Ashgate, pp. 359–69.

Bainbridge, L., (1982). Ironies of automation. In J. Rasmussen, K. Duncan and J, Neplat (eds), *New Technology and Human Error*. New York: Wiley, pp. 271–83.

——. (1983). The ironies of automation. *Automatica*, 19(6), 775–9.

——. (1992). Mental models in cognitive skill: The example of industrial process operation. In Y. Rogers, A. Rutherford and P. A. Bibby (eds), *Models in the Mind: Theory, Perspective and Application*. London: Academic Press, pp. 119–43.

Barber, B. (1983). *The Logic and Limits of Trust*. New Brunswick, NJ: Rutgers University Press.

Barley, S. (1990). *The Final Call: Air Disasters ... When Will They Ever Learn?* London: Sinclair-Stevenson.

Baumeister, R. F. (1997). *Evil: Inside Human Cruelty and Violence*. New York: Freeman.

Baxter, G., Besnard, D. and Riley, D. (2007). Cognitive mismatches in the cockpit: Will they ever be a thing of the past? *Applied Ergonomics*, 38(4), 417–23.

Becker, A. B., Warm, J. S., Dember, W. N. and Hancock, P. A. (1995). Effects of jet engine noise and performance feedback on perceived workload in a monitoring task. *International Journal of Aviation Psychology*, 5, 49–62.

Beggiato, M. and Krems, J. F. (2013). The evolution of mental model, trust and acceptance of Adaptive Cruise Control in relation to initial information. *Transportation Research Part F*, 18, 47–57.

Bell, H. H. and Lyon, D. R. (2000). Using observer ratings to assess situation awareness. In M. R. Endsley (ed.), *Situation Awareness Analysis and Measurement*. Mahwah, NJ: Laurence Earlbaum, pp. 115–30.

Beller, J., Heesen, M. and Vollrath, M. (2013). Improving the driver-automation interaction: an approach using automation uncertainty. *Human Factors*, 55(6), 1130–1141.

Besnard, D., Greathead, D. and Baxter, G. (2004). When mental models go wrong: co-occurrences in dynamic, critical systems. *International Journal of Human–Computer Studies*, 60, 117–28.

Bies, R. J. and Tripp, T. M. (1996). Beyond distrust: 'Getting even' and the need for revenge. In R. M. Kramer and T. Tyler (eds), *Trust in Organizations*. Newbury Park, CA: Sage, pp. 246–60.

Billings, C. E. (1991). Human-centred aircraft automation: A concept and guidelines. NASA technical memorandum, NASA TM-103885, Ames Research Center, CA.

Blockey, P. N. and Hartley, L. R. (1995). Aberrant driver behaviour: Errors and violations. *Ergonomics*, 38, 1759–71.

Boehm-Davies, D. A,, Curry, R. E., Wiener, E. L. and Harrison, R. L. (1983). Human factors of flight deck automation. *Ergonomics*, 26, 953–61.

Bonner, J. V (1998). Towards consumer product interface design guidelines. In N. A. Stanton (ed.), *Human Factors in Consumer Products*. London: Taylor & Francis, pp. 239–58.

Braver, E. R., McCartt, A. T., Sherwood, C. P., Zuby, D. S., Blanar, L. and Scerbo, M. (2010). Front air bag nondeployments in frontal crashes fatal to drivers or right-front passengers. *Traffic Injury Prevention*, 11, 178–87.

Breckenridge, R. and Dodd, M. (1991). Locus of control and alcohol effects on performance in a driving simulator. *Perceptual and Motor Skills*, 72, 751–6.

Brewer, W.F. (1987). Schemas versus mental models in human memory. In P. Morris (ed.), *Modelling Cognition*. Chichester: Wiley, pp. 187–97.

Brooke, J. (1996). SUS: a 'quick and dirty' usability scale. In P. W. Jordan, B. Thomas, B. A. Weerdmeester and A. L. McClelland (eds), *Usability Evaluation in Industry*. London: Taylor & Francis, pp. 189–94.

Brookhuis, K. A. (1993). The use of physiological measures to validate driver monitoring. In A. M. Parkes and S. Franzen (eds), *Driving Future Vehicles*. London: Taylor & Francis, pp. 365–76.

Brookhuis, K. A., van Driel, C. J. G., Hof, T., van Arem, B. and Hoedemaeker, M. (2008). Driving with a congestion assistant: mental workload and acceptance. *Applied Ergonomics*, 40, 1019–25.

Broughton, J. and Markey, K. (1996). *In Car Equipment to Help Drivers Avoid Accidents*. TRL Report 198.

Brown, I. (1990). Drivers' margins of safety considered as a focus for research on error. *Ergonomics*, 33(10–11), 1307–14.

——. (2001). A review of the 'looked-but-failed-to-see' accident causation factor. Paper presented at the Department of Environment, Transport and the Regions Conference on Driver Behaviour, Manchester, England.

Burns, P. C. and Lansdown, T. C. (2000). E-distraction: The challenges for safe and usable internet services in vehicles, http://www-nrd.nhtsa.dot.gov/departments/Human%20Factors/driver-distraction/PDF/29.PDF.

Caramazza, A., McClosckey, M. and Green, B. (1981). Naïve beliefs in 'sophisticated' subjects: Misconceptions about trajectories of objects. *Cognition*, 9, 117–23.

Carlsmith, K. M., Wilson, T. D. and Gilbert, D. T. (2008). The paradoxical consequences of revenge. *Journal of Personality and Social Psychology*, 95, 1316–24.

Chapanis, A. (1999). *The Chapanis Chronicles: 50 Years of Human Factors Research, Education, and Design*. Santa Barbara, CA: Aegean Publishing Company.

Cherns, A. (1976). The principles of sociotechnical design. *Human Relations*, 29(8), 783–92.

Civil Aviation Authority (1989). *Traffic Distribution Policy for the London Area: Strategic Options for the Long-Term*. London: Civil Aviation Authority.

Clegg, C.W. (2000). Sociotechnical principles for system design. *Applied Ergonomics*, 31, 463–77.

Cox, T. and Griffiths, A. (1995). The nature and measurement of work stress: Theory and practice. In J.R. Wilson and E.N. Corlett (eds), *Evaluation of Human Work: A Practical Ergonomics Methodology*. London: Taylor & Francis, pp. 783–803.

Coyne, P. (2000). *Roadcraft: The Police Driver's Manual*. London: TSO.

Crolla, D. A., Chen, D. C., Whitehead, J. P. and Alstead, C. J. (1998). Vehicle handling assessment using a combined subjective-objective approach. SAE Paper No. 980226, Proceedings of the SAE World Congress and Exposition, Detroit.

Crandall, B., Klein, G. and Hoffman, R. (2006). *Working Minds: A Practitioner's Guide to Cognitive Task Analysis.* Cambridge, MA: MIT Press.

Curtis, C. A. (1983). *Handling Analysis and the Weekly Road-Tests of Motor Road Vehicle Handling C114/83.* Bury St. Eaton: National Mechanical Engineering Publications Limited, Automobile Division of the Institution of Mechanical Engineers, pp. 107–12.

Davis, L. E. (1977). Evolving alternative organisation designs: Their sociotechnical bases. *Human Relations*, 30(3), 261–73.

De Quervain, D. J-F., Fischbacher, U., Treyer, V., Schellhammer, M., Schnyder, U., Buck, A. and Fehr, E. (2004). The neural basis of altruistic punishment. *Science*, 305, 1254–8.

De Waard, D., van der Hulst, M., Hoedemaeker, M. and Brookhuis, K. A. (1999). Driver behavior in an emergency situation in the automated highway system. *Transportation Human Factors*, 1, 67–82.

De Winter, J. C. F., Wieringa, P. A., Kuipers, J., Mulder, J. A. and Mulder, M. (2007). Violations and errors during simulation-based driver training. *Ergonomics*, 50(1), 138–58.

Desmond, P. A., Hancock, P. A. and Monette, J. L. (1998). Fatigue and automation-induced impairments in simulated driving performance. *Transportation Research Record*, 1628, 8–14.

Deutsch, M. (1960). The effect of motivational orientation upon trust and suspicion. *Human Relations*, 13, 123–39.

Di Stefano, M. D. and Macdonald, W. (2003). Assessment of older drivers: Relationships among on-road errors, medical conditions and test outcome. *Journal of Safety Research*, 34, 415–29.

Dingus, T. A., Antin, J. F., Hulse, M. C. and Wierwille, W. W. (1988). Human factors issues associated with in-car navigation system usage. In Anonymous (ed.), *An Overview of Two In-Car Experimental Studies. Proceedings of the Human Factors Society 32nd Annual Meeting.* Santa Monica: HFES, pp. 1448–52.

Dollard, J., Doob, L. W., Miller, N. E., Mowrer, O, H. and Sears, R, R. (1939). *Frustration and Aggression.* New Haven: Yale University Press.

Duncan, J., Williams, P. and Brown, I. (1991). Components of driving skill: Experience does not mean expertise. *Ergonomics*, 34, 919–37.

Easterbrook, J. A. (1959). The effect of emotion on cue utilisation and the organisation of behaviour. *Psychological Review*, 66, 183–201.

Efrat, K. and Shoham, A. (2013). The theory of planned behaviour, materialism, and aggressive driving. *Accident Analysis & Prevention*, 59, 459–65.

Elliott, M. A., Armitage, C. J. and Baughan, C. J. (2005). Exploring the beliefs underpinning drivers' intentions to comply with speed limits. *Transportation Research Part F*, 8(6), 459–79.

Embrey, D. E. (1986). SHERPA: A systematic human error reduction and prediction approach. Paper presented at the International Meeting on Advances in Nuclear Power Systems, Knoxville, Tennessee.

Endsley, M. R. (1988). Situation awareness global assessment technique (SAGAT). In *Proceedings of the National Aerospace and Electronics Conference (NAECON)*. New York: IEEE, pp. 789–95.

——. (1995). Toward a theory of situation awareness in dynamic systems. *Human Factors*, 37, 32–64.

——. (2000). Direct measurement of situation awareness: validity and use of SAGAT. In M. R. Endsley and D. G. Garland (eds), *Situation Awareness Analysis and Measurement*. Mahwah, NJ: Lawrence Erlbaum.

——. (2015). Situation awareness: operationally necessary and scientifically grounded. *Cognition, Technology and Work*, online.

Endsley, M. R., Bolte, B. and Jones, D. E. (2003). *Designing for Situation Awareness: An Approach to User-Centred Design*. London: Taylor & Francis.

Endsley, M. R. and Garland, D. J. (2000). Pilot situation awareness training in general aviation. *Proceedings of the Human Factors and Ergonomics Society Annual Meeting*, 44(11), 357–60.

——. (2000). *Situation Awareness Analysis and Measurement*. Mahwah, NJ: Lawrence Erlbaum.Ericson, K. (1996). *The Road to Excellence: The Acquisition of Expert Performance in the Arts and Sciences, Sports and Games*. Mahwah, NJ: Lawrence Erlbaum.

Ericsson, K. A. and Simon, H. A. (1993). *Protocol Analysis: Verbal Reports as Data*. Cambridge, MA: MIT Press.

Eysenck, M. W and Keane, M.T. (1990). *Cognitive Psychology: A Student's Handbook*. Mahwah, NJ: Lawrence Erlbaum.

Fairclough, S. (1993). Psychophysiological measures of workload and stress. In A.M. Parkes and S. Franzen (eds), *Driving Future Vehicles*. London: Taylor & Francis, pp. 377–90.

Fairclough, S. H., May, A. J. and Carter, C. (1997). The effect of time headway feedback on following behaviour. *Accident Analysis and Prevention*, 29, 387–97.

Farber, G. (1999). SAE safety and human factors standards for ITS: Driver access to navigation systems in moving vehicles. Paper presented at Latest Developments in Intelligent Car Safety Systems, Mayfair, London, September.

Field, E. and Harris, D. (1998). A comparative survey of the utility of cross-cockpit linkages and autoflight systems' back feed to the control inceptors of commercial aircraft. *Ergonomics*, 41(10), 1462–77.

Fitts, P. M. (1951). *Human Engineering for an Effective Air Navigation and Traffic Control System*. Washington DC: National Research Council.

Fitzhugh, E. W., Hoffman, R. R. and Miller, J. E. (2011). Active trust management. In N. A Stanton (ed.), *Trust in Military Teams*. Aldershot: Ashgate, pp. 197–218.

Fracker, M. (1991). Measures of situation awareness: Review and future directions (U). Final report for period January 1990 to January 1991. Available at: http://www.dtic.mil/dtic/tr/fulltext/u2/a262672.pdf.

French D. J., West R. J., Elander J. and Wilding J. M. (1993). Decision making style, driving style and self-reported involvement in road traffic accidents. *Ergonomics*, 36, 627–44.

Fuller, R. (1984). A conceptualisation of driving behaviour as threat avoidance. *Ergonomics*, 27(11), 1139–55.

Geels-Blair, K., Rice, S. and Schwark, J. (2013). Using system-wide trust theory to reveal the contagion effects of automation false alarms and misses on compliance and reliance in a simulated aviation task. *International Journal of Aviation Psychology*, 23(3), 245–66.

Glendon, A. I. (2007). Driving violations observed: An Australian study. *Ergonomics*, 50, 1159–82.

Godthelp, H., Farber, B., Groeger, J. and Labiale, G. (1993). Driving: Task and environment. In J. A. Michon (ed.), *Generic Intelligent Driver Support: A Comprehensive Report of GIDS*. London: Taylor & Francis, pp. 19–32.

Godthelp, H. and Käppler, W. D. (1988). Effects of vehicle handling characteristics on driving strategy. *Human Factors*, 30(2), 219–29.

Golembiewski, R.T. and McConkie, M. (1975). The centrality of interpersonal trust in group process. In C. L. Cooper (ed.), *Theories of Group Processes*. London: John Wiley & Sons, pp. 131–85.

Goom, M. (1996). Real world constraints on the allocation of functions. In S. A. Robertson (ed.), *Contemporary Ergonomics*. London: Taylor & Francis, pp. 300–305.

Gopher, D. and Kimchi, R. (1989). Engineering psychology. *Annual Review of Psychology*, 40, 431–55.

Grayson, G. B. and Crinson, L., (2004). Profile of the British learner driver. In G. Underwood (ed.), *Traffic and Transport Psychology, Theory and Application*. London: Elsevier, (pp. 157–70..

Green, D. M. and Swets, J. A. (1966). *Signal Detection Theory and Psychophysics*. London: John Wiley & Sons.

Gregoire, Y., Tripp, T. M. and Legoux, R. (2009). When customer love turns into lasting hate: The effects of relationship strength and time on customer revenge and avoidance. *Journal of Marketing*, 73, 18–32.

Groeger, J. A. (1997). *Memory and Remembering: Everyday Memory in Context*. Harlow: Longman.

Gstalter, H. and Fastenmeier, W. (2010). Reliability of drivers in urban intersections. *Accident Analysis and Prevention*, 42(1), 225–34.

Gugerty, L. J. (1997). Situation awareness during driving: Explicit and implicit knowledge in dynamic spatial memory. *Journal of Experimental Psychology: Applied*, 3(1), 42–66.

——. (1998). Evidence from a partial report task for forgetting in dynamic spatial memory. *Human Factors*, 40(3), 498–508.

Gulian, E., Glendon, A. I., Matthews, G., Davies, D. R. and Debney, L. M. (1990). The stress of driving: A diary study. *Work and Stress*, 4, 7–16.

Hancock, P. A., Billings, D. R., Schaefer, K. E., Chen, J. Y. C., De Visser, E. J. and Parasuraman, R. (2011). A meta-analysis of factors affecting trust in human-robot interaction. *Human Factors*, 53(5), 517–27.

Hancock, P. A. and Verwey, W. B. (1997). Fatigue, workload and adaptive driver systems. *Accident Analysis and Prevention*, 29, 495–506.

Hancock, P. A., Wulf, G., Thom, D. and Fassnacht, P. (1990). Driver workload during differing driving manoeuvres. *Accident Analysis and Prevention*, 22, 281–90.

Hart, S. G. and Staveland, L. E. (1988). Development of NASA-TLX (Task Load Index): Results of empirical and theoretical research. In P. A. Handcock and N. Meshkati (eds), *Human Mental Workload*. Amsterdam: Elsevier Science, pp. 139–83.

Harvey, C. and Stanton, N. (2013). Modelling the hare and the tortoise: predicting the range of in-vehicle task times using critical path analysis. *Ergonomics*, 56(1), 16–33.

Hennessy, D.A. and Wiesenthal, D. L. (1997). The relationship between traffic congestion, driver stress and direct versus indirect coping behaviours. *Ergonomics*, 40, 348–61.

Hewstone, M., Stroebe, W. and Stephenson, G. M. (1996). *Introduction to Social Psychology*, 2nd edn. Malden: Blackwell.

Hilburn, B. (1997). Dynamic decision aiding: The impact of adaptive automation on mental workload. In D. Harris (ed.), *Engineering Psychology and Cognitive Ergonomics*. Aldershot: Ashgate, pp. 193–200.

Hoffman, E. R. and Joubert, P. N. (1968). Just noticeable differences in some vehicle handling variables. *Human Factors*, 10(3), 263–72.

Hoffman, R. R., Johnson, M., Bradshaw, J. M. and Underbrink, A. (2013). Trust in automation. *IEEE Intelligent Systems*, 1541–672, 84–8.

Hogg, D. N., Folleso, K., Strand-Volden, F. and Torralba, B. (1995). Development of a situation awareness measure to evaluate advanced alarm systems in nuclear power plant control rooms. *Ergonomics*, 38(11), 2394–413.

Holland, C.A. (1993). Self-bias in older drivers' judgements of accident likelihood. *Accident Analysis and Prevention*, 25, 431–41.

Hollnagel, E. and Woods, D. D. (2005). *Joint Cognitive Systems: Foundations of Cognitive Systems Engineering*. London: Taylor & Francis.

Holmes, T.H. and Rahe, R. H. (1967). The social readjustment rating scale. *Journal of Psychomatic Research*, 11, 213–18.

Horswill, M. S. and Coster, M. E. (2002). The effect of vehicle characteristics on drivers' risk-taking behaviour. *Ergonomics*, 4(2), 85-104

Horswill, M. S. and McKenna, F. P. (1999). The development, validation, and application of a video-based technique for measuring an everyday risk-taking behaviour: Drivers' speed choice. *Journal of Applied Psychology*, 84(6), 977–85.

Hutchins, E, L. (1995). How a cockpit remembers its speed. *Cognitive Science*, 19, 265–88.

Jackson, J. S. H. and Blackman, R. (1994). A driving simulator test of Wilde's risk homeostasis theory. *Journal of Applied Psychology*, 79(6), 950–958.

Jacobson, M. A. I. (1974). Safe car handling factors. *Journal of Automotive Engineering*, 6–15.

Jenkins, D.P., Stanton, N.A., Salmon, P.M. and Walker, G.H. (2009). *Cognitive Work Analysis: Coping with Complexity*. Ashgate: Farnham.

Jensen, R. S. (1997). The boundaries of aviation psychology, human factors, aeronautical decision making, situation awareness, and crew resource management. *International Journal of Aviation Psychology*, 7(4), 259–67.

Joint, M. (1995). Road rage. Transport Research Laboratory, TRID Database.

Johnson, C. W.(2005). *What are Emergent Properties and How Do They Affect the Engineering of Complex Systems?* Glasgow: Elsevier Ltd.

Johnson-Laird, P. N. (1989). Mental models. In M. I. Posner (ed.), *Foundations of Cognitive Science*. Cambridge, MA: MIT Press, pp. 469–99.

Jones, D. G. and Endsley, M. R. (1996). Sources of situation awareness errors in aviation. *Aviation, Space, and Environmental Medicine*, 67(6), 507–12.

Jordan, P. W. (1998). Human factors for pleasure in product use. *Applied Ergonomics*, 29, 25–33.

——. (1999). Pleasure with products: Human factors for body, mind and soul. In W. S. Green and P. W. Jordan (eds), *Human Factors in Product Design: Current Practice and Future Trends*. London: Taylor & Francis, pp. 206–17.

Joy, T. J. P. and Hartley, D. C. (1953-54). Tyre characteristics as applicable to vehicle stability problems. *Proceedings of the Institution of Mechanical Engineers, (Auto. Div.)*, 6, 113–33.

Kaber, D. B. and Endsley, M. R. (1997). Out-of-the-loop performance problems and the use of intermediate levels of automation for improved control system functioning and safety. *Process Safety Progress*, 16, 126–31.

Kantowitz, B. H., Hanowski, R. J. and Kantowitz, S. C. (1997). Driver acceptance of unreliable traffic information in familiar and unfamiliar settings. *Human Factors*, 392, 164–76.

Kazi, T. A., Stanton, N. A., Walker, G. H. and Young, M. S. (2007). Designer driving: Drivers' conceptual models and level of trust in Adaptive Cruise Control. *International Journal of Vehicle Design*, 45(3), 339–60.

Keller, D. and Rice, S. (2010). System-wide versus component-specific trust using multiple aids. *Journal of General Psychology*, 137(1), 114–28.

Kelly, G. (1955). *The Psychology of Personal Constructs*. New York: W. W. Norton.

Kelly, K. (1994). *Out of Control: The New Biology of Machines, Social Systems, and the Economic World*. New York: Purseus.

Kempton, W. (1986). Two theories of home heat control. *Cognitive Science*, 10, 75–90.

Kircher, K., Larsson, A. and Hultgren, J. A. (2014). Tactical driving behaviour with different levels of automation. *IEEE Transactions on Intelligent Transportation Systems*, 15(1), 158–67.

Klein, G. and Armstrong, A. A. (2005). Critical decision method. In N. A. Stanton, A. Hedge, E. Salas, H. Hendrick, and K. Brookhaus, (eds), *Handbook of Human Factors and Ergonomics Methods*. Boca Raton, FL: CRC Press, pp. 35–8.

Kluger, A.N. and Adler, S. (1993). Person versus computer-mediated feedback. *Computers in Human Behaviour*, 9, 1–16.

Kontogiannis, T., Kossiavelou, Z. and Marmaras, N. (2002). Self-reports of aberrant behaviour on the roads: Errors and violations in a sample of Greek drivers. *Accident Analysis & Prevention*, 34, 381–99.

Kramer, R. M. and Tyler, T. R. (1996). *Trust in Organizations: Frontiers of Theory and Research*. Newbury Park, CA: Sage.

Lajunen, T. and Summala, H. (1995). Driving experience, personality, and skill and safety-motive dimensions in drivers' self-assessments. *Personality and Individual Differences*, 19, 307–18.

Larsson, A. F. L. (2012). Driver usage and understanding of Adaptive Cruise Control. *Applied Ergonomics*, 43, 501–6.

Lechner, D. and Perrin, C. (1993). The actual use of the dynamic performances of vehicles. *Journal of Automobile Engineering*, 207, 249–56.

Lee, J. and Moray, N. (1992). Trust, control strategies and allocation of function in human–machine systems. *Ergonomics*, 35(10), 1243–70.

———. (1994). Trust, self-confidence, and operators' adaptation to automation. *International Journal of Human-Computer Studies*, 40, 153–84.

Lee, J. D. and See, K. A. (2004). Trust in automation: Designing for appropriate reliance. *Human Factors*, 46(1), 50–80.

Leplat, J. (1978). Factors determining workload. *Ergonomics*, 21, 143–9.

Lewandowsky, S. Mundy, M. and Tan, G (2000). The dynamics of trust: Comparing humans to automation. *Journal of Experimental Psychology: Applied*, 6(2), 104–23.

Loasby, M. (1995). Is refinement and i.c.e. eroding good handling? *Automotive Engineer*, 20(1), 2–3.

Lucidi, F., Giannini, A. M., Sgalla, R., Mallia, L, Devoto, A. and Reichmann, S. (2010). Young novice driver subtypes: Relationship to driving violations, errors and lapses. *Accident Analysis & Prevention*, 42(6), 1689–96.

Lyons, G., Avineri, E. and Farag, S. (2008). Assessing the demand for travel information: Do we really want to know? In *Proceedings of the European Transport Conference*. Noordwijkerhout, Netherlands, October, pp. 1–16.

Ma, R. and Kaber, D. B. (2007). Effects of in-vehicle navigation assistance and performance on driver trust and vehicle control. *International Journal of Industrial Ergonomics*, 37(8), 665–73.

MacGregor, D. G. and Slovic, P. (1989). Perception of risk in automotive systems. *Human Factors*, 31(4), 377–89.

MacMillan, N. A. and Creelman, D. C. (1991). *Detection Theory: A User's Guide*. Cambridge: Cambridge University Press.

Majchrzak, A. (1997). What to do when you can't have it all: Toward a theory of sociotechnical dependencies. *Human Relations*, 50(5), 535–66.

Mansfield, N. J. and Griffin, M. J. (2000). Difference thresholds for automobile seat vibration. *Applied Ergonomics*, 31, 255–61.

Marottoli, R. A. and Richardson, E. D. (1998). Confidence in, and self-rating of, driving ability among older drivers. *Accident Analysis and Prevention*, 30, 331–6.

Marsden, P. (1991). *The Analysis and Allocation of Function: A Review of Recent Literature*. Wigan: Human Reliability Associates.

Marsden, P. and Kirby, M. (2005). Allocation of functions. In N. A. Stanton, A. Hedge, K, Brookhuis, E. Salas and H. Hendrick (eds), *Handbook of Human Factors Methods*. London: Taylor & Francis, pp. 338–46.

Matthews, G., Campbell, S., Joyner, L., Huggins, J., Falconer, S. and Gilliland, K. (unpublished) The Dundee Stress State Questionnaire: An initial report. Dundee University.

Matthews, G. and Desmond, P. A. (1995a). Stress as a factor in the design of in-car driving enhancement systems. *Le Travail Humain*, 58, 109–29.

——. (1995b). Stress reactions in simulated driving. *Proceedings of the Symposium on the Design and Validation of Driving Simulators*, Valencia, Spain.

——. (1997). Underload and performance impairment: Evidence from studies of stress and simulated driving. In D. Harris (ed.), *Engineering Psychology and Cognitive Ergonomics*. Aldershot: Ashgate, pp. 355–61.

Matthews, G., Sparkes, T. J. and Bygrave, H. M. (1996). Attentional overload, stress, and simulated driving performance. *Human Performance*, 9, 77–101.

McFadden, S. M., Giesbrecht, B. L and Gula, C. A. (1998). Use of an automatic tracker as a function of its reliability. *Ergonomics*, 41(4), 512–36.

McKnight, A. J. and Adams, B, G. (1970). Driver education task analysis task descriptions, U.S. Department of Transportation Technical Report HS 800 367.

McRuer, D. T., Allen, R. W., Weir, D. H. and Klein, R., H. (1977) New results in driver steering control model. *Human Factors*, 19, 381–97.

Medina, A. L., Lee, S. E., Wierwille, W. W. and Hanowski, R. J. (2004). Relationship between infrastructure, driver error, and critical incidents. In *Proceedings of the Human Factors and Ergonomics Society 48th Annual Meeting*. Thousand Oaks, CA: Sage, pp. 2075–80.

Meister, D. (1989). *Conceptual Aspects of Human Factors*. Baltimore: Johns Hopkins University Press.

——. (1990). Simulation and modeling, In J. R. Wilson and E. N. Corlett (eds), *Evaluation of Human Work: A Practical Ergonomics Methodology*. London: Taylor & Francis, pp. 202–28.

Memon, A. and Young, M. (1997). Desperately seeking evidence: The recovered memory debate. *Legal and Criminological Psychology*, 2, 131–54.

Merritt, S. M. (2011). Affective processes in human-automation interactions. *Human Factors*, 53(4), 356–70.

Merritt, S. M., Heimbaugh, H., LaChapell, J. and Lee, D. (2013). I trust it, but I don't know why: Effects of implicit attitudes toward automation on trust in an automated system. *Human Factors*, 55, 520–34.

Merritt, S. M. and Ilgen, D. R. (2008). Not all trust is created equal: Dispositional and history-based trust in human-automation interactions. *Human Factors*, 50(2), 194–210.Michon. J.A. (1993). *Generic Intelligent Driver Support*. London: Taylor & Francis.

Montag, I. and Comrey, A. L. (1987). Internality and externality as correlates of involvement in fatal driving accidents. *Journal of Applied Psychology*, 72, 339–43.

Moray, N. (1999). The psychodynamics of human-machine interaction. In D. Harris (ed.), *Engineering Psychology and Cognitive Ergonomics: Vol. 4*. Aldershot: Ashgate, pp. 225–35.

———. (2004). Ou' sont les neiges d'antan? In D. A. Vincenzi, M. Mouloua, and P. A. Hancock (eds), *Human Performance, Situation Awareness and Automation; Current Research and Trends*. Mahwah, NJ: Lawrence Erlbaum, pp. 1–31.

Mourant, R. R. and Rockwell, T. H (1972). Strategies of visual search by novice and experienced drivers. *Human Factors*, 14(4), 325–35.Motor (1978). *Motor Road Test Annual 1978*. London: IPC.

Muir, B. M. (1994). Trust in automation: Part I. Theoretical issues in the study of trust and human intervention in automated systems. *Ergonomics*, 37(11), 1905–22.

Muir B. M. and Moray, N. (1996). Trust in automation. Part II. Experimental studies on trust and human intervention in a process control simulation. *Ergonomics*, 39, 429–61.Najm, W. G., Mironer, M., Koziol, J. S., Wang, J. S. and Knipling, R. R. (1995). Examination of target vehicular crashes and potential ITS countermeasures. Report for Volpe National Transportation Systems Center, May.

National Transportation Safety Board (1995) Factors that affect fatigue in heavy truck accidents, Safety Study NTSB/SS-95/01, 1–2.

Neal, H. and Nichols, S. (2001). Theme-based content analysis: A flexible method for virtual environment evaluation. *International Journal of Human Computer Studies*, 55, 167–89.

Neisser, U. (1976). *Cognition and Reality: Principles and Implications of Cognitive Psychology*. San Francisco: Freeman.

Newcombe, T. P. and Spurr, R. T. (1971). Friction materials for brakes. *Tribology*, 4(2), 75–81.

Nilsson, L. (1995). Safety effects of Adaptive Cruise Control in critical traffic situations. In *Proceedings of the Second World Congress on Intelligent Transport Systems: 'Steps Forward', Volume III*. Tokyo: VERTIS, pp. 1254–9.

Norman, D. A. (1981) Categorisation of action slips. *Psychological Review*, 88(1) 1–15.

——. (1988) *The Psychology of Everyday Things*. New York: Basic Books.

——. (1989). *The Design of Everyday Things*. New York: Currency-Doubleday.

——. (1990). The 'problem' with automation: Inappropriate feedback and interaction, not 'overautomation'. *Philosophical Transaction of the Royal Society of London*, B, 327, 585–93.

——. (1993). *Things That Make Us Smart*. New York: Basic Books.

——. (1998). *The Design of Everyday Things*. Cambridge, MA: MIT Press.

Nunney, M. J. (1998). *Light and Heavy Vehicle Technology*, 3rd edn. Oxford: Butterworth-Heinemann.

O'Hare, D., Wiggins, M., Williams, A. and Wong, W. (1998). Cognitive task analyses for decision centred design and training. *Ergonomics*, 41(11), 1698–718.

——. (2000). Cognitive task analyses for decision centred design and training. In J. Annett and N. A. Stanton (eds), *Task Analysis*. London: Taylor & Francis, pp. 170–90.

Okada, Y. (1992), Human characteristics at multi-variable control when the operator changes over the plant-lines. *Ergonomics*, 35, 513–23.

OSEK (2000). Open systems and the corresponding interfaces for automotive electronics. Available at: http://www.osek-vdx.org.

Oz, B., Ozkan, T. and Lajunen, T. (2010). An investigation of the relationship between organizational climate and professional drivers' driver behaviours. *Safety Science*, 48(10), 1484–9.

Palat, B. and Delhomme, P. (2012). What factors can predict why drivers go through yellow traffic lights? An approach based on an extended theory of planned behaviour. *Safety Science*, 50(3), 408–17.

Parasuraman, R. (1987). Human-computer monitoring. *Human Factors*, 29, 695–706.

Parasuraman, R. and Riley, J. (1997). Humans and automation: Use, misuse, disuse, abuse. *Human Factors*, 39, 230–53. Parasuraman, R., Sheridan, T. B. and Wickens, C. D. (2000). A model of types and levels of human interaction with automation, *IEEE Transactions on Systems, Man and Cybernetics*, 286–97.

Parasuraman, R. and Wickens, C. (2008). Humans: Still vital after all these years of automation. *Human Factors*, 50(3), 511–20.

Paris, H. and Van Den Broucke, S. (2008). Measuring cognitive determinants of speeding: An application of the theory of planned behaviour. *Transportation Research Part F*, 11(3), 168–80.

Parker, D., Lajunen, T. and Stradling, S. (1998). Attitudinal predictors of interpersonally aggressive violations on the road. *Transportation Research Part F: Traffic Psychology and Behaviour*, 1(1), 11–24.

Parkes, K. R. (1984). Locus of control, cognitive appraisal, and coping in stressful episodes. *Journal of Personality and Social Psychology*, 46, 655–68.

Payne, S. (1991). A descriptive study of mental models. *Behaviour & Information Technology*, 10, 3–21.

Price, H. E. (1985) The allocation of system functions. *Human Factors*, 27, 33–45.

Rasmussen, J. (1986). *Information Processing and Human–Machine Interaction*. Amsterdam: North-Holland.

——. (1997). Risk management in a dynamic society: A modelling problem. *Safety Science*, 27(2), 183–213.

Rasmussen, J., Pejtersen, A. M. and Goodstein, L. P. (1994). *Cognitive Systems Engineering*. New York: Wiley.

Regan, I. J. and Bliss, J. P. (2013). Perceived mental workload, trust, and acceptance resulting from exposure to advisory and incentive based intelligent speed adaptation systems. *Transportation Research Part F*, 21, 14-29.

Regan, M., Lee, J. D. and Young, K. (Eds) (2008). *Driver Distraction: Theory, Effects and Mitigation*. Boca Raton, FL: CRC Press.

Reason, J. (1990). *Human Error*. Cambridge: Cambridge University Press.

——. (1997). *Managing the Risks of Organisational Accidents*. Burlington, VT: Ashgate.

——. (2008). *The Human Contribution: Unsafe Acts, Accidents and Heroic Recoveries*. Aldershot: Ashgate.

Reason, J., Manstead, A., Stradling, S., Baxter, J. and Campbell, K. (1990). Errors and violations on the roads: A real distinction? *Ergonomics*, 33(10–11), 1315–32.

Regan, M. A., Lee, J. D. and Victor, T. W. (2013). *Driver Distraction and Inattention: Advances in Research and Countermeasures, Volume 1*. Farnham: Ashgate.

Reinartz, S. J. and Gruppe, T. R. (1993). Information requirements to support operator-automatic cooperation. Paper presented at the Human Factors in Nuclear Safety Conference, London, 22–23 April.

Rempel, J. K., Holmes, J. G. and Zanna, M. P. (1985). Trust in close relationships. *Journal of Personality and Social Psychology*, 49(1), 95–112.

Rice, S. (2009). Examining single and multiple-process theories of trust in automation. *Journal of General Psychology*, 136(3), 303–19.

Richardson, M., Barber, P., King, P., Hoare, E. and Cooper, D. (1997). Longitudinal driver support systems. *Proceedings of Autotech '97 Conference*. London: I.Mech.E, pp. 87–97.

Rips, L. J. (1986). Mental muddles. In M. Brand and R. M. Harnish (eds), *The Representation of Knowledge and Belief*. Tucson: University of Arizona Press, pp. 258–86.

Ritzer, G. (1993). *The McDonaldization of Society*. London: Pine Forge Press.

Robson, G. (1997). *Cars in the UK: A Survey of All British Built and Officially Imported Cars Available in the United Kingdom since 1945: Vol 2: 1971 to 1995*. Croydon: Motor Racing Publications Ltd.

Rogers, S. B. and Wierwille, W. W. (1988). The occurrence of accelerator and brake pedal actuation errors during simulated driving. *Human Factors*, 30(1), 71–81.

Rose, J. A. and Bearman, C. (2012). Making effective use of task analysis to identify human factors issues in new rail technology. *Applied Ergonomics*, 43(3), 614–24.

Rotter, J. B. (1966). Generalised expectancies for internal versus external locus of control reinforcement. *Psychological Monographs*, 33(1), 300–303.

——. (1967). A new scale for the measurement of interpersonal trust. *Journal of Personality*, 35, 651–65.

——. (1971). Generalized expectancies for interpersonal trust. *American Psychologist*, 26, 443–52.

——. (1980). Interpersonal trust, trustworthiness, and gullibility. *American Psychologist*, 35, 1–7.

Sabey, B. E. and Staughton, G. C. (1975). Interacting roles of road environment, vehicle and road user in accidents. Paper presented to the 5th International Conference of the International Association of Accident and Traffic Medicine, London, England, 1–5 September.

Sabey, B. E. and Taylor, H. (1980). The known risks we run: The highway. In R. C. Schwing and W. A. Albers Jr. (eds), *Societal Risk Assessment: How Safe is Safe Enough?* New York: Plenum Press, pp. 43–70.

Salmon, P. M., Lenne, M. G., Walker, G. H., Stanton, N. A. and Filtness, A. (2014). Exploring schema-driven differences in situation awareness across road users: an on-road study of driver, cyclist and motorcyclist situation awareness. *Ergonomics*, 57(2), 191–209.

Salmon, P. M., Lenné, M. G., Young, K. L. and Walker, G. H. (2013). A network analysis-based comparison of novice and experienced driver situation awareness at rail level crossings. *Accident Analysis and Prevention*, 58, 195–205.

Salmon, P. M., Stanton, N. A., Regan, M., Lenne, M. and Young, K. (2007). Work domain analysis and road transport: Implications for vehicle design. *International Journal of Vehicle Design*, 45(3), 426–48.

Salmon P. M., Stanton N. A., Walker G. H. and Green D. (2006). Situation awareness measurement: A review of applicability for C4i environments. *Applied Ergonomics*, 37, 225–38.

Salmon P. M., Stanton N. A., Walker G. H. and Jenkins D. P. (2009). *Distributed Situation Awareness: Theory, Measurement and Application to Teamwork*. Aldershot: Ashgate.

Salmon, P. M., Stanton, N. A. and Young, K. L. (2012). Situation awareness on the road: Review, theoretical and methodological issues, and future directions. *Theoretical Issues in Ergonomics Science*, 13(4), 472–92.

Sanders, M. S. and McCormick, E. J. (1993). *Human Factors in Engineering and Design*. New York: McGraw-Hill.

Sarter, N. B. and Woods, D. P. (1997). Team play with a powerful and independent agent: Operational experiences and automation surprises on the airbus A-320. *Human Factors*, 39(4), 553–69.

Schlegel, R. E. (1993). Driver mental workload. In B. Peacock., and Karwowski, W. (eds), *Automotive Ergonomics*. London: Taylor & Francis, pp. 359–82.

Schmidt, R. A. (1993). Unintended acceleration: Human performance considerations. In B. Peacock and W. Karwowski (eds), *Automotive Ergonomics*. London: Taylor & Francis, pp. 431–51.

Scott, R., (1992). *Organizations; Rational, Natural, and Open Systems.* Upper Saddle River, NJ: Prentice Hall.

Sebok, A. (2000). Team performance in process control: Influence of interface design and staffing levels. *Ergonomics*, 43, 1210–36.

Segel, L. (1964). An investigation of automobile handling as implemented by a variable-steering automobile. *Human Factors*, 6(4), 333–41.

Seppelt, B. D. and Lee, J. D. (2007). Making Adaptive Cruise Control (ACC) limits visible. *International Journal of Human Computer Studies*, 65, 192–205.

Shinar, D. (1998). Aggressive driving: the contribution of the drivers and the situation. *Transportation Research Part F: Traffic Psychology and Behaviour*, 1(2), 137–60.

Siegel, S. and Castellan, N. Jr. (1988). *Nonparametric Statistics for the Behavioural Sciences.* London: McGraw-Hill.

Simon, F. and Corbett, C. (1996). Road traffic offending, stress, age and accident history among male and female drivers. *Ergonomics*, 39, 757–80.

Singleton, W. T. (1989). *The Mind at Work.* Cambridge: Cambridge University Press.

Sitter, L. U., Hertog, J. F. and Dankbaar, B. (1997). From complex organizations with simple jobs to simple organizations with complex jobs. *Human Relations*, 50(5), 497–536.

Smith, E. A. (2006). *Complexity, Networking and Effects-Based Approaches to Operations.* Washington DC: CCRP Publication Series.

Smith, K. and Hancock, P. A. (1995). Situation awareness is adaptive, externally directed consciousness. *Human Factors*, 37(1), 137–48.

Spath, D., Braun, M. and Hagenmeyer, L. (2006). Human factors and ergonomics in manufacturing and process control. In G. Salvendy (ed.), *Handbook of Human Factors and Ergonomics.* New York: John Wiley & Sons, pp. 1597–626

Stammers, R. B. and Astley, J. A. (1987). Hierarchical task analysis: Twenty years on. In E. D. Megaw (ed.), *Contemporary ergonomics 1987. Proceedings of the Ergonomics Society's 1987 Annual Conference, Swansea, Wales, UK April 6–10, 1987.* London: Taylor & Francis, pp. 135–9.

Stanton, N., A. (1996). *Simulators: Research and Practice.* London: Taylor & Francis.

Stanton, N. A. (2011). *Trust in Military Teams.* Aldershot: Ashgate.

Stanton, N. A. and Ashleigh, M. J. (2000). A field study of team working in a new human supervisory control system. *Ergonomics*, 43(8), 1190–209.

Stanton, N. A., Harris, D., Salmon, P. M., Demagalski, J. M., Marshall, A., Young, M. S., Dekker, S. W. and Waldmann, T. (2006). Predicting design induced piliot error using HET (human error template) – a new formal human error identification method for flight decks. *Aeronautical Journal*, 110(1104), 107–15.

Stanton, N. A. and Marsden, P. (1996). From fly-by-wire to drive-by-wire: Safety implications of vehicle automation. *Safety Science*, 24(1), 35–49.

Stanton, N. A. and Pinto, M. (2000). Behavioural compensation by drivers of a simulator when using a vision enhancement system. *Ergonomics*, 43(9), 1359–70.

Stanton, N. A. and Salmon, P. M. (2009). Human error taxonomies applied to driving: A generic driver error taxonomy and its implications for intelligent transport systems. *Safety Science*, 47(2), 227–37.

Stanton, N. A., Salmon, P. M., Harris, D., Demagalski, J., Marshall, A., Young, M. S., Dekker, S. W. A. and Waldmann, T. (2009). Predicting pilot error: Testing a new method and a multi-methods and analysts approach. *Applied Ergonomics*, 40(3), 464–71.

Stanton, N. A., Salmon, P. M. and Walker, G. H. (2015). Let the reader decide: a paradigm shift for situational awareness in socio-technical systems. *Cognitive Engineering and Decision Making*, online.

Stanton, N. A., Salmon, P. M., Walker, G. H., Baber, C. and Jenkins, D. P. (2005). *Human Factors Methods: A Practical Guide for Engineering and Design*. Aldershot: Ashgate.

Stanton, N. A. and Young, M. S. (1998). Vehicle automation and driver performance. *Ergonomics*, 41, 1014–28.

——. (1999). *A Guide to Methodology in Ergonomics*. London: Taylor & Francis.

——. (2000). A proposed psychological model of driving automation. *Theoretical Issues in Ergonomics Science*, 1, 315–31.

——. (2005). Driver behaviour with Adaptive Cruise Control. *Ergonomics*, 15(48), 1294–313.

Stanton, N. A., Young, M. S. and McCaulder, B. (1997). Drive-by-wire: The case of driver workload and reclaiming control with Adaptive Cruise Control. *Safety Science*, 27(2–3), 149–59. Stanton N. A., Young M. S. and Walker G. H. (2007). The psychology of driving automation: A discussion with Professor Don Norman. *International Journal of Vehicle Design*, 45, 289–306.

Stanton, N. A., Salmon, P. M., Walker, G. H., Baber, C. and Jenkins, D. P. (2013). *Human Factors Methods: A Practical Guide for Engineering and Design*, 2nd edn. Farnham: Ashgate.

Stanton, N. A., Young, M. S., Walker, G. H., Turner, H. and Randle, S. (2001). Automating the driver's control tasks. *International Journal of Cognitive Ergonomics*, 5(3), 221–36.

Stillwell, A. M., Baumeister, R. F. and Del Priore, R. E. (2008). We're all victims here: Toward a psychology of revenge. *Basic and Applied Psychology*, 30, 253–63.

Stokes, A. F., Wickens, C. D. and Kite, K. (1990). *Display Technology: Human Factors Concepts*. Warrendale, PA: SAE.

Stradling, S. G. (2007). Car driver speed choice in Scotland. *Ergonomics*, 50(8), 1196–208.

Sukthankar, R. (1997). Situational awareness for tactical driving. Unpublished doctoral dissertation, Carnegie Mellon University, Pittsburgh.

Swain, A. D., (1980). *Design Techniques for Improving Human Performance in Production*. Albuquerque, NM: A. D. Swain.

Tatersall, A.J. and Morgan, C.A. (1997). The function and effectiveness of dynamic task allocation. In D. Harris (ed.), *Engineering Psychology and Cognitive Ergonomics*. Aldershot: Ashgate, pp. 247–55.

Taylor, R. M. (1990). Situational awareness rating technique (SART): The development of a tool for aircrew systems design. Situational Awareness in Aerospace Operations (AGARD-CP-478). Neuilly Sur Seine, France: NATO-AGARD.

Taylor, R. M. and Selcon, S. J. (1994). Subjective measurement of situation awareness. In Y. Queinnec and F. Danniellou (eds), *Designing for Everyone: Proceedings of the 11th Congress of the International Ergonomics Association*. London: Taylor & Francis, pp. 789–91.

Taylor, R. M., Selcon, S. J. and Swinden, A. D. (1993). Measurement of situational awareness and performance: A unitary SART index predicts performance on a simulated ATC task. In R. Fuller, N. Johnstone and N. McDonald (eds), *Human Factors in Aviation Operations*. Aldershot: Avebury Aviation, pp. 275–80.

Tempest, W. (ed.) (1976). *Infrasound and Low Frequency Vibration*. London: Academic Press.

Tharaldsen, J. E., Mearns, K. and Knudsen, K. (2010). Perspectives on safety: The impact of group membership, work factors and trust on safety performance in UK and Norwegian drilling company employees. *Safety Science*, 48(8), 1062–72.

Tijerina, L., Parmer, E. and Goodman, M. J. (1998). Driver workload assessment of route guidance system destination entry while driving: A test track study. Proceedings of the 5th ITS World Congress, Seoul, Korea.

Treat, J. R., Tumbus, N. S., McDonald, S. T., Shinar, D., Hume, R. D., Mayer, R. E., Stansifer, R. L. and Catellian, N. J. (1979). *Tri-level Study of the Causes of Traffic Accidents: Final Report Volume 1: Causal Factor Tabulations and Assessments*. Indiana: Institute for Research in Public Safety, Indiana University.

Trist, E. and Bamforth, K. (1951). Some social and psychological consequences of the longwall method of coal getting. *Human Relations*, 4, 3–38.

Tucker, P., MacDonald, I., Sytnik, N. I., Owens, D. S. and Folkard, S. (1997). Levels of control in the extended performance of a monotonous task. In S. A. Robertson (ed.), *Contemporary Ergonomics*. London: Taylor & Francis, pp. 357–62.

Verwey, W. B. (1993). How can we prevent overload of the driver? In A. M. Parkes and S. Franzen (eds), *Driving Future Vehicles*. London: Taylor & Francis, pp. 235–44.

Verwey, W. B., Alm, H., Groeger, J. A., Janssen, W. H., Kuiken, M. J., Schraagen, J. M., Schumann, J., Van Winsum, W. and Wontorra, H. (1993). GIDS functions. In J. A. Michon (ed.), *Generic Intelligent Driver Support*. London: Taylor & Francis, pp. 113–46.

Vicente, K.J. (1999). *Cognitive Work Analysis: Toward Safe, Productive, and Healthy Computer-based Work*. Mahwah, NJ: Lawrence Erlbaum

Victor, T. (2000). On the need for attention support systems. *Journal of Traffic Medicine*, 28(25), 23.

Wagenaar, W. A. and Reason, J. T. (1990). Types and tokens in road accident causation. *Ergonomics*, 33, 1365–75.

Walker, G. H., Stanton, N. A. and Chowdhury, I. (2013). Situational awareness and self-explaining roads. *Safety Science: Special Issue on Situational Awareness and Safety*, 56, 18–28.

Walker, G. H., Stanton, N. A., Jenkins, D. P. and Salmon, P. M. (2009). From telephones to iPhones: Applying systems thinking to networked, interoperable products. *Applied Ergonomics*, 40(2), 206–15.

Walker, G. H., Stanton, N. A. and Young, M. S. (2001). Hierarchical task analysis of driving: A new research tool. In M. A. Hanson (ed.), *Contemporary Ergonomics 2001*. London: Taylor & Francis, pp. 435–40.

——. (2006). The ironies of vehicle feedback in car design. *Ergonomics*, 49(2), 161–79.

Walster, E., Walster, G. W. and Berscheid, E. (1978). *Equity: Theory and Research*. Boston, MA: Allyn & Bacon.

Walters, C. H. and Cooner, S., A. (2001), Understanding road rage: Evaluation of promising mitigation measures. Retrieved from the TRID database (Report Number: TX-02/4945-2).

Wang, Z. (1990). Recent developments in ergonomics in China. *Ergonomics*, 33, 853–65.

Warner, H. W. and Sandin, J. (2010). The intercoder agreement when using the Driving Reliability and Error Analysis Method in road traffic accident investigations. *Safety Science*, 48(5), 527–36.

Ward, D. and Woodgate, R. (2004). Meeting the challenge of drive-by-wire electronics. MIRA New Technology 2004. Available at: http://ewh.ieee.org/sb/malaysia/utm/extras/eng_drivebywire.htm.

Weathers, T. and Hunter, C. C. (1984). *Automotive Computers and Control Systems*. Englewood Cliffs, NJ: Prentice Hall.

Weiner, E. L. (1989). Human factors of advanced ('glass cockpit') transport aircraft. NASA CR-177528, Coral Gables, Florida: University of Miami.

Weiner, E. L. and Curry, R. F. (1980). Flight deck automation: Promises and problems. NASA TM-81206. Moffet Field, CA. Weiser, M. (1991). The computer for the 21st century. *Scientific American*, 265, 94–104.

West, R., Elander, J. and French, D. (1992). Decision making, personality and driving style as correlates of individual accident risk: Contractor report 309. Crowthorne, Transport Research Laboratory.

Welford, A. T. (1968). *Fundamentals of Skill*. London: Methuen.

White, J., Selcon, S. J., Evans, A., Parker, C. and Newman, J. (1997). An evaluation of feedback requirements and cursor designs for virtual controls. In D. Harris (ed.), *Engineering Psychology and Cognitive Ergonomics*. Aldershot: Ashgate, pp. 65–71.

Wickens, C. D. (1992). *Engineering Psychology and Human Performance*. New York: HarperCollins.

Wickens, C. D., Gordon, S. E. and Liu, Y. (1998). *An Introduction to Human Factors Engineering*. New York: Longman.

Wickens, C. D. and Kramer, A. (1985). Engineering psychology. *Annual Review of Psychology*, 36, 307–48.

Wiegmann, D. A. and Shappell, S. A. (2003). *A Human Error Approach to Aviation Accident Analysis. The Human Factors Analysis and Classification System*. Burlington, VT: Ashgate.

Wierwille, W. W., Hanowski, R. J., Hankey, J. M., Kieliszewski, C. A., Lee, S. E., Medina, A., Keisler, A. S. and Dingus, T. A. (2002). Identification and evaluation of driver errors: overview and recommendations. U.S Department of Transportation, Federal Highway Administration, Report No. FHWA-RD-02-003.

Wilde, G. J. S. (1982). The theory of risk homeostasis: implications for safety and health. *Risk Analysis*, 2, 209–25.

——. (1994). *Target Risk*. Ontario: PDE Publications.Wildervanck, C., Mulder, G. and Michon, J. A. (1978). Mapping mental load in car driving. *Ergonomics*, 21, 225–9.

Wilson, J. R. and Rajan, J. A. (1995). Human-machine interfaces for systems control. In J. R. Wilson and E. N. Corlett (eds), *Evaluation of Human Work: A Practical Ergonomics Methodology*. London: Taylor & Francis, pp. 357–405.

Woods, D. D. (1988). Coping with complexity: The psychology of human behaviour in complex systems. In L.P. Goodstein, H. B. Anderson and S. E. Olson (eds), *Tasks, Errors and Mental Models: A Festschrift to Celebrate the 60th Birthday of Professor Jens Rasmussen*. London: Taylor & Francis, pp. 128–48.

Woods, D. D. and Cook, R. I. (2002). Nine steps to move forward from error. *Cognition Technology and Work*, 4(2), 137–44.

World Health Organization (WHO), (2004). World report on road traffic injury prevention. World Health Organisation Report.

Wortman, C. B. and Loftus, E. F. (1992). *Psychology*, 4th edn. New York: McGraw-Hill.

Wu, J.D., Lee, T.H. and Bai, M.R. (2003). Background noise cancellation for hands-free communication system of car cabin using adaptive feedforward algorithms. *International Journal of Vehicle Design*, 31, 440–51.

Xie, C. and Parker, D. (2002). A social psychological approach to driving violations in two Chinese cities. *Transportation Research Part F*, 5, 293–308.

Yagoda, R. E. (2011). What! You want me to trust a robot? The development of a human robot (HRI) trust scale. Unpublished thesis, North Carolina State University.

Yagoda, R. E. and Gillan, D. J. (2012). You want me to trust a robot? The development of a human-robot interaction trust scale. *International Journal of Social Robotics*, 4, 235–48.Yerkes, R. M. and Dodson, J. D. (1908). The relation of strength of stimulus to rapidity of habit formation. *Journal of Comparative Neurology and Psychology*, 18, 459–82.

Young, M. S. and Stanton, N. A. (1997). Automotive automation: Investigating the impact on drivers' mental workload. *International Journal of Cognitive Ergonomics*, 1, 325–36.

——. (2001). Mental workload: theory, measurement and application, In W. Karwowski (ed.), *International Encyclopedia of Ergonomics and Human Factors (Second Edition) – Volume 1.* London: Taylor & Francis, pp. 507–9.

——. (2002a). Attention and automation: New perspectives on mental underload and performance. *Theoretical Issues in Ergonomics Science*, 3(2) 178–94.

——. (2002b). A malleable attentional resources theory: A new explanation for the effects of mental underload on performance. *Human Factors*, 44(3), 365–75.

——. (2007). What's skill got to do with it? Vehicle automation and driver mental workload. *Driver Safety*, 50(8), 1324–39.

Zand, D. E. (1972). Trust and managerial problem solving. *Administrative Science Quarterly*, 17(2), 229–39.

Zuboff, S. (1988). *In the Age of Smart Machines: The Future of Work Technology and Power*. New York: Basic Books.

其他文献

Adams, M. J., Tenney, Y. J. and Pew, R. W. (1995). Situation awareness and the cognitive management of complex systems. *Human Factors*, 37, 85–104.

Anderson, J. R. (1990). *Cognitive Psychology and its Implications*. New York: Freeman.

Annett, J. and Kay, H. (1957). Knowledge of results and skilled performance. *Occupational Psychology*, 31(2), 69–79.

Anonymous (1991). *The Times*, 15 December, p. 8.

Baber, C. (1991). *Speech Technology in Control Room Systems: A Human Factors Perspective*. London: Ellis Horwood.

Bailly, B., Bellet, T. and Goupil, C. (2003). Drivers' mental representations: Experimental study and training perspectives. In L. Dorn (ed.), *Driver Behaviour and Training*. Aldershot: Ashgate, pp. 359–69.

Barber, P. (1988). *Applied Cognitive Psychology*. London: Routledge.

Barnaville, P. (2003). Professional driver training. In L. Dorn (ed.), *Driver Behaviour and Training*. Aldershot: Ashgate, pp. 371–80.

Baxter, G., Besnard, D. and Riley, D. (2007). Cognitive mismatches in the cockpit: Will they ever be a thing of the past? *Applied Ergonomics*, 38, 417–23.

Bedny, G. and Meister, D. (1999). Theory of activity and situation awareness. *International Journal of Cognitive Ergonomics*, 3, 63–72.

Billings, C. E. (1993). *Aviation Automation: The Search for a Human-Centred Approach*. Mahwah, NJ: Erlbaum.

Bliss, J. P. and Acton, S. A. (2003). Alarm mistrust in automobiles: How collision alarm reliability affects driving. *Applied Ergonomics*, 34, 499–509.

Bloomfield, J. R. and Carroll, S. A. (1996). New measures of driving performance. In S.A. Robertson (ed.), *Contemporary Ergonomics*. London: Taylor & Francis, pp. 335–40.

Boon-Heckl, U. (1987). Driver improvement. The meaning and consequences of individually oriented educational approaches to problem drivers as preventive measures in traffic safety. In J. A. Rothengatter and R.A. De Bruin (eds), *Road Users and Traffic Safety*. Assen: Van Gorcum, pp. 157–75.

Boorman, S. (1999). Reviewing car fleet performance after advanced driver training. *Occupational Medicine*, 49, 559–61.

Brown, I. D. and Groeger, J. A. (1988). Risk perception and decision taking during the transition between novice and experienced drivers status. *Ergonomics*, 31, 585–97.

Carrington, P. J., Scott, J. and Wasserman, S. (2005). *Models and Methods in Social Network Analysis*. New York: Cambridge University Press.

Carsten, O. (2005). Mind over matter: Who's controlling the vehicle and how do we know. In G. Underwood (ed.), *Traffic and Transport Psychology*. Oxford: Elsevier, pp. 231–42.

Chase, W. G. and Simon, H. A. (1973). Perception in chess. *Cognitive Psychology*, 4 55–81.

Divey, S. T. (1991). *The Accident Liabilities of Advanced Drivers*. Crowthorne: TRRL.

Dorn, L. and Barker, D. (2005). The effects of driver training on simulated driving performance. *Accident Analysis and Prevention*, 37, 63–9.

Endsley, M. R. and Kaber, D. B. (1999). Level of automation effects on performance, situation awareness and workload in a dynamic control task. *Ergonomics*, 42, 462–92.

Endsley, M. R. and Kiris, E. O. (1995). The out-of-the-loop performance problem and level of control in automation. *Human Factors*, 37, 381–94.

Fancher, P. Ervin, R. and Bogard, S. (1999). Behavioural reactions to advanced cruise control: results of a driving simulator experiment. In R. E. C. M. van der Heijden and M. Wiethoff (eds), *Automation of Car Driving. Exploring Societal Impacts and Conditions*. Delft: TRAIL Research School Delft, pp. 103–4.

Grayson, G. B. and Crinson, L. F. (2005). Profile of the British learner driver. In G. Underwood (ed.), *Traffic and Transport Psychology: Theory and Application*. Amsterdam: Elsevier, pp. 157–70.

Gregersen, N. P. (1996). Young drivers' overestimation of their own skill – an experiment on the relation between training strategy and skill. *Accident Analysis and Prevention*, 28(2), 243–50.

Groeger, J. A. (2000). *Understanding Driving: Applying Cognitive Psychology to a Complex Everyday Task*. Abingdon: Psychology Press.

Hackman, J. R. and Oldham, G. R. (1980). *Work Redesign*. Reading, MA: Addison-Wesley.

Hancock, P. A. (1997). *Essays on the Future of Human-Machine Systems*. Minneapolis, MN: University of Minnesota.

——. (2014). Automation: How much is too much? *Ergonomics*, 57(3), 449–54.

Harmon-Jones, E. and Mills, J. (1999). *Cognitive Dissonance: Progress on a Pivotal Theory in Social Psychology*. Washington DC: American Psychological Association.

Harris, D. and Harris, F. (2004). Evaluating the transfer of technology between application domains: A critical evaluation of the human component in the system. *Technology in Society*, 26, 551–65.

Harris, D., Stanton, N., Marshall, A., Young, M. S., Demagalski, J. and Salmon, P. (2005). Using SHERPA to predict design-induced error on the flight deck. *Aerospace Science and Technology Journal*, 9, 525–32.

Hoedemaeker, M. (1999). Cruise control reduces traffic jams. *De Telegraaf*, 11 November, p. xx.

Hoedemaeker, M and Brookhuis, K. A. (1998). Behavioral adaptation to driving with an adaptive cruise control (ACC). *Transportation Research Part F: Traffic Psychology & Behaviour*, 1, 95–106.

Hoedemaeker, M. and Kopf, M. (2001). Visual sampling behaviour when driving with adaptive cruise control: Proceedings of the Ninth International Conference on Vision in Vehicles. Australia, 19–22 August. Hoinville, G., Berthoud, R. and Mackie, A. M. (1972). A study of accident rates amongst motorists who passed or failed an advanced driving test. Crowthorne: Transport Road and Research Laboratory (TRRL) Report 499.

Hollnagel, E. (1993). *Human Reliability Analysis: Context and Control*. London: Academic Press.

IAM, Institute of Advanced Motorists (2004). *How to Be an Advanced Driver: Pass Your Advanced Test*. London: IAM/Motorbooks.

Isaac, A. R. (1997). Situational awareness in air traffic control: Human cognition and advanced technology. In D. Harris (ed.), *Engineering Psychology and Cognitive Ergonomics*. Aldershot: Ashgate, pp. 185–91.

Jenkins, D. P., Stanton, N. A., Salmon, P. M. and Walker, G. H. (2009) Cognitive *Work Analysis: Coping with Complexity*. Aldershot: Ashgate.

Johnson-Laird, P. N. (1983). *Mental Models: Towards a Cognitive Science of Language, Influence and Consciousness*. Cambridge: Cambridge University Press.

Kaber D. B and. Endsley, M. R. (2004). The effects of level of automation and adaptive automation on human performance, situation awareness and workload in a dynamic control task. *Theoretical Issues in Ergonomics Science*, 5(2), 113–53.

Ker, K., Roberts, I., Collier, T., Beyer, F., Bunn, F. and Frost, C. (2003). Post-licence driver education for the prevention of road traffic crashes. Cochrane Database of Systematic Reviews, 3(CD003734), pp. 1–49.

Kirwan, B. and Ainsworth, A. I. (eds) (1992). *A Guide to Task Analysis*. London: Taylor & Francis.

Klein, G., Calderwood, R and McGregor, D. (1989). Critical decision method for eliciting knowledge. *IEEE Transactions on Systems, Man & Cybernetics*, 19(3), 462–72.

Knoll, P. M. and Kosmowski, B. B. (2002). Milestones on the way to a reconfigurable automotive instrument cluster. In J. Rutkowska, S. J. Klosowicz and J. Zielinski (eds), *Proceedings of the International Society for Optical Engineering*. Bellingham, WA: SPIE Press, pp. 390–4.

Lai, F., Hjalmdahl, M., Chorlton, K. and Wiklund, M. (2010). The long-term effect of intelligent speed adaptation on driver behaviour. *Applied Ergonomics*, 41, 179–86.

Larsson, P., Dekker, S. W. A. and Tingvall, C. (2010). The need for a systems theory approach to road safety. *Safety Science*, 48(9), 1167–74.

Lehto, M. R., Buck, J. R. (2008). *Introduction to Human Factors and Ergonomics for Engineers*. Boca Raton, FL: CRC Press.

Lund, A. K. and Williams, A. F. (1985). A review of the literature evaluating the Defensive Driving Course. *Accident Analysis Prevention*, 17, 449–60.

Ma, R. and Kaber, D. B. (2005). Situation awareness and workload in driving while using adaptive cruise control and a cell phone. *International Journal of Industrial Ergonomics*, 35, 939–53.

MacLeod, I. S. (1997). System operating skills, cognitive functions and situational awareness. In D. Harris (ed.), *Engineering Psychology and Cognitive Ergonomics*. Aldershot: Ashgate, pp. 299–306.

Marsden, G., McDonald, M. and Brackstone, M. (2001). Towards an understanding of adaptive cruise control. *Transportation Research Part C: Emerging Technologies*, 9, 33–51.

Marsden, P. and Hollnagel, E. (1994) H Human computer interaction and models of human error for the accidental user. In R. Opperman, S. Bagnara and S. Benyon (eds), *Proceedings of the 7th European Conference on Cognitive Ergonomics*. Bonn: European Association of Cognitive Ergonomics, pp. 9–22.

McLoughlin, H. B., Michon, J. A., van Winsum, W. and Webster, E. (1993). GIDS intelligence. In J. Michon (ed.), *Generic Intelligent Driver Support*. London: Taylor & Francis, pp. 89–122.

McNicol, D. (1972). *A Primer of Signal Detection Theory*. London: George Allen & Unwin Ltd.

Moray, N. Inagaki, T and Itoh, M. (2000). Adaptive automation, trust, and self-confidence in fault management of time-critical tasks. *Journal of Applied Experimental Psychology*, 6(1), 44–58.

Parasuraman, R. (2000). Application of human performance data and quantitative models to the design of automation. Keynote address at the 3rd International Conference on Engineering Psychology and Cognitive Ergonomics, Edinburgh, Scotland, 25–27 October.

Parasurman, S., Sing, I. L., Molloy, R. and Parasurman, R. (1992). Automation-related complacency: A source of vulnerability in contemporary organisations. *IFIP Transactions A – Computer Science and Technology*, 13, 426–32.

Parry, S. B. (1998). Just what is a competency? (And why should you care?). *Training*, 35(6), 58–64.

Preece, J Rogers, Y and Sharp, H. (2002). *Interaction Design: Beyond Human–Computer Interaction*. New York: John Wiley & Sons.

Quest (1989) *The Man-Machine. Adventures in the World of Science*. London: Marshall Cavendish.

Ranney, T. A. (1994). Models of driving behaviour: A review of their evolution. *Accident Analysis and Prevention*, 26(6), 733–50.

——. (1997). Good driving skills: Implications for assessment and training. *Work*, 8(3), 253–9.

Reber, A. S. (1995). *The Penguin Dictionary of Psychology*. London: Penguin.

Regan, M. A., Trigggs, T. J. and Deery, H. A. (1998). Training cognitive driving skills: A simulator study. In *Proceedings of the 34th Annual Conference of the Ergonomics Society of Australia*. Melbourne, Australia: ESA, pp. 163–71.

Rudin-Brown, C. M. and Parker, H. A. (2004). Behavioural adaptation to Adaptive Cruise Control (ACC): Implications for preventive strategies. *Transportation Research*, 2(7), 59–76.

Rumer, K. (1990). The basic driver error: Late detection. *Ergonomics*, 33(10–11), 1281–90.

Salmon, P. M., Lenne, M. G., Stanton, N. A., Jenkins, D. P. and Walker, G. H. (2010). Managing error on the open road: The contribution of human error models and methods. *Safety Science*, 48(10), 1225–35.

Salmon, P. M., Regan, M. and Johnston, I. (2006a). Human error and road transport: Phase one – Literature review. Monash University Accident Research Centre Report.

——. (2006b). Human error and road transport: Phase three – pilot study design. Monash University Accident Research Centre Report.

Sayer, J. R., Francher, P. S., Bareket, Z and Johnson, G.E. (1995). Automatic target acquisition autonomous intelligent cruise control (AICC): Driver comfort, acceptance, and performance in highway traffic, SP-1088, Human Factors in Vehicle Design: Lighting, Seating and Advanced Electronics. Society of Automative Engineers.

Senders, A. F. (1991) Simulation as a tool in the measurement of human performance. *Ergonomics*, 34(8), 995-1025.

Senserrick, T. and Haworth, N. (2005). Review of literature regarding national and international young driver training, licensing and regulatory systems. Monash University Accident Research Centre Report No. 239.

Senserrick, T. M. and Swinburne, G. C. (2001). Evaluation of an insight driver-training program for young drivers, Monash University Accident Research Centre, Report No. 186.

Sheridan. T. B. (1987). Supervisory control. In G. Salvendy (ed.), *Handbook of Human Factors* New York: Wiley, pp. 1025–52.

Sheridan, T. B. and Verplank, W. L. (1978). *Human and Computer Control of Undersea Teleoperators*. Cambridge, MA: MIT Man–Machine Laboratory.

Sonmezisik, M., Tanyolac, D., Seker, S., Tanyolac, A., Hoedemaeker, M. and Brookhuis, K.A. (1998). Behavioural adaptation to driving with an Adaptive Cruise Control (ACC). *Transportation Research Part F: Psychology and Behaviour*, 1, 95–106.

Stanton, N. A. (1994). *Human Factors in Alarm Design*. London: Taylor & Francis.

——. (1996). Simulators: research and practice. In N. A. Stanton (ed.), *Human Factors in Nuclear Safety*. London: Taylor & Francis, pp. 114–37.

——. (2011). *Trust in Military Teams*. Aldershot: Ashgate.Stanton, N. A., Chambers, P. R. G. and Piggott, J. (2001). Situational awareness and safety. *Safety Science*, 39, 189–204.Struckman-Johnson, D. L., Lund, A. K., Williams, A. F. and Osborne, D. W. (1989). Comparative effects of driver improvement programs on crashes and violations, *Accident Analysis and Prevention*, 21, 203–15.

Tempest, W. (1976). *Infrasound and Low Frequency Vibration*. London: Academic Press.

United Nations (1986). *Statistics of Road Traffic Accidents in Europe*. New York: United Nations.

Van Der Molen, H. H. and Botticher, A. M. T. (1988). A hierarchical risk model for traffic participants. *Ergonomics*, 31, 537–55.

Walker, G. H. (2004). Verbal protocol analysis. In N. A. Stanton et al. (eds), *Handbook of Human Factors and Ergonomics Methods*. Boca Raton, FL: CRC Press, pp. 30–37.

——. (2008). Raising awareness: How modern car design affects drivers. *Traffic Engineering and Control*, 6–9.

Walker, G. H. and Manson, A. (2014). Telematics, urban freight logistics and low carbon road networks. *Journal of Transportation Geography*, 37, 74–81.

Walker, G. H., Stanton, N. A., Kazi, T. A., Salmon, P. M. and Jenkins, D. P. (2009). Does advanced driver training improve situation awareness? *Applied Ergonomics*, 40(4), 678–87.

Walker, G. H., Stanton, N. A. and Young, M. S. (2001a). An on-road investigation of vehicle feedback and its role in driver cognition: Implications for cognitive ergonomics. *International Journal of Cognitive Ergonomics*, 5, 421–44.

——. (2001b). Where is computing driving cars? *International Journal of Human–Computer Interaction*, 13(2), 203–29.

——. (2006). The ironies of vehicle feedback in car design. *Ergonomics*, 49, 161–79.

——. (2007). Easy rider meets knight rider: An on-road exploratory study of situation awareness in car drivers and motorcyclists. *International Journal of Vehicle Design: Special Issue, Human Factors in Vehicle Design*, 45(3), 266–82.

——. (2007). What's happened to car design? An exploratory study into the effect of 15 years of progress on driver situation awareness. *International Journal of Vehicle Design*, 45(1–2), 266–82.

——. (2008). Feedback and driver situation awareness (SA): A comparison of SA measures and contexts. *Transportation Research Part F*, 11(4), 282–99.Walker, G. H., Stanton, N. A., Salmon, P. M., Jenkins, D. P. and Rafferty, L. (2010). Translating concepts of complexity to the field of ergonomics. *Ergonomics*, 53(10), 1175–86.Webster, E., Toland, C. and McLoughlin, H. B. (1990). Task analysis for GIDS situations. Research Report DRIVE/GIDS-DIA. Dublin: Department of Computer Science, University College Dublin.

Weiner, E. L. (1985). Cockpit automation: In need of a philosophy. SAE Technical Report, 851956.

Wilde, G. J. S. (1976). Social interaction patterns in driver behaviour: An introductory review. *Human Factors*, 18(5) 477–92.

——. (1988). Risk homeostasis theory and traffic accidents: Propositions, deductions and discussions of dissension in recent reactions. *Ergonomics*, 31(4), 441–68.

Woods, D. D., Johannesen, L. J., Cook, R. I. and Sarter, N. B. (1994). *Behind Human Error: Cognitive Systems, Computers and Hindsight.* CSERIAC: Wright-Patterson Air Force Base, Ohio,

Young, M, S. and Stanton, N, A. (2001). Out of control. *New Scientist,* 172(2315), 44–7.

——. (2004). Taking the load off: Investigations of how adaptive cruise control affects mental workload. *Ergonomics*, 47(9), 1014–35.

Young, R. M. (1983). Surrogates and mappings: Two kinds of conceptual models for interactive devices. In D. Gentner and A. L. Stevens (eds), *Mental Models.* Mahwah, NJ: Lawrence Erlbaum, pp. 35–52.

Human Factors in Automotive Engineering and Technology / by Paul M. Salmon, Guy H. Walker and Paul M. Salman / ISBN：9781409447573

Copyright © 2015 by Ashgate Publishing Limited.

Authorized translation from English language edition published by Ashgate Publishing Limited, part of Taylor & Francis Group LLC；All rights reserved；本书原版由 Taylor&Francis 出版集团旗下，Ashgate 出版公司出版，并经其授权翻译出版，版权所有，侵权必究。

China Machine Press is authorized to publish and distribute exclusively the Chinese Simplified edition. This edition is authorized for sale throughout Mainland of China. No part of the publication may be reproduced or distributed by any means, or stored in a database or retrieval system, without the prior written permission of the publisher.

本书中文简体翻译版授权由机械工业出版社独家出版并限在中国大陆地区销售，未经出版者书面许可，不得以任何方式复制或发行本书的任何部分。

Copies of this book sold without a Taylor & Francis Sticker on the cover are unauthorized and illegal. 本书封面贴有 Taylor & Francis 公司防伪标签，无标签者不得销售。

北京市版权局著作权登记　图字：01-2017-3106 号。

图书在版编目（CIP）数据

汽车人因工程学／（英）盖伊．H．沃克（Guy H. Walker），（英）内维尔．A．斯坦顿（Neville A. Stanton），（澳）保罗．M．萨蒙（Paul M. Salmon）著；王驷通译．—北京：机械工业出版社，2018.4

（汽车先进技术译丛．智能网联汽车系列）

书名原文：Human Factors in Automotive Engineering and Technology

ISBN 978-7-111-59257-0

Ⅰ.①汽…　Ⅱ.①盖…②内…③保…④王…　Ⅲ.①汽车工程-人因工程　Ⅳ.①U46

中国版本图书馆 CIP 数据核字（2018）第 036495 号

机械工业出版社（北京市百万庄大街22号　邮政编码100037）
策划编辑：孙　鹏　责任编辑：孙　鹏
责任校对：郑　婕　封面设计：鞠　杨
责任印制：常天培
涿州市京南印刷厂印刷
2018年5月第1版第1次印刷
169mm×239mm・18.25 印张・2 插页・343 千字
0001—2500 册
标准书号：ISBN 978-7-111-59257-0
定价：149.00 元

凡购本书，如有缺页、倒页、脱页，由本社发行部调换

电话服务	网络服务
服务咨询热线：010-88361066	机 工 官 网：www.cmpbook.com
读者购书热线：010-68326294	机 工 官 博：weibo.com/cmp1952
010-88379203	金 书 网：www.golden-book.com
封面无防伪标均为盗版	教育服务网：www.cmpedu.com